千古人物

曾国藩 传

编著　刘晓峰　文轩

中国书籍出版社
China Book Press

图书在版编目（CIP）数据

曾国藩传 / 刘晓峰，文轩编著 . —北京：中国书籍出版社，2015.9
ISBN 978-7-5068-4404-8

Ⅰ.①曾… Ⅱ.①刘…②文… Ⅲ.①曾国藩（1811~1872）- 传记
Ⅳ.① K827=52

中国版本图书馆 CIP 数据核字（2014）第 208505 号

曾国藩传

刘晓峰　文　轩　编著

策划编辑	武　斌　崔付建
责任编辑	刘国秀　成晓春
责任印制	孙马飞　马　芝
出版发行	中国书籍出版社
地　　址	北京市丰台区三路居路 97 号（邮编：100073）
电　　话	（010）52257143（总编室）（010）52257140（发行部）
电子邮箱	chinabp@vip.sina.com
经　　销	全国新华书店
印　　刷	北京中华儿女印刷厂
开　　本	710 毫米 ×1000 毫米　1/16
字　　数	245 千字
印　　张	16
版　　次	2015 年 9 月第 1 版　2019 年 4 月第 2 次印刷
书　　号	ISBN 978-7-5068-4404-8
定　　价	48.00 元

版权所有　翻印必究

前 言

对于曾国藩，后人对他褒贬不一，但不可否认的是，他是中国近代史上一个至关重要的历史人物。他曾被誉为"湘军之父""中兴四大名臣"之一，也被人们称为"洋务运动先驱"，曾官至两江总督、直隶总督、武英殿大学士。他学识渊博，文武兼备，文章独具风姿，门生故吏遍布京城内外。

在官场上的曾国藩，是一个对自己严格要求的人，他在工作中不贪图享乐，不收受贿赂，严格要求自己，每日坚持三省吾身，既是青年才俊的榜样，也是为官者的楷模。他无论是做两江总督，还是做将帅统领都能处理得游刃有余。在京为官十二年，他始终秉持清廉、谦逊、谨慎、稳适的法则，这对今人在做人做事方面都有着很重要的借鉴意义。在识人用人方面，他也作出了极大的贡献，培育出来的人才数不胜数。他多年识人用人的选才标准，对今天的企业招聘仍有着许多借鉴之处。

在家庭中的曾国藩，亦是持家教子的成功典范，他的家族长盛不衰，代代精英辈出；他的人生，他的智慧，他的思想，深深地影响了几代中国人。这就是为什么毛泽东说"独服曾文正"，蒋介石对其顶礼膜拜，梁启超说他是有史以来不一二睹之大人的真正原因所在。曾国藩的个人魅力，由此可见一斑。

曾国藩从偏僻的山村里走出来，没有任何官场背景，靠着自身的拼搏和努力，几经周折，从书院到翰林院，从平民百姓到中兴名臣，节节擢升，从成立训练湘军到成为对抗太平天国的主力，从震惊中外的天津教案再到洋务运动的留学生先导，几十年所经历的种种，既有困厄与成功，也有得意与失

宠。笔者既从为人处世、修身养性方面着手，也从治军行政、人生阅历下笔，尽可能全方位、多视角来诠释这个人物，把那个时代一个文化传薪者的人生经历和心路历程一一呈现。全书还收录了曾国藩一生重大事件与学问的精华，从不同的角度来反映这位历史人物几十年来的风风雨雨以及人生心得。

由于水平所限，书中疏漏之处在所难免，望广大读者批评指正。

目 录

第一章 寒门学子初立志

- 从祖辈说起 …………… 002
- 出生非凡品 …………… 004
- 求学生涯 ……………… 006
- 未发迹时善交人 ……… 010

第二章 攻坚克难谋职位

- 翰林院时光 …………… 016
- 有靠山方可通行无阻 … 019
- 不能免俗的升迁之路 … 023
- 幸福美满的婚姻生活 … 025

第三章 独门秘籍畅行官场

- 一朝天子一朝臣 ……… 032
- 顶撞皇帝 一夜成名 …… 034
- 自古忠孝不能两全 …… 037

第四章　天下无湘不成军

韬光养晦　等待时机 ………… 042
办团练　革旧习 ………… 044
治乱世　用重典 ………… 048
书生治军 ………… 050
购买洋炮建水师 ………… 053

第五章　出师未捷身"险"死

战败的历练 ………… 058
自杀不成反被救 ………… 060
从失败中总结经验 ………… 064
总算是咸鱼翻身 ………… 066

第六章　生灵涂炭成屠户

惨败湖口 ………… 072
九江鏖战 ………… 075
绝境逢生 ………… 078
天国内讧 ………… 081
三河溃败 ………… 084

目 录

第七章　重出江湖黯然归

- 纳幕李鸿章 …………… 090
- 太湖一战　成就"霆军"……… 092
- 祁门遇险 …………… 094
- 面对"勤王"的召唤 ………… 097
- 决战安庆的时刻来到 ………… 099

第八章　成功背后的隐忧

- 大战在即　风云色变 ………… 106
- 攻陷天京　血腥屠城 ………… 109
- 诛杀忠王李秀成 …………… 112
- 荣耀与失落 …………… 116
- 审时度势　明哲保身 ………… 118

第九章　力不从心步履艰

- 打捻无功　防河失败 ………… 124
- 举政已经力不从心 ………… 129
- 剿捻工作的交接 …………… 132

第十章　师夷长技以自强

| 求富求强举办洋务 …………… 138
| 训练充实直隶军队 …………… 141
| 整顿吏治再操劳 …………… 145
| 开启近代留学事业 …………… 148

第十一章　大起大落　荣枯无常

| 震惊中外的天津教案 …………… 154
| 在夹缝中生存 …………… 158
| 判决"刺马"疑案 …………… 159
| 心灰意冷保名节 …………… 163

第十二章　最后的岁月

| 病　重 …………… 168
| 善　终 …………… 171
| 遗　嘱 …………… 174
| 对后世的影响 …………… 176

曾国藩家书精选……………178

曾国藩智慧箴言录……………224

曾国藩撰写的对联……………234

曾国藩大事年表……………238

第一章
寒门学子初立志

从祖辈说起

湖南湘乡县以南一百三十里地外有一个名叫白杨坪的小村子，村子周边一带是丘陵山区，虽然依山傍水，鸟语花香，环境怡人，但是却文化贫瘠，消息闭塞，资源匮乏。村里有一户姓曾的人家。

曾家最初搬迁到湖南湘乡的祖先是曾孟学，曾孟学的六世孙曾应贞，也就是曾国藩的太高祖，共生有六子，老二就是曾辅臣，也就是曾竟希的父亲。曾竟希膝下两子，次子曾玉屏便是曾国藩的祖父。曾玉屏有三个儿子，老大是曾麟书，即曾国藩的父亲，老二死得早，老三曾骥云没有留下子嗣。这个时候，曾家传宗接代的希望和任务就落在曾麟书的身上了。曾麟书不负众望，他共生了九个孩子，分别是四个女儿和五个儿子，曾国藩在家里排行老二，他有个姐姐，名叫国兰，下面有四个弟弟、三个妹妹，分别是弟弟国潢、国华、国荃、国葆，妹妹国蕙、国芝、季妹。

当年曾竟希经过多年的辛苦努力，将曾家变得越来越富裕，他想让孩子们通过读书来改变曾家面貌，于是就送次子曾玉屏到湘潭读书，不料，曾玉屏学到的不是满腹经纶，而是嬉戏游玩，他一有时间就骑马跑到湘潭解闷，和当地的一些纨绔子弟厮混在一起。家族长辈都对他唉声叹气，还有很多人笑他轻浮浅薄。听到这些指责与评价，曾玉屏感到很惭愧，于是幡然醒悟，决心改过，而且说到做到。

也正是这一年，曾竟希决定举家迁徙白杨坪。虽然儿子们没有通过读书改变精神面貌，但曾竟希并没有放弃，儿子不行将来还有孙子。为了实现"耕读传家久"，也为了让自己的子孙后代能出人头地，他才会带领家人来到这

第一章
寒门学子初立志

曾国藩故居——富厚堂

个更为艰苦的地方,这一年,曾玉屏三十五岁。

曾竟希的这一决定至关重要,他直接改变了曾家好几代人的命运。改过自新的曾玉屏自从跟随曾竟希在白杨坪生活以后,生活习性得到很大的改变,他开始开荒创业。虽然高嵋山的地形"垄峻如梯,田小如瓦",开展生产很有难度,但曾玉屏不怕吃苦,他凭借着顽强的毅力,硬是把十几块小田连接成一片大田地,然后开始了耕种生活。而这种自耕农的生活,也为他的子辈曾麟书、孙辈曾国藩等的耕读生活奠定了坚实的基础,也让整个家庭经济条件逐渐改善。

曾玉屏年轻时没有抓住机会读书,没有取得功名,一直都"深以为耻",所以他特别尊重读书人。他时常感慨和后悔自己当初浪费的大好青春,所以他也将希望放在了下一代身上,而曾国藩的父亲曾麟书就是曾家的第一个读书人。

出生非凡品

在嘉庆十六年（1811）十月十一日的晚上，站在临产妻子房门外的曾麟书满脸焦虑和紧张，这已经是他的第二个孩子了，作为传统的中国人，第一胎是女孩，他真心希望这胎能是一个儿子，不只是他，其实整个曾家从老到小都是这样希望的。

正当曾麟书焦急等待的时候，他的祖父曾竟希做了一个怪梦，为什么说是怪梦呢？因为在他的梦中出现了一条巨蟒，这条巨蟒从天上飞降下来，在自家庭院上空盘旋，久久不曾离去。梦中的曾竟希一时惊悸，吓得醒来，浑身冒汗，老人正在琢磨此梦的吉凶，抬头看到窗外庭院前那一株苍老巨大的白果树。

曾国藩（1811.11.26～1872.3.12），初名子城，谱名传豫，字伯涵，号涤生；清朝湖南长沙府湘乡白杨坪（现属湖南省娄底市双峰县荷叶镇天子坪）人，宗圣曾子七十世孙。中国近代政治家、军事家、理学家、文学家，与胡林翼并称曾胡，曾国藩与李鸿章、左宗棠、张之洞并称"晚清四大名臣"。官至武英殿大学士、两江总督。同治年间封一等毅勇侯，又授世袭罔替，谥文正。

第一章
寒门学子初立志

此时村庄里的人们大多还处在酣睡当中，不远处偶尔传来几声狗叫声，一切都显得那么静谧安详。老人穿衣起身走出房门，看着白果树若有所思，他不禁又想起了刚才做的梦。这是为什么呢？感觉那么似曾相识，刚才梦中的那条巨蟒代表着什么？为什么会出现在自己家的庭院中？为什么大蟒蛇直勾勾地盯着自己却没有伤害自己？

正思考着，忽然听见家人来报喜，说孩子顺利降生。听到曾长孙的出生消息，老人心里非常高兴，赶忙走进长孙的堂屋。只见红烛光下，孙媳妇抱着刚生下来的婴儿，满脸幸福。婴儿双眼还没有睁开，在昏黄的光线里，肤色显得光亮晶莹，就好像是梦中的蟒蛇发出的光泽一样。老人突然间醒悟过来，原来自己的曾孙是巨蟒转世，对此，他惊喜不已。面对众人疑惑的目光，老人愉快地告诉大家刚才做的梦，并大胆预言："此乃祥兆，他日此子必定光大我曾氏门庭！"这个重孙子不是别人，正是日后大名鼎鼎的曾国藩，乳名叫宽一。

很快曾国藩是蟒蛇投胎之说就在当地传开了。随着曾国藩的名气越来越大，这个说法也就越传越远。其实，大凡中国帝王将相的出身，在民间都会流传着中国式的神话传说。曾国藩也正是伴着曾祖父神奇的梦出生的，事也甚巧，曾国藩从小皮肤就很干燥，每到天气转冷的时候，全身皮肤就会脱屑，犹如蛇身，奇痒难忍，随着年龄的增长、官运的亨通，他身上的疥癣也一天一天地扩大，越来越明显，有的时候下一盘棋后，棋盘上也都会铺满皮屑，如同雪花般。他曾在自己的札记中多次记载这个感受，简直是苦不堪言。这种皮肤疾病，始终未能治愈，伴他到死，困扰其一生。

当然，这件事情也可以归结为曾祖父"望孙成龙"之情过于急切，所以才会做了一个巨蟒绕庭的美梦。虽然是民间传说，但对曾国藩个人而言，也有着很重要的意义。可能是从小伴随着传说长大，故事增强了他对自己的心理暗示，所以曾国藩从小就对自己严格要求，说话办事成熟稳重，据说曾国藩从小就有"大人相"，很可能就与这个传说有关吧。值得一提的是，曾国藩后来的发迹和崛起，也在一定程度上反映了曾祖父梦境的灵验。

求学生涯

在曾国藩之前的历史里,湖湘人物数百年来著名者寥寥。这与明清科举制度和地理位置有着莫大的关系。当时的科举考试分为三级:乡试、会试、殿试。乡试照例每三年在各省首府举行一次,被称为大比,因在秋季举行,又被称为秋闱。参加乡试首先要考取秀才,秀才也并不是人人都能考取的,学子们先要通过本省学政巡回举行的科考,成绩优秀者方能有机会参加乡试。乡试之后是会试,会试一般是在乡试后的第二年春举行,参加会试的举子要经过长途跋涉来到礼部,录用者被称为贡生,第一名称为会元。会试笔试结束后还要进行复试,而殿试是科举考试的最高级别。经过这一轮轮的筛选所剩之人无几。有的学子考了一辈子,功名没考到,反而让家庭经济陷入困境。因此,越是穷苦人家的孩子越是希望早点考到功名,他们付出的努力也会更多于常人。曾国藩青年时期读书考试的费用让他并不富裕的家庭雪上加霜。这种艰辛的求取功名之路是现代人所无法体会的,再加上湖湘经济发展缓慢,也是造成很多湖湘学子在科举的道路上中途而止的原因。

曾国藩的父亲曾麟书作为家里的长子,曾玉屏自然对其寄予厚望。尽管家中长辈把希望都放在曾麟书身上,无奈他天性钝拙,并不是很会念书,所以成绩一直很不理想。曾麟书自己也想过放弃,但曾玉屏对儿子的要求是坚持到底,方成大器。此后,曾麟书参加了十七次考试,每次都名落孙山,花费了大半辈子的时间,都徒劳无功。直到四十三岁的时候,才当上个县学生员,也就是中了秀才。

虽说曾麟书没有达到自己的父亲当初希望的那样,但在几百年间都没有

第一章
寒门学子初立志

过功名的曾家,他破天荒地考取了个秀才,也算是对得起曾家列祖列宗了。最重要的是曾麟书为以后曾家三代摘取了"冷籍"的帽子。要知道,科举制度自隋唐以来就有诸多规定,"冷籍不得入试"就是其中一条。所谓"冷籍",按清代规定即是三代没有做过官,或三代以内不曾有人中过秀才、举人之类的家族。曾麟书的功名对曾家而言有着不同一般的意义,他还为曾国藩的蒙学和科举考试的初阶奠定了牢靠的基础。

虽然曾麟书自己没有取得让人骄傲的成绩,但是对自己的儿子曾国藩也充满了希望,他非常期待儿子能够实现自己的梦想。曾国藩出生后,曾麟书选择开馆授徒为业,这样做一方面为了养家糊口,另一方面则是为了督教儿子曾国藩读书。于是,曾国藩从五岁开始读书,父亲在他七岁的时候开始给他课读,在这漫长的科举道路上,曾国藩八年间都未曾离开父亲的身边。

曾国藩的功名之路与父亲相比,可谓轻松得意不少。他十六岁那年参加了长沙府举行的童生府试,小小年纪就考取了第七名的好成绩。为了孩子的前程,曾国藩的家人又送他远赴衡阳读书,那年他才刚满十九岁。别看曾国藩年纪轻轻,但却毅力惊人,他发愤苦读,只用了一年的时间,就学完了该校的全部课程,这种刻苦上进的精神也让曾麟书欣慰不已。学成后的曾国藩继续回到老家的涟滨书院就读。经过不断学习,不断钻研,他也成熟起来,慢慢地,曾国藩也开始意识到自己过去各方面的不足。他觉得以前有很多想法都不切实际,他必须要更新自己的思想,只有与时俱进,不断进步,才能真正学有所得。为此,在涟滨书院读书期间,他特为自己取了个"涤生"的名号,意思就是洗涤过去,重新开始。在此之前他还有一个名字,叫子成,也就是早日成龙,功成名就之意。与同龄人相比,他每一次名字都取得很有新意,给人一种别具一格的感觉。

当曾国藩快到本命年的时候,曾麟书让曾国藩去参加秀才考试试试看,没过多久,曾国藩一举成功,很轻易就中了秀才。俗话说:男大当婚,女大当嫁。到了曾国藩这个年纪,很多同龄人都已经是为人父母了,对于曾国藩的终身大事,家里人也开始紧锣密鼓地张罗开来,不久以后,他便与订婚已

九年的欧阳小姐成亲。

第二年，二十四岁的曾国藩去了长沙，来到岳麓书院学习。岳麓书院是当时全国都非常有名气的学府，其校长、主讲是名望很高的欧阳厚钧，此人是嘉庆四年的进士，曾担任过郎中、御史等官职，后以母老告归来到岳麓书院。欧阳厚钧在书院当了很多年的主讲，前后教出知名的学生有三千余人，因有"弟子三千"之称。岳麓书院的学生需按月课试分类，而月课分为官课和馆课两种。官课主要是由学政、知府以及巡抚等大官员出题，可见岳麓书院在当时的威望以及朝廷予以的重视。曾国藩在岳麓书院成绩突出，在此就读期间自己也系统地学习了儒家著述，较为全面地掌握了儒家思想的精髓。

在岳麓书院学习不满一年的时间，曾国藩便参加了省城乡试，一举得中

岳麓书院

第一章
寒门学子初立志

举人。两年连中两级，成了让人羡慕的"举人老爷"。这对于当地百姓来说，已经是很了不起的了。当曾家人还沉浸在喜庆的气氛中时，曾国藩便打起行装，前往京城，准备参加来年的进士会试。

这年十一月，曾国藩离开了自己的家乡湖南，独自一人北上赶考。经过长期的舟车劳顿，历经千辛万苦，最后终于到达京城，参加了礼部的会考，但这一次没有以前那么顺利，没有一击即中，等到杏花春榜一发，他发现自己榜上无名。但是这一年碰巧是皇太后六十大寿，朝廷要普天同庆，所以照例增加乡试、会试的恩科考试一次。曾国藩觉得这是一次机遇，他决定在京城多留一年，全心全意准备参加恩科。在京城逗留的这一年他除去准备功课的时间以外，还增长了不少见识，他穿梭于大街小巷，目睹了京华文物名胜，算是大开了眼界。此时的他不再是当年蛰居湖南山乡的寒门儒生了。但这次考试还是不如人意，他又名落孙山。无奈之下他只好收拾行李，回湖南老家。

等到道光十八年（1838）的时候，又逢会试之期。家里人继续支持曾国藩进京赶考，但此时的曾家却拿不出足够的路费了，家里已经一贫如洗，以农为业的家庭本来就很不富裕，加上之前求学已经借贷不少银两，所以很难再凑出让他去京城的路费了，面对如此窘境，曾家人都没有想过放弃，为了曾国藩的前途，全家人尽可能地东挪西借，到处奔走。天无绝人之路，正当曾家人一筹莫展之时，恰好离他十五里远的桐木冲有一位远房亲戚，主动送来了他家的所有现钱十二吊，此人正是曾国藩的堂舅。此时再加上家里好不容易凑的二十余吊钱，也就差不多够曾国藩上路了。如此雪中送炭的恩情曾国藩牢记了一辈子，日后他发达之时也经常帮助堂舅，以感谢他当时的义举。就这样，曾国藩一路上节衣缩食，吃尽苦头再次来到京城，不过此时三十余吊钱已经所剩无几。当曾国藩全身上下只剩下三吊钱的时候，他决定放手一搏，他心里很清楚，这一次是孤注一掷了，如果再不中榜，自己连回家都是问题。

让人庆幸的是，到了三月春榜发布，曾国藩顺利考上了，他取得了礼部会试第三十八名进士的成绩，也就是后来说的同进士。接着曾国藩又连续进

行殿试、朝考，他的成绩也越来越好，考试也越来越顺利了。到了殿试的时候他取得三甲的成绩，朝考取得一等第三名。等到后来上朝见皇帝之后，更是被钦点为翰林，授翰林院庶吉士，也就是文人雅士所说的"红翰林"。红翰林是科举考试的巅峰所在，可以"上天入地"：所谓"上天"者，是指可以陪侍在当朝天子身边，做一些侍读侍讲之类的工作，这类人接近天子，沾着皇帝的恩典，自然是前途光明，一片美好；所谓"入地"者，则是有机会外放学官，做主考或者学政，由此收一堆弟子门生，这样做不仅有诸多好处，日后还可以相互援引。

由此可见，二十八岁就当上翰林的曾国藩，真可谓是少年得志，平步青云了。

未发迹时善交人

早在青年时期的曾国藩就已经清醒地认识到，人不能只是努力读书、做学问、干事业，除了这些事情以外，还应该学会广泛交友，扩大自己的交际圈，人脉与关系在每个时代都是不能忽略的重要部分。正因为明白朋友多了路好走的道理，他才会在没有发迹之时便开始拜访名师。后来的事实证明，曾国藩成功的很大一部分因素，是得益于师友的影响，所以他平生对于访师寻友这一环节，也是非常在意。他一向认为："凡做好人，做好官，做名将，都要好师好友好榜样。"

年少时在湖南家乡，尤其是在长沙，在岳麓书院，曾国藩交过很多朋友，这群朋友来往较亲密的后来都成为他事业上最得力的伙伴或助手。例如刘传莹、吴嘉宾、刘蓉、江忠源、罗泽南、郭嵩焘、郭昆焘、欧阳兆熊、胡林翼、王鑫等。有的人主要是为他出谋划策，有的则是被赏识提拔，还有的是选择

第一章
寒门学子初立志

在危难之时雪中送炭、两肋插刀，每一个人从不同的角度烘托着他的事业。因此，曾国藩到晚年时期比别人更深刻地体会到选择朋友的关键性。

现在大致介绍一下在曾国藩生命里这些重要的朋友。刘传莹，湖北汉阳人，既是学者也是一名藏书家，字淑云，喜欢研究古文经学，精通考据。曾国藩通过与刘传莹的认识交往，很大程度上弥补了自己古文学上的不足。在道光二十六年（1846）时，曾国藩的身体情况十分糟糕，由于体质虚弱，所以经常生病，得到朝廷的恩准以后，他选择在城南报国寺养病，在此期间曾多次与刘传莹就汉学、宋学进行深入研讨。他了解刘传莹的长处，经常向对方请教古文经学与考据，当然，作为交流，刘传莹也向曾国藩请教理学。于是，二人在学问上互相切磋，取长补短，互相进步，直到成为挚友。曾国藩通过结交刘传莹，拓展了自己的知识面，在学术领域走上全面发展的道路。

而吴嘉宾此人也是在治学方面有着自己独到的见解。他曾告诉曾国藩，用功如同挖井，与其浅挖许多井而不见水，倒不如专探一口深井而力求汲水。对于这种想法曾国藩表示非常欣赏，并且十分佩服吴有着这么深刻的见解。所以，后来曾国藩暗下决心："读经要专守一经，读史则专熟一代。"也就是说，自己今后无论读什么书，都要从头至尾，直到铭记于心为止。如果一本书走马观花，不如不看；如果一本书看一半搁置遗忘，就不能再看别的书。这种思想理念同时也代表了曾国藩按部就班的个性。虽说这种个性不能完全说是受了吴嘉宾的影响，但在一定程度上也反映了两人志趣相投。

另外，曾国藩还经常与吴廷栋、何桂珍等人讨论理学，向邵懿辰请教今文经学。这些朋友中有很多人在京城小有名气。同这些朋友交往的过程中，曾国藩学到了不少知识，也间接地提高了他在京城的个人声望，这同时也为他今后的飞黄腾达打下坚实的人际基础。

曾国藩来到京城以后，在结交新朋友的同时，也没有忘记曾经的老朋友，他平时就十分注意联络旧时志向相投的朋友，例如刘蓉、郭嵩焘、江忠源、罗泽南、欧阳兆熊等，这些人不论在学术观点上还是在思想道德上都与自己非常的相近，所以保持联系也是非常有必要的。

刘蓉也是湖南湘乡人，有着巨大的学术抱负以及追求，是一名典型的学者，他将安身立命之地寄于学术事业，将"求道"作为自己人生中最大的奋斗目标；而郭嵩焘是湖南湘阴人，秉性耿直，为人文人气十足。曾国藩在赴京科考途中在长沙认识了刘蓉，后又通过刘蓉认识了当时准备乡试的郭嵩焘，于是三人一拍即合，当即结拜为兄弟，此后在学问上相互切磋，共同探讨，砥砺气节。令当时的郭嵩焘没有想到的是，与曾国藩的结交将影响到自己的命运，他可能更想不到，他们这批"湖湘子弟"即将成为中国近代史上举足轻重的人物。就这样，曾国藩的交际圈逐渐扩大，他也影响着圈中人今后的社会地位。

江忠源字常孺，号岷樵，湖南新宁人，出生于秀才家庭。他敦崇儒道，伉爽尚义，有一股封建士大夫的殉道精神。经过郭嵩焘的引见，江与曾国藩在京城相识。两人交谈过后，曾国藩对其印象深刻。曾国藩曾对郭嵩焘说："生平未见如此人，当立名天下，然终以节烈死！"当时天下太平，毫无动乱之兆，此番话一出，便引起众人的诧异和惊疑。江忠源本人非常重视经世之学，这也与他在岳麓书院学习有关，他一直对嘉、道以来社会危机四伏、兵戈将动、天下临乱的形势有所预感，这种思想也对曾国藩造成了很大的震撼。日后江忠源成了湘军的主要干将。

江忠源像

第一章
寒门学子初立志

罗泽南与曾国藩是同县人。他虽然家境贫寒，但却能发愤好学。他一生的大部分时间都生活在湖南，受到湖湘文化强烈而深刻的熏陶。在湖湘学风的影响下，罗泽南自少时就尊崇程朱理学，他的道德学问高深，他标榜自己为宋儒，先后培养了王鑫、李续宾、李续宜、李杏春、蒋益澧、刘腾鸿、杨昌濬、康景晖、朱铁桥、罗信南、谢邦翰、曾国荃、曾国葆等高足。因此，曾国藩十分敬重他，常在书信中表示敬慕之意，称他为家乡的颜渊。后来，罗泽南以儒生的身份带兵征战，接连胜利。不仅如此，罗泽南用兵如神，知时识势。他非常重视军队纪律的整治，他带的部队纪律严明，训练有素，再加上战余时的讲经论道，使军队能够很快团结起来。他曾经写信给曾国藩，纵论吴楚形势，又单骑面见曾氏，慷慨陈词，剖析利病，规划进止，所以年纪轻轻便已经获得广泛的声誉。

罗泽南（1807-1856）字仲岳，号罗山，湖南湘乡人。

欧阳兆熊字晓岑，号匏叟，湘潭县锦石人。曾国藩在道光二十年（1840）病重之时，欧阳兆熊对其精心护理，使其痊愈。由于精通医术，欧阳兆熊也经常给朝廷要员看病，后他在湘潭城内开设医药局，专为百姓治病，延请众多中医师，每日成批接待求医病人。欧阳兆熊怜恤贫苦，颇以百姓疾苦为念，以医药之道服务桑梓，所以得到人们的敬重。对于这种救命恩人，曾国藩自然视其为好友。

曾国藩一生处世交友，并不仅仅以貌取人，停留在表面上，而是观察入

微，注意人的品性，留心对方的优点，所以他才会拥有知人的真知灼见。曾国藩认为"交友贵雅量，要推诚守正，委曲含宏，而无私意猜疑之弊，凡事不可占人半点便宜，不可轻取人财，要集思广益，兼听而不失聪"。不论在湖南还是京城，他与朋友们不仅在学术上互相砥砺，同时还视大家为知己，做到以诚相待，这些自然成为他成就生平事业的重要根基。

第二章
攻坚克难谋职位

翰林院时光

在明清时代，翰林院是储备人才的总机关，主要是为朝廷培养后备人才，那里集中着全国各地的精英，每年朝廷选拔人才大多都会在翰林院进行挑人，一旦地方官员职位上出现空缺，翰林院的人才就可以被抽离出去，走马上任。就算当时没有适合的岗位，或者没有适合这些岗位的人才，那么翰林们就要为皇帝皇子王公贵族讲书解书，充任经筵讲官、春坊庶子，因此这些人被公认为知名学者，被老百姓誉为最有知识、最会读书、最会做学问的人。

翰林作为天子门生，他们之中大多还担任纂校殿阁秘书，与史书打交道，有的还需要编纂大型的类书、丛书、政书，上自皇帝御览，下至士子阅读，其质量之高，不言而喻。这些天子门生，如果想要高官厚禄，那就必须上下疏通，才有机会获得皇上如期引见。如果没有引荐，那么等数十年也是有可能的。不过，自明清以来，非进士不入翰林，非翰林不入内阁，而礼部尚书、侍郎及吏部右侍郎，更是非翰林不任。清代自康、雍以来，名臣大儒大多从翰林而起。

曾国藩入了翰林院，被授予了"庶吉士"，庶吉士是翰林院的一种短期职位，就是先学习，然后等机会，随时做各种官缺候补，虽然有时机遇好，会有非常称心如意的热门官职，但等待时机，很多时候都是未知。曾国藩进去以后也自知前途无限，所以更有锐意进取之意，决心要做一个藩屏国家的忠臣。此时，他已摆脱了科举的桎梏，就等待命运垂青自己了，但是，这要等多久谁也说不清，有时候也要看个人运气和造化了。

当然，能在翰林院有悠闲的时光也是很多人梦寐以求的，毕竟可以与书

第二章
攻坚克难谋职位

为伴，而且翰林院的藏书也颇为壮观，很多珍藏绝版的书都收纳在此。不过，按照规定，如果没有引荐之人，那么学员就只能在会馆里消耗时光。而且这期间没有分文俸禄，需要自掏腰包解决食宿问题，其苦如鱼饮水，冷暖自知。

曾国藩作为外乡来客，在京城没有亲戚，家里的经济状况也不是很好，再加上庶吉士是没有俸禄的，所以曾国藩的身上根本就没有宽裕的资金去上下打点，自然，他在引荐和分配上也就被人忽略了。他在庶吉士这个位置上足足等了两年，眼见着身边的同僚一个个被调走，他只能安慰自己"天将降大任于斯人也，必先苦其心志，劳其筋骨，饿其体肤"，除此以外，毫无办法。

道光二十一年（1841），他每天都节衣缩食，别无生计。到了年底，就一心等待外官例寄炭敬。所谓"炭敬"，是每当冬季降临之时，各地官员以为京官购置取暖木炭为名，纷纷向自己的靠山孝敬钱财。实际上，"炭敬"就是冬季下级官员向上级官员行贿的别称。这些外官用的是炭敬之名，明为送取暖之资，实为送礼疏通。可是当时的曾国藩只是翰林院的下级官吏，手中并没有什么权力，所以也没有地方官送给他取暖费，最后，曾国藩无可奈何，只好借了五十两银子过年。

道光二十二年（1842），到了春夏之交的时候，曾国藩的外债已经达到了二百两，这在当时来说可不是一笔小数目。到年底，他的外债已经累计达到了四百两。这个时候的曾国藩自顾不暇，但又不能不顾及整个家庭。曾国藩是一个注重孝道的人，不管生活多么艰难，总要拼凑些钱出来寄回湖南老家。虽然曾国藩多次在家书中称京城借债比较容易，而且他的师友比较多，大家相处很融洽，在外可以左右逢源，但毕竟欠人钱财并不是一件光彩的事情，而且不能拖欠不还，所以，曾国藩也一度为钱而焦急不安，在他的早年诗作中，不乏对困窘生活的描写，例如："寒士出身，不知何日是了也！"还有赠梅伯言诗中曰："隘巷萧萧劣过车，蓬门寂寂似逃虚。为杓不愿庚桑楚，争席谁名扬子居？喜泼绿成新引竹，仍磨丹复旧仇书。长安挂眼无冠盖，独有文章未肯疏。"

017

后来升官以后，曾国藩的境况有所好转，但绝不能够称为富足。因家中几个兄弟读书而负债累累，他也要量力来清还，诸弟捐监也需要他的帮忙，他微薄的薪金要支撑起偌大的一个家业，家里有二男五女需要养育，加上每次升迁都需要上下打点，平时还有一些人情礼往，这样算来，的确是入不敷出。所以曾国藩再节俭，最后还是欠下别人一千两银子的债。虽然他在京城当了十二年的官，但是就总体而言却是苦不堪言，每一年都是过着清苦的日子。

曾国藩从民间走出来，自然能体会到老百姓生活的艰难。他在翰林院期间，虽然不乏吃请应酬，但每次酒足饭饱以后他都会有所愧疚，觥筹交错之间他还是感到"大鱼大肉"并非好事。但是，在很多外地官员眼里，京官是优差，更是肥差，因为躬身于天子脚下，所以各项事务都非常方便。有一次，他的好友刘觉香从外省来到京城，见了曾国藩以后就大吐苦水，向他谈"做外官景况之苦"。其实，像刘觉香一样有很多人根本就不了解京官的苦楚。做京官如果是肥缺，一个人的立志不坚定，就很有可能会因此成为贪官。如果是瘠缺，连生活都难以为继，那何谈立志、发达？这件事促使曾国藩更加珍惜自己的翰林院生活。

在这两年里，曾国藩也没有得过且过，他懂得充分利用这段时间为自己补充知识。通过这一时期的潜心研读，曾国藩不仅加深了对古文的兴趣，初步摸到做文章的诀窍，也受到桐城派思想观点的影响，把"文"提到与"道"近乎相等的地位。不过，这一阶段曾国藩的读书生涯主要是靠自学，既没有名师指教，也没有朋友与他一起切磋琢磨，所以在学术上进展缓慢。更重要的是，由于曾国藩初入翰林院时的读书目的带有较为明显的功利色彩，所以读书的方向与目标不明确，学无专精，随着时间与兴趣的转移，治学方向与读书内容亦不断改变。

除此以外，他还利用这段时间衣锦还乡了，在父老乡亲面前为祖先赢得了美誉，适时展示了曾家的荣光。后来，他又花时间去衡阳参观了杜工部祠、石鼓书院，到邵阳查访了武冈、蓝田、新化、永丰；还经历了儿子曾纪泽的

第二章
攻坚克难谋职位

出生，成了一名父亲，这期间所发生的一切，对后来曾国藩的发展也起到了至关重要的作用。

有靠山方可通行无阻

在没有被授为礼部右侍郎之前，曾国藩虽然做了十年的京官，但是却一直没有什么实权在握。礼部右侍郎这一职位标志着曾国藩从政生涯的真正开始，此后四年之中，他做遍了兵、工、刑、吏各部侍郎。曾国藩的家世非常平凡，他能如此迅速地攀升于官场，实在让周围人艳羡不已。其实，曾国藩在京师的发迹，很大程度上得力于师友穆彰阿的相助。

早在道光十八年（1838）的会试中，曾国藩取得第三十八名贡士的成绩。而复试在正大光明殿举行，他在考试中位列三甲第四十二名，被赐为同进士出身。虽然很多人对此心满意足，但对于一心想入翰林院的曾国藩来说，非常不满意自己这次所取得的成绩，因为据当时的规定来看，列三甲者不能进翰林院，如果进不了翰林院，那么就不会有稳固的根基，将来发展的仕途之路也一定会受其影响，这一点曾国藩是很清楚的。就在这时，曾国藩结识了领班军机大臣穆彰阿，而穆彰阿对曾国藩非常赏识，就提拔了他。

穆彰阿，字鹤舫，姓郭佳氏，满洲镶蓝旗人，嘉庆十年（1805）进士。在道光帝亲政时期甚为重用，道光八年（1828）加任为太子少保，后又被任命为军机大臣，兼任翰林院掌院学士，历任兵部、户部尚书。道光十四年（1834）任协办大学士，后升太子太保。两年后又担任上书房总师傅、武英殿大学士，负责管理工部。道光十八年（1838），穆彰阿被拜为文华殿大学士。后人评论他："在位二十年，亦爱才，亦不大贪，惟性巧佞，以欺罔蒙蔽为务。"这类说法比较实际与恰当。

穆彰阿，1782年生，满洲镶蓝旗人，嘉庆进士。任大学士、军机大臣二十余年，为道光帝宠臣。

其实，道光继位以后，非常忧虑大权旁落，所以在选择官员方面也异常谨慎，对众人时刻提防之，不过唯独对曹振镛、穆彰阿两人十分放心，委以重任。

曹振镛此人性情模棱两可，非常善于逢迎谄谀，但又十分嫉贤妒能。他一直奉行的为官之道是"一味圆融，一味谦恭"。曹振镛死后，穆彰阿继之。穆彰阿的长处是善于窥测道光皇帝的意向，然后根据走势进而施加自己的影响，党同伐异。穆彰阿做事的原则一向是"多磕头，少说话"。鸦片战争前，道光帝痛下决心查禁鸦片，随即任命林则徐为钦差大臣，让他远赴广东禁烟，穆彰阿并不赞成这种做法，但由于圣旨已下，所以他只有选择保持沉默。当鸦片战争爆发后，他提前窥知道光皇帝已改变初衷，于是怂恿道光帝下令停止林则徐的禁烟爱国行为，选择与英国人妥协和议，而后想方设法罢免了林则徐。道光帝厌战情绪滋生，而穆彰阿则顺其意，竭力主和。结果道光在任期间，穆彰阿能够受宠不衰。但凡是各种复试、殿试、朝考、教习庶吉士散馆考差、大考翰詹，穆彰阿每次都会参与衡文之役。所以他的门生、旧吏遍布朝廷内外，有很多知名之士多被他援引，一时间，朝中上下无不知"穆党"。

曾国藩戊戌年会考得中，考官即为穆彰阿，于是二人便有了师生之谊，曾国藩抓此机遇遂经常与之往来。加上他勤奋好学，并有真才实学，经常以求学的身份向穆彰阿请教，想方设法接近穆彰阿，因此，他也甚得穆彰阿的器重。由于被赏识和抬举，此后曾国藩处处得到穆彰阿的关照。道光二十三

第二章
攻坚克难谋职位

年（1843）曾国藩参加大考翰詹，穆彰阿又是位于总考官。交卷之后，穆彰阿便直接向曾国藩索要应试诗赋。曾国藩受宠若惊，立即回住处将诗赋誊清，并且亲自登门送穆彰阿手上。这一次拜访成为曾国藩迅速升迁的契机。在此之前，曾国藩一直还是在翰林院被闲置，品位两年没有变动。从此之后，则几乎是年年升迁，岁岁加衔，五年之内由从七品跃为二品，这不得不让人感慨。

学者徐珂在关于清代掌故遗闻的汇编中，对曾国藩的这次转机作过生动的描述：一天，曾国藩忽然接到第二天皇上召见的谕旨，于是他连夜到穆彰阿家中寻求应对之策。第二天，曾国藩被带往皇宫，他环顾四周，发现并非平日等候召见的地方，于是耐心等候，后无人召见，他只好又回到穆府，准备次日再去。晚上，穆彰阿询问曾国藩说："你看见白天被带去的地方所悬字幅没？"曾国藩一时无语，穆彰阿有些失望地说："机缘可惜。"他踌躇良久后便招来自己的仆从对他说："你去取银四百两，作为酬金交给内监，嘱他将白天壁间字幅秉烛代录。"当天夜里，仆从将内监抄录的壁间字幅送给穆彰阿。穆彰阿转手递给曾国藩，让他熟记于胸。次日曾国藩再次入觐，道光帝询问壁间所悬历朝圣训。曾国藩对答如流，大受赏识，道光帝对此称赞他遇事留心，将来可大用。

其实，在进行殿试之时，中间还发生了一段改名的小插曲。虽然表面上看不过是曾、穆两人的一番会晤、一段面谈而已，但这次简短的碰面却是真真实实地改变了曾国藩，成为他人生中一次较为重要的转折点。当曾国藩中试以后，当天晚上就被穆彰阿召往府中，穆对曾国藩的理论见解非常欣赏，有意招募他为自己效力。加上两人当时的人生观与世界观非常相似，所以穆彰阿决定提拔曾国藩。穆彰阿看着眼前这位意气风发又容貌忠厚的新翰林，觉得他前途无量，穆彰阿相信曾国藩将来一定可以出人头地，成为自己门生中最有才干最有识见的人。

不过有一点穆彰阿不满意，他觉得"子成"二字太过鄙俗，于是建议曾国藩改名，虽说曾玉屏当时给孙子取的名字非常儒雅，但毕竟不够大气，所

以不适用于官场。经过穆彰阿的点拨，他将自己的名字改为"国藩"，取义为：国家的屏障和藩篱。

曾国藩的这次改名为他今后的仕途翻开了新的一页。也正因为与穆彰阿的这次会面，他找到了一个很好的靠山。穆彰阿任军机大臣已经十多年，门生故吏遍布天下，曾国藩也很庆幸能成为其中一员，得到穆彰阿的垂青。

"朝中有人好做官"，有了靠山很多问题都可以迎刃而解，他从此以后不再是朝中无人，一人孤军奋战了。现在他可以充分利用这个有利因素，努力为自己创造良好的外在条件，在官场上一展拳脚，施展抱负了。

后来的事实证明，要是没有穆彰阿的帮助，曾国藩这粒金子很可能从此埋没，被道光帝遗忘在角落里，不被发觉。因为，在人才济济的大清朝里，很多读书人缺乏的不是知识，而是一个机会，一个被人发现赏识的机会。

从此以后，曾国藩便开始扎扎实实地积蓄学问，锻炼自己的才干，在这个权力角逐的朝廷里，经过十年甚至二十年的奋斗，击败所有的绊脚石以及竞争对手，登上位极人臣的权位的顶峰。

纵观曾国藩在京仕途迅速升迁的过程，不难发现两点，第一，与曾国藩平时的努力和积累密不可分，第二与遇人遇事的时机和眼光紧密联系。当然，没有穆彰阿的知遇之恩及援引之功，无论曾国藩此人多么认真勤奋，聪明或者能干，要想在十年之内，连跃数级，那也是难于登天，通天乏术。但是，如果没有平时的努力与素养，曾国藩也很难得到穆彰阿的赏识，即使两者都具备，但如果不积极主动采取相应对策，又怎么能使穆彰阿一再举荐。此后曾国藩位极人臣，权倾朝野，选择在功成之际，悄然引退，自削兵权种种，都与他敏锐的眼光有关，这些并非是目光短浅者所能及，这正是他与众不同之处。

第二章
攻坚克难谋职位

不能免俗的升迁之路

曾国藩依靠自己的实力，一步一个脚印，从湖南偏远山村的一个文弱书生跻身于赫赫有名的大人物行列，直至成为晚清"中兴第一名臣""大清圣哲"，这其中的艰辛可想而知。

他一路冲杀，从翰林院走向二品大员，历任两江总督、直隶总督等要职。不难想象，曾国藩的人际关系是多么庞大，但他的成功又是得益于自己积累的良好人际关系。对于师长辈，曾国藩遵循的往往是一个"敬"字，例如他的老师吴文镕，曾国藩逢年过节都会对其拜谢有加。吴升到江西任职巡抚之时，曾国藩会很早起来，一直将他送到彰仪门外才离开。

还有作为"三代帝师""四朝重臣"的祁寯藻，不仅政绩卓著，而且能诗善文，精于书法，勤于著述。对于曾国藩来说，祁寯藻也是属师长辈，所以他自然少不了与之往来。经过打听，曾国藩了解到祁喜爱字画，于是他亲自到琉璃厂去买了最好的宣纸，又通宵达旦为其写了一寸大的大字二百六十个，然后亲自登门恭敬送上，这一举动让祁非常感动与受用。

对于乡辈同僚，曾国藩在交往的过程中始终秉持一个"谨"字，即保持一定距离，同僚之前不能过分亲近，以免引起结党营私嫌疑，但又必须尽职尽责。

对于同年，曾国藩融会贯通的是一个"亲"字。他认为，同学之间的情谊是亲情之外最相关也是最重要的。这种感情经过时间的锤炼和洗涤，不源于天然，但又胜过天然。因此，他尽可能对同年有求必应，尽己力而为之。

在封建时代，官宦之家，名门贵族，为了显示自己家族的源远流长，一

般都会修家谱（又称族谱、宗谱、家乘）。家谱是记载血亲、婚亲家族长期发展变化史实的原始记录。家谱同样也是记录整个家族正面的历史，以及经验、所取得的技术和文化的史实资料，是留给后辈子孙的一部优秀教科书，子子孙孙可从家谱中得到前人的经验借鉴，以及传承祖辈文化和启迪思想。如果说一个家族没有家谱，那就不是完整的。

通过修家谱，很大程度上可以帮助提升整个家族的凝聚力，维护内部团结，增进各个家庭之间的了解和信任，加强彼此的沟通，促进家庭间的互帮互助；同样，只有了解家族的历史和迁徙情况，才能知道同一家族中家庭间血缘的亲疏远近。

在过去的几个世纪里，曾家世代务农，没有骄人成绩，就如曾国藩自己所说："吾曾氏家世微薄，自明以来，无以学业发明者。"他深知，如果自己的家族没有家谱，那么在同村同族中说话自然就没有分量，而家中的长者更是没有资格出来主持大局。所以曾国藩要趁着现在自己跻身翰林，科举发迹开始修家谱了。于是议修家谱，清查源流，成了他当时回家期间的头等大事。等到这件事告一段落的时候，已经过去了大半年的时间。

曾国藩为人虽然廉洁自守，把廉与勤看作居官治政的要义之一，可是如今既然身在官场，也不可能出淤泥而不染，他也需要结交各种各样的人来帮助自己。而他所结成的关系网越来越大，也越来越繁杂，他用其庞大的关系网来保证两点：一，人脉广泛，将来可以大规模地按自己的意志施政，不必受到太多牵制；二，如果出现重大失策，也可以用来自保。这样的为官之道，有点像当年战国时代的合纵连横之法。

后来，曾国藩担任湘军统帅期间，因为有着之前强大的关系网，所以但凡是湘军出身的地方封疆大吏能做到互相照应，可谓是"一方有难，八方支援"。这些人与曾国藩编结成一个特殊的整体，痛痒相关，呼吸相从。越到后来，地方上出现的重要职位往往都是由湘、淮军将领出任。朝廷如果有大的决策一定要征求他们的意见，如果其中有人犯罪，朝廷需要治罪其中一人，则很可能会引起大的波澜。

第二章
攻坚克难谋职位

除了依靠多年旧部获得联盟互助以外,曾国藩还启用了联姻的方式来巩固和扩大自己的势力。不论是古代还是现代,中国人都比较讲究裙带关系。曾国藩通过联姻这种方式来扩张、巩固自己的阵地的确是行之有效的手段之一。例如曾国藩早年从学问道的朋友罗泽南,文武兼备,是一个不可多得的人才。在罗泽南驰骋疆场身亡之后,他的次子成为曾国藩的三女婿。再如与曾国藩患难相依的李元度,两人是忘年交,李几次舍死护从曾国藩,后来李的女儿嫁给曾国藩之子曾纪泽,与其成了儿女亲家。曾国藩的得意门生李鸿章也是如此。曾、李两家也有姻缘。李鸿章的弟弟李鹤章与曾纪浑成为儿女亲家,李鸿章的四子娶曾纪泽的长女为妻,使两家人做到"亲上加亲",紧密连为一体。

幸福美满的婚姻生活

早在道光十三年(1833)时,曾国藩便与他订婚九年的欧阳小姐成亲。当时他二十三岁,刚考取秀才。家里人想双喜临门,便促成了这一姻缘,那一天曾家张灯结彩,喜联高挂,大摆筵席,高朋满座,乡人忙忙碌碌,好不热闹。

二十三岁中秀才后才成亲,这在当时已经是比同龄人晚很多了。一般人十六七岁就会被安排娶妻生子了,而曾国藩比别人晚了五六年。由此可见,曾家对曾国藩的读书和功名要求非常严格,没有功名暂时不能成亲,即讲究先立业后成家。

早年,曾国藩曾在欧阳凝祉门下读书。刚开始,欧阳先生对曾国藩并没有看重,没有发现其过人之处,但随着后来频繁接触,就慢慢开始欣赏他的才气,挖掘出他的优点与闪光处。除了熟悉八股文,曾国藩的诗文也写得非

常不错，欧阳先生看了他的文章，从字里行间感觉到了他的雄心壮志，再看看此人的气质，便觉得他前途无量，再加上曾国藩的父亲曾麟书平时与欧阳先生素有私交，所以两家之间关系一直相处不错。

有一次，曾父请欧阳先生出题考核儿子的真才实学，欧阳先生便以"共登青云梯"为题命曾国藩写一首律诗。只见曾国藩思索片刻，便挥毫泼墨，一气呵成，欧阳先生看了以后异常欣喜，连声赞好，称"是固金华殿中人语也"，也就是说他有金华殿朝廷大臣的口气。加上欧阳先生也是一个惜才之人，所以当即就把长女许配给曾国藩，她就是日后伴随曾国藩走完人生苦旅的欧阳夫人。

欧阳夫人虽然相貌平平，但才艺出众，嫁到曾家后，她勤俭持家，任劳任怨，孝顺公婆。对待家务，不论是下厨烧灶，还是纺纱织布，她都事事躬亲，堪称传统女人的典范。古有梁鸿迎娶孟氏女，虽身粗貌陋，但知书达理；诸葛孔明聘黄氏女，虽肤黑发黄，但智慧过人；曾国藩娶欧阳女，也许就注定了曾国藩日后会飞黄腾达，名垂千古。

曾国藩年长于欧阳夫人五岁。婚后四年，欧阳夫人生了长子桢第（又名纪第），但在道光十九年时，孩子染上瘟疫，不幸夭亡。当年年底次子纪泽出世，恰逢曾国藩告假还乡，所以感受到了当父亲的愉悦。到了次年冬天，欧阳夫人带着孩子前往京城，一家人终于团聚了。在京城他们又连生四女——纪静、纪耀、纪琛、纪纯，后生三子纪鸿，最后生满女纪芬。

自咸丰二年（1852）开始，欧阳夫人就带领着子女回乡下生活，这一去便是十余年，其间两人一直靠书信来往，直到同治二年（1863），全家才随居曾国藩官邸。曾国藩一直都是"以廉率属，以俭持家，誓不以军中一钱寄家用"，而欧阳夫人也没有抱怨，既然家中已无余钱，那么只能自食其力。据说，曾国藩家修善堂时，来往客人较多，常常吃饭要摆好几桌，杀一头猪所得的油，只能用三天；而黄金堂（欧阳夫人所住的宅子）杀一只鸡的油，也能用三天，可见她当时是多么节俭。

勤俭持家、谦和处事，是曾国藩一直所提倡的持家之道。多年以来，曾

第二章
攻坚克难谋职位

国藩都严格要求家人，让其做到生活俭朴，远离奢华。他在京城为官时，目睹了太多的世家子弟奢侈腐化，挥霍无度，他深知其害。他在给子弟的信中反复说："世家子弟，最易犯一'奢'字'傲'字。不必锦衣玉食而后谓之奢也，但使皮袍呢褂俯拾即是，舆马仆从习惯为常，此即日趋于奢矣。见乡人则嗤其朴陋，见雇工则颐指气使，此即日习于傲矣。书称'世禄之家，鲜克由礼'，《传》称'骄奢淫逸，宠禄过也'。京师子弟之坏，未有不由于'骄奢'二字者，尔与诸弟其戒之。至嘱至嘱。"

除了要求节俭以外，曾国藩对家人的另一条要求是"勤"。作为朝廷重臣，曾国藩的事务非常繁忙，每天都要花很多时间来处理政务，但他再忙碌也会抽时间坚持给子女写信，为他们批改诗文，与他们一起探讨学业和生活中的种种问题。儿子曾纪泽大一点后，曾国藩要求他每天起床后，穿戴整齐，先向伯、叔问安，然后打扫房间，再读书识字，每天要坚持练一千字，为以后的发展打下坚实基础。

后来曾纪泽新婚，曾国藩写信给诸弟并纪泽，让其教诲新妇，听其曾家祖训："新妇始至吾家，教以勤俭。纺织以事缝纫，下厨以议酒食，此二者妇职之最要者也。孝敬以奉长上，温和以待同辈，此二者，妇道之最要者也。但须教之以渐，渠系富贵子女，未习劳苦，由渐而习，则日变月化而迁善不知。若改之太骤，则难期有恒，凡此祈诸弟一一告之。"

曾国藩最小的女儿曾纪芬于咸丰二年（1852）出生，虽然小女儿是最受父亲喜爱的，但她从没有享受过贵族家庭的待遇，也没有大小姐一样的奢侈富贵，她身上所穿的衣服也都是姐姐们留下的。有一次全家去南京，曾纪芬穿了一条去世嫂嫂留下的缀青花边的黄绸裤，结果被曾国藩看见后，马上训斥，责怪曾纪芬太奢侈，曾纪芬立即就去换了一条由嫂嫂留给三姐，之后又转给她的旧裤子。

曾纪芬到了二十三岁的时候，被安排嫁入湖南衡山聂家。当时曾国藩严格规定，每个女儿出嫁，嫁妆不得超过二百两银子，同时嫁妆中还有父亲亲手书写的功课单。可见，曾国藩的目的是想让女儿成为一个勤俭持家的好主

曾纪泽坐姿照

妇,而实际上他也的确做到了。

曾国藩曾多次为全家拟定严格的学习计划,敦促家人每日坚持学习,不断进步。除了自己的子女以外,曾国藩对曾家新进门的媳妇也有要求,他给每个女眷都写有一份功课单,要求她们必须掌握四项技能,具体内容包括:早饭后——做点心酒酱之类(食事);巳午刻——做纺花或绩麻之类(衣事);中饭后——做针线刺绣之类(细工);酉刻(过二更后)——做鞋物或缝衣之类(粗工)。曾国藩要求她们每日做女红,并且要"验工":"食事每日验一次,衣事三日验一次,细工五日验一次,粗工每月验一次,每月须做成男鞋一双。"

在曾国藩严格的教导下,曾家的女性后来也越来越出色,她们其中有出国留学取得博士学位的,还有进入政府部门任管理职务的,也有成为冶金专

第二章 攻坚克难谋职位

家和陶瓷专家的。她们在各行各业所作出的贡献,并不比曾家男人少。

或许曾国藩历经了太多的官场沉浮,感受到太多的人世沧桑,所以他对儿子与对诸弟的教育不尽相同。在一如既往强调勤俭、孝友,教导二子进德、修业的同时,曾国藩屡屡告诫他们不要热衷考科举,不要迷恋入仕做官,不要沾染官家习气,教育他们只求读书明理,读有用之书,习有用之学。但两个儿子毕竟受到环境的熏陶,以及周围人的感染,所以他们仍然一次次参加科举考试,但又一次次铩羽而归,最终没有大的功名(曾纪鸿被特赏举人)。不过在父亲曾国藩办洋务的环境和氛围中,兄弟俩在洋务之学方面,都取得了不错的成绩。曾纪泽学习英文,钻研近代科技,后出使世界各国,学习西方的科技文化,用西方的科学来推动中国的进步,成为中国最早的外交家之一。而曾纪鸿则精通算学,后来研究和编著《炮攻要术》六册、《电学举隅》一册,跻身中国最早的自然科学家之列。

第三章
独门秘籍畅行官场

一朝天子一朝臣

咸丰帝

道光三十年（1850）的夏天，广西局势变得非常不稳定。金田起义之前，广西以南的各个势力纷纭骚乱，这些人占山为王，落草为寇，开始与朝廷分庭抗争。这种情况下，朝廷将广西的提督闵正凤革职查办，然后调向荣为广西提督，后又起用前云贵总督林则徐为钦差大臣，命令他们火速赶赴广西进行平乱。然林则徐在半路突遭恶疾，随后离世。朝廷只好命前任总督李星沅顶替其职位，以周天爵署提督，让他们率领人马赶往广西。结果，两人并没有表现出力挽狂澜的能力，反而是一败涂地。当时的道光帝勃然大怒，以至于突染重症，最后不治而亡。

俗话说，一朝天子一朝臣。道光的驾崩，必定会有一批人被换下去，新主上任，朝中必定会经历一场血雨腥风。这对于已经在官场上摸爬滚打了这么多年的曾国藩来说，他心里异常清楚。

道光遗诏宣布：立四皇子奕为皇太

第三章
独门秘籍畅行官场

子，封六皇子为亲王。没过多久，四皇子继位，定年号为咸丰。这一年咸丰帝虚岁二十。朝中大臣对此无不战战兢兢，每个人都担心、害怕波及自己，尤其是朝中重臣，更是如履薄冰、胆战心惊，这其中也包括了军机大臣穆彰阿。当年乾隆帝驾崩，嘉庆上台，首先惩治和珅，杀一儆百。这次新主上位，肯定也会有所行动。果然不出所料，历史再一次重演了，咸丰帝即位不久就立即罢免了穆彰阿。一时间，人心惶惶，所有人都把眼睛集中到了穆彰阿的得意门生曾国藩身上，认为他此次一定会受到牵连。但让人感到奇怪的是，咸丰帝很长一段时间并没有对曾国藩做出任何表态。这是为什么呢？

原来道光帝在临走之际，告诉咸丰"曾国藩能用"，所以咸丰就听从父亲遗愿，没有动其分毫。但是，在朝廷之中曾国藩却失去了一位有力的后台，而此时的他彻底成了孤家寡人。

"墙倒众人推"，"树倒猢狲散"，这些都是至理名言，这一次曾国藩也深深体会到，因为自己和穆彰阿的关系特殊，所以满朝文武都选择远离他。曾国藩也一度陷入孤独的境地。或许从那个时候起，曾国藩就开始学会了明哲保身的原则。但是，这些因素并不影响他追求功名利禄的心，他此时缺少的是时机，他等待着重新登上历史舞台的时刻。

虽然在随后的十年里，曾国藩连年被提拔，升迁非常快，但他已经练就宠辱不惊的性格，成为一个深通人情世故的人。他深知"水满则溢，月盈则亏"的道理。因此，虽然屡升官职，但他一直保持低调，做到谨慎小心，他在同僚中常抱藏锋内敛之心，以避免树敌。

在升为正三品大员后，按当时朝廷明文规定，大臣的轿子要由蓝色换为绿色，护轿人也要增加两人，而且可以配备引路官。但曾国藩没有选择这么做，他从升为三品官之日起，除了身边不得不增加两名护卫外，轿前并没有设引路官，就连扶轿的人也省了去，轿子的颜色也没有变化。

不久以后，曾国藩再次升迁，从三品升到了二品，这个时候府里的下人为他推举了四名轿夫，要把四人大轿换为八抬大轿。按清朝官制，四品以下官员只能乘四人抬的蓝呢轿，不得僭越，如果品级没有达到却乘高品级的轿

子则算违反制度，一旦被人发现举报，不仅要受处分，还有可能遭到革职、充军。三品以上官员才可以乘八人抬的绿呢轿，俗称八抬大轿。但这些可以根据官员的俸禄安排来自行决定，不用强制执行，官员如达到品级而收入不丰者，可以量力而行。

几乎所有的人达到级别后就立即改变待遇，迫不及待彰显出自己的尊贵。但曾国藩没有这么做，因为他知道树大招风，对于这些徒有其表的架势以及大轿，一律是不摆不坐。虽然曾国藩因乘四人轿而经常被下级官员误会与欺侮，但京城三品以上的大员，都知道他的这一举动，出行前都会向护轿的官员交代一句："看清楚，内阁学士曾国藩曾大人坐的可是蓝呢轿。"曾国藩纵横官场几十年，虽然有起有伏，但仍然得到人们的尊重，也许他正是凭借了这种低调、内敛的力量，才会逢凶化吉、遇难成祥。

顶撞皇帝　一夜成名

在咸丰亲政期间，曾国藩似乎是最忙碌的人，他不断上疏、建言，而每一个上疏都不是无的放矢，而是切中时弊，说得非常有力道。例如《议汰兵疏》《备陈民间疾苦疏》《平银价疏》等。每一本奏章都触及清朝的统治基础，表达了他对天下将乱的忧虑。

清朝的政治风气，自嘉庆道光以后就开始萎靡不振，人才也日渐寥落。所谓上梁不正下梁歪。这种风气的形成与当朝天子的好尚及执政者之逢迎谄谀，有着密切的关系。在一手遮天的帝王之家，皇帝的行为在很大程度上影响甚至决定着满朝文武的风气。道光帝经受鸦片战争的打击后，几乎一蹶不振，同时也在心理上对洋务及灾荒盗贼方面的事情产生了厌恶，身边的军机大臣见此，也只好选择报喜不报忧。

第三章
独门秘籍畅行官场

在这种风气下，曾国藩根据自己当多年京官的经历，以及对官场习俗的熟悉，意识到要改变现状，只有反其道而行之。所有人都在躲避风头时，他选择迎风独立，挺身而出，这一举动对提高他的政治声望，以及艰难时挺身而担当大任创造了有利的条件。

曾国藩的可贵之处，就在于他不仅敢于提出问题，更为重要的是他提出了具体解决问题的办法，而且是有理有据，让人折服。当然，说反其道而行之的话在当时是大逆不道，不过曾国藩是在对清朝的官僚体制的弊病做出多年的研究后，才壮胆提出的。即便这样，曾国藩还是选择用一些比较委婉的语言来说出自己的看法，他把八大衙门的堂官比喻为农夫，把皇帝比喻为天上的太阳，把中下级官员喻为田间的禾苗，不失形象生动又贴切自然。

这些理论的提出也反映了曾国藩并不是一个庸碌之辈。他的思考，他的积累，他分析问题的透彻，这种种因素才能形成他对当时人才问题的系统认识。而这些也成为指导他日后治军打仗磨砺人才的观念基础。

自从听信曾国藩说的广开言路后，咸丰帝的书桌上就堆满了群臣的各种奏折，这结果大出咸丰帝的意料。不过，面对摇摇欲坠的大清朝，还有烽烟四起的农民起义，咸丰帝很快就意识到自己对此无能为力，与其垂死挣扎，不如顺其自然。很快，咸丰帝开始消退热情，对待大臣的上疏，也开始敷衍了事。此后，曾国藩的多篇上疏石沉大海。然而，此时的政治形势却开始急速发生变化。

1851年，洪秀全领导的太平天国起义在广西桂平爆发，短短几个月的时间里就接连打败清朝钦差大臣李星沅、广西巡抚周天爵的军队，避开重兵的围追堵截，突出层层包围，扯旗北上，称王封制，成了清政府的心腹大患。曾国藩得到消息后，难以平静，他不能坐视不管了。

同年五月曾国藩上了一个锋芒直指咸丰皇帝的《敬陈圣德三端预防流弊》折。这里面的内容都是对为政者的指责。曾国藩认为，新君登位，满朝谨小慎微，阿谀奉承的风气正在刮起，这会成为国家的祸事。

曾国藩将这个疏稿不仅呈给了咸丰帝，而且在上朝的时候当着文武百官

洪秀全雕像

的面，大声地背了出来。开始一段，他跪奏了"防琐碎之风"，举的例子是皇帝自继统之后，往往都只是看重小的方面，而忽视大的方面，这样很容易因小失大。而且广西的军事用人方面，也是一大失策，其中不应该出现的错误有很多。曾国藩的谏言，咸丰听完了第一段，就明白了曾国藩的意思，但他尽可能压制自己的情绪，继续往下听。

曾国藩第二节讲的是"杜文饰之风"，举的例子是皇帝广开言路，但对群臣所奏之事，大抵以敷衍了事，并没有真正用心、认真去阅读和实施，这让咸丰颇为尴尬。随后，曾国藩又跪奏了第三节"防骄矜之气"，指责咸丰独断专行，言行不一。曾国藩在百官面前如此指责咸丰皇帝，而且举出了种种对应的例子，让人无可辩驳，但皇帝的尊严受到了挫辱。于是，他的言论引发了龙颜大怒，幸亏大学士祁隽藻、左都御史季芝昌出班跪求，说他以下犯上、罪该万死，但精神可嘉，这种冒死直陈，是出于对国家的忠心，希望皇帝能够体谅，免除曾国藩的罪过。经过大家的求情与吹捧，咸丰这才没有加罪于他。

这几次上疏，是曾国藩在咸丰初期的主要作为，这一举动表现了他不同

第三章
独门秘籍畅行官场

于一般官宦的抱负和远见，同时也显示了他耿直的书生本色。

曾国藩的"犯颜直谏"虽未成功，但影响巨大，他的"鲠直"在清朝官吏中传扬开来。尤其在湖南的知识分子中，如刘蓉、罗泽南、郭嵩焘、江岷樵、彭玉麟、朱尧阶、欧阳兆熊、江忠源等人都对他佩服万分，但这次直谏风波以后，曾国藩也明白了明哲保身的道理，以后做人做事更加谨慎小心。

自古忠孝不能两全

自古忠孝不能两全，曾国藩也是如此。自道光十九年（1839）赴京当官以来，为了今后的美好前程，曾国藩离开家乡不知不觉间已经整整有了十二年。道光二十六年（1846），曾国藩的祖母病故，他得知消息以后马上想要赶回去，但俗务缠身最终没有得偿所愿。到了第二年春天，祖父身患重病，家书达到后，曾国藩非常伤心，祖父一直都是他最为尊敬的人，而且从小对他的悉心教育令他印象深刻，对于祖父曾玉屏的病重，曾国藩心情十分沉重。

此后曾国藩连夜写家书寄回去，他在信中与父母兄弟详商治疗办法，次日清晨，曾国藩决定要回家一趟，一定要去探望这位刚强一生，给自己带来深远影响的祖父。但是，身为朝廷要员，很多事情是身不由己的。而且京城距离湖南路途遥远，这么长的距离在当时足以将一个游子的思乡之情阻隔。

自京城往返湘乡，一般的行程也需要三四个月的时间，再加上沿途稍作休息，回家以后小住一两个月，那么这一趟基本要耗掉半年左右的时间。按照当时朝廷的规定，这样的"长假"是不予批准的，如果官员要想回家探亲的话只能选择暂时离职，等到假期期满后回京重新补缺。但是按一般情况而言，重新补缺往往需要等待一年左右，并且将来能否补上"优缺"都是一个未知数。这回一次家乡需要涉及的一切后果，让曾国藩头疼不已，他不得不

重新考虑，除了这些原因外，还有关于费用的问题。这一往一返所需要花费的开销也是让曾国藩难以承受得很，当时的他已经"负债累累"，如果再增加这些开支，确实是不堪重负。

这些困难在曾国藩给弟弟的家书中有着详细的说明：兄自去年接祖母讣后，即日日思抽身南归。无如欲为归计，有三难焉：现在京寓欠账五百多金，欲归则无钱还账，而来往途费亦须四百金，甚难措办。一难也。不带家眷而归，则恐我在家或有事留住，不能遽还京师，是两头牵扯；如带家眷，则途费更多，家中又无房屋。两难也。我一人回家，轻身快马，不过半年可以还京。第开缺之后，明年恐尚不能补缺，又须在京闲住一年。三难也。有此三难，是以踌躇不决。而梦寐之中，时时想念堂上老人，望诸弟将兄意详告祖父及父母。如堂上有望我回家之意，则弟书信与我，我概将家眷留在京师，我立即回家。如堂上老人全无望我归省之意，则我亦不敢轻举妄动。下次写信，务必详细书堂上各位老人之意。

可见，曾国藩回一次家是非常不容易的事情。虽然他的家人也同样盼望着久别的他能够回来尽早团聚，可是家事跟国事比起来，很多时候总是显得那么渺小。家中的老人也深深懂得这个道理，为了不妨碍儿子的前程，曾国藩的父亲写信告诉他，让曾国藩暂时不要抽身回家，先一心一意服官，暂不必挂念家中之事。

曾国藩收到回信后，同样也明白父亲的苦心，他只好在信中回复父母，表示自己的思家之情，然后听从长辈安排，用心当官，不敢违背。至于回家的事情只能拖延。不久以后，曾国藩再次升官，继任内阁学士兼礼部侍郎，连升三级的佳绩也算是对曾国藩思乡的一种补偿和激励吧。

道光二十九年（1849），曾国藩的父亲曾麟书年满六十。按中国人的传统习惯，花甲之年属于大庆，应该要办寿宴庆祝的，而且将寿辰办得越风光越好。此时在京城的曾国藩依然无暇分身，他决定等到来年再请假回乡给父亲补办。他写信告知弟弟们自己最近的情况，然后具体交代了来年回家的时间，但这次依然没能回到湘乡。不久之后，祖父病逝的消息从湖南老家传来。

第三章
独门秘籍畅行官场

曾国藩闻讣后向朝廷告假两个月，然后自己在京中寓所为祖父披麻戴孝，以寄托哀思。他还向亲友同僚发了五百多份讣帖，并在此特别写上"谨遵遗命，赙仪概不敢领"。意思是说遵照祖父的遗愿，对于前来凭吊的人一概不收取礼钱，由于不收众人的银钱，曾国藩的生活更加窘迫了，为了尽孝道，他将收到的祭幛做成数十件马褂，分别寄给家中的族戚，这也是老百姓家所谓的"分遗念"。

咸丰二年（1852）六月十二日，曾国藩在一片焦急的等待中被钦命为江西乡试的主考官，负责前往江西地方主持乡试，趁着这个难得的机会，曾国藩向朝廷请了一个长假，准备乡试过后回籍探亲。加上江西和湖南之间的距离比较近，所以朝廷这次很快同意了他的请求。终于可以回家一趟，曾国藩的心情大好，总算可以见到自己的家人了。

十二天后，满怀着为朝廷招贤纳士的激动心情和与家人久别重逢的喜悦，曾国藩动身起程，前往江西。当渐渐远离繁华的京城和威严的紫禁城时，他有着一种放飞的感觉，可是让他想不到的是，这一次离京，结束了他十四年的京宦生涯。而且此次一别再回京城又是十几年。他更加想不到的是，时代的激荡把他引向另一条道路。他这次的离开，儒生真的要羽化成"蛟龙"，他的命运从此也会发生翻天覆地的改变，个人的命运与大清朝的命运更加紧密地联系在一起。

曾国藩离开京城，中途经过一个月的行程，终于到达安徽太和县，当他到达一个池驿时，忽然接到了母亲江氏一个多月前逝世的讣闻。曾国藩想起十几年前的分别竟然成了永别，自己和母亲从此阴阳相隔，想到操持一生的母亲临终前竟没有见到儿子身穿二品官服的那一天，他痛心不已，便立即没有了主持乡试的心情，于是上折朝廷，请求改道。随后马上调转方向，由九江登船，急忙回原籍奔丧。

但偏偏天公不作美，他刚刚出发，不久后便遇到了大风，到湖北黄州三百里水路，走走停停耽搁了十一天，这样下去，不知要拖到什么时候才能到家。于是，他决定改变主意，开始走旱路，到了八月，他抵达湖北的省城

武昌，此时他才得知湖南长沙被太平军包围的消息。回家的道路不通，他感到万分悲痛，再加上沿路来所听所闻都是太平军节节北上，清军无法抵挡的消息，更让曾国藩心急如焚。如今形势非常紧迫，风声也十分紧，所以他需要谨慎小心，尽可能绕道回家。曾国藩十四日从武昌起程，四天后到达岳州，后来，他又绕道湘阴、宁乡，最后二十三日才到达湘乡。

当他踏进家门前的那一刻，看见周围一片素白，不禁双腿发软，泪流满面，双膝跪倒在地。这个时候已经四十二岁的曾国藩万分感慨，进屋后忍不住扶棺大声痛哭了起来。一个月后，曾国藩的母亲江太夫人被顺利安葬在下腰里宅后。

在家庭与事业之间，曾国藩选择了后者，所以他生前未能尽孝道，这也成为他一生的遗憾。如今，他至亲的人一个个都离开了人世，树欲静而风不止，子欲养而亲不待，这种痛苦无疑是世界上最痛苦的。

本该回家以后好好祭悼生他养他的慈母，但是此时朝廷与太平军的战况却急转直下，太平军的士气如日中天，洪秀全打算挥军北上。不久以后，太平军便攻克岳州，攻占汉阳、武昌。他们所到之处，清军不是一触即溃，就是闻风而逃，这让曾国藩不得不开始准备，未雨绸缪。

第四章
天下无湘不成军

韬光养晦　等待时机

咸丰二年（1852），太平军刚刚进入湖南境内时，整个湖南省的驻防清军和乡绅武装，只是进行了非常脆弱的抵抗，大多数的地主乡绅都带着钱财远离家乡，去外地逃命了，而此时的湘中名宦左宗棠兄弟，也选择率眷属到玉池山梓木洞去避难。这个时候湘南的许多民众，其态度与朝廷官僚截然相反，他们非常欢迎这支广西军队的到来。在这里，太平军得以休养生息，并且扩充兵员，增大军势。后来有不少人认为，太平军真正的兴盛，其实是从湖南开始的。因此，洪秀全带领他的军队到达长沙城下之前，湖南境内没有任何力量可以阻挡太平军的脚步。到了年底，太平军兵指湖北，水陆并进，帆樯蔽江，所经过的城镇，势如破竹。

与太平军的所向披靡相比，清军实在是不堪一击，他们一触即溃，接连丢失各地的重要城池，一时间大有土崩瓦解之势。太平军于六月十二日攻占道州，并在此开始整编部队。道州此地民风朴实劲悍，其方位又与广西交界，所以太平军在这里得到了很好的扩充，他们在城里驻扎了一个多月，引起各处会党的响应，当地人纷纷选择与他们一起共同举起造反大旗。洪秀全此前的兵力原本还不到一万，对于清政府来说根本不足为患，但由于清军的战略和估计失策，让他在这里吸收了两三万名天地会会员，太平军的实力迅速变强，变得更加棘手，不好对付了。

在太平军占领道州的这段时间里，在距离道州七百里以外的湘乡，出现了一个设馆授徒的理学先生，此人便是罗泽南，也就是后来的湘军之父。罗泽南此时虽说只是一个教书先生，但他是一个有着独立见解的人，比一般人

第四章
天下无湘不成军

的觉悟更高,听说太平军攻打道州,他就开始无心教书,而是一直在打听太平军进军的步伐。罗泽南认为广西的太平军很有可能会打到他的家乡,他不能坐以待毙,而是要提前做好准备,于是开始积极提倡乡人举办团练,学会保卫自己的家园。

让罗泽南万万没有想到的是,他对时局军情的这份热心,正在悄然改变他的命运。他此时的举动使他注定日后要成为湘军的一员大将。正如他自己所说:"余以一介书生,倡提义旅,驱驰于吴、楚之间,而其一时之同事者,及门之士居多。共患难,履险蹈危,绝无顾惜,抑何不以厉害动其心耶?当天下无事之秋,士人率以文辞相尚,有言及身心性命之学者,人或以为迂。一旦有变,昔之所谓迂者,欲奋起而匡之救之,是殆所谓愚不可及者欤!亦由其义理之说,素明于中故。"他亲自拉起的这支队伍是要把自己生平所学化成救国的经世之功。也正是这支队伍给曾国藩增添了建功立业的信心,而曾国藩对人才的赏识和提携,也为罗泽南提供了一个良好的平台。所以,在以后的征战中,罗泽南也逐渐成为曾国藩最得力的助手和沙场先锋。当然,这一切固然是他熟读兵书的结果,但他过人的才智和军事天赋,在整个战争中也起了非常大的作用。

当咸丰二年(1852)年底,太平军以地雷轰塌武昌城墙随后占领武昌的消息散发出去时,举国震动,这是太平军攻下的第一座省城,接下来,眼看江南逐渐失守,咸丰帝开始如坐针毡,虽然他对八旗兵与绿营兵软弱涣散、不能重用的事情早有耳闻,但没想到竟如此不堪。而此时的太平军士气正旺,这种形势下,清廷高层不得不开始寻找新的救急之策,恰好这个时候,他们发现原来各省的在籍大臣正在举办团练,以此来自卫家乡。

咸丰皇帝觉得可以利用这一点来对天平军进行抵抗和反击,于是朝廷下令地方官举办团练,命令他们利用自己的人脉关系,还有对自家地盘的熟悉情况,号召当地官员组织地方武装,和朝廷一起对抗太平军。

不久,咸丰任命陈孚恩为江西团练大臣;次年(1853)二月,他又任命在家养病的广西知府周天爵为安徽团练大臣。仅仅三月到四月这段时间里,

咸丰帝就先后任命四十五人为团练大臣，仅仅山东一省就有十三人，可见当时形势之紧迫，而曾国藩也是在这种情况下被任命为湖南团练大臣的。咸丰在给湖南巡抚张亮基的谕中说："丁忧侍郎曾国藩，籍隶湘乡。于湖南地方人情，自必熟悉。著该抚传旨令其帮同办理本省团练，搜查土匪事宜，必尽心不负委任。"

办团练　革旧习

　　团练作为一种民兵制度，讲究的是团结，所谓团就是团拢一气，抱成一团，互帮互助，生死相顾。而练就是练兵器，练武艺，练阵法，尤其要练胆量，练心性。胆有大有小，心则有强有弱，每个人上战场后都想保住身家性命，怎样才能自保？这就需要平时多加训练体格，磨炼心性。要想赢得战役，保卫家园，日常生活中必须勤加操练。然而一个人的力量过于渺小，而乡间的盗贼却数目众多，他们聚集在一起统一行动。普通百姓要想获得胜利，只有众人一心，同生共死，互相保护，才能自保，所以必须要团拢起来。

　　自从回乡帮办团练开始，曾国藩就已经开始逐渐转变自己的书生形象，他很清楚，自己将要投身于浴血奋战、保卫家园的战争之中。无论是与太平天国的争斗，还是后来征讨捻军，曾国藩对战场和战争都逐渐熟悉起来，对于行军部兵的计划以及战略已经达到烂熟于心的地步。而他自己，也是依靠那一场场血雨腥风的战争，才真正确立了今天的历史地位。当然，尽管战争成就了曾国藩，但这并不能说明曾国藩自己喜欢战争。不论何时何地，没有人会喜欢让自己去面对残酷乃至恐怖的战争，任何人都不愿意看到人与人之间相互厮杀，血流成河的场面，也没有人愿意主动投身到哀鸿遍野、尸骨满地的战场，这种随时都有可能丧失性命的事，人人都是避之唯恐不及。

第四章
天下无湘不成军

当时，太平军士气正旺，而且走到哪都获得百姓的支持，加上清军的表现一败涂地，使得朝廷惊恐万分。在太平军的影响下，全国各地秘密反清组织也活跃起来，这一系列的举动使得清朝地方封疆大吏惊慌不已。曾国藩出于忠君爱国的思想，以及施展自己"雄才伟略"的迫切心情，决心替朝廷分忧解难，镇压太平军。他在组织团练的同时，也开始大肆进行杀戮，一时间，整个湖南的反清活动迅速减少，当地的太平军也回落到低潮。

曾国藩认为朝廷的八旗绿营军存在很多问题，首先，兵权分散，将帅指挥不灵；其次，薪饷过低，士兵缺乏积极性；加上训练废弛，军队官气太重，应战能力不足；再次，调遣方法不当，朝令夕改，导致军心涣散，败不相救。但是团练仅仅是地方上的武装，它虽然有一定的实力可以辅助八旗绿营抵制农民起义，但并不能从根本上去改变八旗绿营的腐朽疲弱。而团练的队伍国家又不支取相关费用，与正规军待遇相差太多，这样长期下去也不是办法。所以，八旗绿营、团练两者都必须抛弃，现在急需改弦更张，别树一帜，改招募团丁为官勇，成立一个新的国防军，当然，粮饷方面还是需要取之于朝廷，曾国藩认为可以效仿明朝戚家军"束伍练技"成法，以备不时之需。当时，朱孙诒作为湘乡县令，为了对付天地会等会党起义，曾起用王珍、罗泽南、康景晖等人，让他们亲自调遣团勇数百人，最后成功镇压了当地的会党起义，得到朝廷的褒奖。咸丰二年（1852）年底，湖南巡抚张亮基檄调这支团勇约千人来守卫长沙。于是，曾国藩选择就以这支强悍的队伍为基础，进行编制，作为新的国防军，他将队伍分左、中、右三营，制定营制，称为湘勇，这就是湘军的雏形。

咸丰三年（1853）春，湘军成立后开始进行实战训练，曾国藩先派他们往衡山镇压会党起义，试其实力。而后又招募三千余人，夏季去增援南昌，用来抵御太平军的进攻。虽然在南昌的时候，湘军被太平军打败，但湘军在战场上表现出的大无畏精神给人留下深刻印象。从此，曾国藩变得更加有信心，他开始抓紧时间招募湘军。同时他还认为，湖南和长江流域，江河纵横，利于抗战。此时的陆军虽具有一定的规模，但还不足以抵挡太平军的疯狂进

攻，如果没有一支水上劲旅，那么将来与太平军的斗争将更加艰难，并毫无胜算。所以，曾国藩在加紧训练陆军的同时，也暗中下定决心要添置水师。有了这一想法以后，曾国藩马上向朝廷写明奏章，请求咸丰帝批准他在衡州制造战船，训练水师。

经过两年的时间，湘军已经逐渐成熟。曾国藩将陆军分为大营、小营，来投奔的湘乡人都编入各大营，其他外地人编入各小营，分属湘军各大营，共有五千余人，两支队伍分别由塔齐布和罗泽南率领。后来成立的水师有战船二百四十余艘，坐船二百三十多只，分为十个营，也是有五千余人，这些船队分别由褚汝航、褚殿元、杨载福、彭玉麟统领。经过整编，湘军已经成为一支具有正规军规模的武装。

其实，后来的湘军不仅具有正规的规模，而且还有以前八旗绿营军所没有的优势与特点。因为湘军是以地域、封建关系作为纽带，以深厚的程朱理学为教育标准，以封赏官爵为奖励制度进行鼓舞士气。除此以外，曾国藩还严格规定，湘军中不采用八旗绿营入营已久的老兵，也不采用守备以上的将领。他想以此种方法管理新军，以杜绝八旗绿营的衰颓习气。

湘军的募集原则是：统领由曾国藩亲自去挑选，而营官则由统领来逐个挑选，下面的哨官由营官挑选，而什长由哨官挑选，勇丁由什长挑选。这样以此类推，上级对下级层层挑选，加上很多人都是通过熟悉的关系一层一层地介绍进来的，所以大家相互之间有很多都认识，这样就形成了一个环环相扣的整体。一营之中，指臂相连，全军都听从曾国藩一个人的号令与指挥。这样就彻底改变了八旗绿营那种兵不识将，将不识兵，指挥不灵的局面，打起仗来，也不会出现各不相顾异常混乱的状态。

在选拔统领方面，曾国藩也明确规定了四条标准：一、要有治兵打仗的才能；二、要作战勇敢，不怕牺牲；三、要不急于名利，为人踏实；四、要耐受辛苦，毅力非凡。他认为作为将领四者如果任缺其一，就不能很好地带兵打仗。他还认为应选之人必须有忠义血性，敢作敢当。如果没有这股血性，就算前面四者兼具，也终究是不可靠的。他凭借自己多年的经验，通过自己

第四章
天下无湘不成军

的人脉，例如同乡、同族、亲友、同学、师生等关系，把不错的"宿儒""生员"等知识分子统统网罗在自己身边。根据个人才能，有的委任为军中统领，有的充当幕僚。这些人身上的共同特点是没有八旗绿营将领的积弊陋习，可以成为湘军的中坚。曾国藩对这些人非常敬重和爱戴，很多人他都尊为老师，而这种做法也吸引了大量有识之士的投效，归之者如流水。因为很多人都是讲究程朱理学的，这些人彼此之间经常以"名教""纲常"相互激励，有着稳定的目标以及封建统治秩序为基础，对曾国藩也是忠心耿耿的。

曾国藩平时也会以"纲常""名教"等思想理念来教育官兵为朝廷尽忠。不过，战乱时他也会以抢劫掳掠来的物质引诱官兵，使其为朝廷出力。由于湘军每占一城，都会借搜捕为名，乘机大肆淫掳焚掠。而在烧杀淫掠的过程中，也逐渐地养成了湘军残忍凶悍的性格，这也为日后的屠城埋下伏笔。

大清朝在八旗绿营腐朽疲弱的情况下，也急需一支新的、勇猛抗战的军队去对付太平军。而曾国藩此时建立的湘军就是他们最好的选择，加上湘军正逐步走向正规化、秩序化，于是他们就慢慢成为清朝统治者进攻太平军的主力部队。

朱　熹

治乱世　用重典

　　曾国藩"治乱世，用重典"的方法并不是从军旅生涯开始的。早在咸丰二年（1852）他被任命为团练大臣时，他每天的要务除了"练兵"，就是在附近"搜匪"。在"搜匪"的过程中，他在公馆中设立审案局，但凡有人举报，被检举的人定当严惩不贷。曾国藩宁可错杀一千，也不可放掉一个太平军的作风，让湖南的反清活动瞬间降到冰点。

　　为了得到湖南当地官绅的大力支持，他先后发出《与湖南各州县书》、《与湖南省城绅士书》《与湖南各州县公正绅耆书》等号令，命令各州的县官吏对土匪、逃勇"格杀勿论"，对于出来闹事的人，处以重罚。他详细指出，如果各县的兵力不够，尽可以派人前来禀报，审案局会立即发兵前往协助剿灭，这样做的目的是保一乡清净，保各家各户安宁。他还主张采取治安联防的办法，要求当地地主士绅，哪怕土匪已经逃离，但是在千里之外还是会有逃回家乡的可能，所以必须严加预防，查拿奸细。同时再起用本地一些比较安分的百姓，配合官差一起巡逻剿匪，如果遇到有形迹可疑的人，就要马上扭送到审案局查办。这样，内部的奸细就可以大大减少或者清除，外面的土匪就不敢进来造谣生事。

　　曾国藩在要求湖南各州县普遍推行并村结寨、团练保甲经验的同时，还使用严刑峻法来对付"犯人"的反抗，对那些行为不良、喜欢妖言惑众的人，处理由各团练处自己决定，立即斩首也并无不可。他经常对审案局的官员讲：镇压匪乱，一定要不能有妇人之仁，必须学会心狠手辣，如果讲究仁慈之心，那么只会越来越乱。治乱世，就要用重典，过去商鞅办案，也是这样，

第四章
天下无湘不成军

如此才能取得好的效果。

咸丰三年（1853），曾国藩向朝廷递上了一封奏折，他系统阐述了对太平军要使用严刑峻法的观点，这一做法立即得到了咸丰帝的大力支持。咸丰帝给他批示："办理土匪，必须从严，务期根株净尽。"有了这一支持和保障，曾国藩便放心下来，开始肆无忌惮起来。于是，一时间长沙曾公馆的审案局变成了人间地狱。凡是遇到被指控为"盗、匪"的，审案人员不论青红皂白，重则立即杀头，轻则严刑拷打。有一次在长沙城内有人捆绑了"匪类"准备解送善化县衙，但中途被曾国藩强行带到审案局，没有询问缘由，立即斩首。在这种氛围中，士绅们纷纷告密，积极捕人送官，动辄擅杀，这一举动受到曾国藩的大加鼓励。接下来，相邻的大小官吏纷纷效仿，例如蓝山知县张嗣康在任期两年间，仅在清乡一个小乡村里就杀戮群众数百人，而自称"秉性慈善"的宁远知县刘如玉，更是在三年之中"实共杀匪一千二百四十七名"。这种做法让不少地区的秘密会党组织遭到了严重破坏，其骨干力量或者被杀，或者外逃，剩下的一些人则藏匿起来不敢再次活动。当太平军再度进入长沙、宁乡一带时，老百姓响应的力量已经变得微乎其微了，这一切与曾国藩的"强硬手段"是分不开的。

在这种异常恐怖的政策下，滥施刑罚、动辄杀头的做法也为曾国藩赢得了"曾剃头""曾屠户"的称号。被冠以这样的恶名，是曾国藩在开始的时候就已经预料到的，只是没有想到这个绰号今后会伴其一生。曾国藩自己也承认所采取的铁腕政策有些过于残酷，但为了地方的长治久安，他认为采取严刑峻法是非常有必要的。他对于那些所谓的乱民都是听到风声就带回来，即时讯供，即时正法，不会因为任何原因而有丝毫拖延。仅在审案局初设的前四个月里，曾国藩就下令斩杀一百三十七人。据不完全统计，到同年八月，他前后杀戮已达两百多人。"曾剃头"的称号果然让人心惊胆战。

当然，站在朝廷治理的角度来看，曾国藩这种"治乱世，用重典"的措施，确实取得了一定的成效，他成功地浇灭了太平军当年过境湖南时所掀起

的造反热情，使得长沙地区的叛乱为全国最少，同时也为湘军营造了一个相对稳定的后方基地。

书生治军

  谚语云：秀才造反，三年不成。因为自古军旅之事，大多与文人无关。加上很多时候兵凶战危，刀枪无眼，而文人整天与笔墨为伍，手无缚鸡之力，虽很多文人对军事有向往之意，也只能是在笔墨之间表示，而无法实现。如唐代的边塞诗人李贺，虽然他身体虚弱、忧愁多病，但也非常喜欢写"黑云压城城欲摧，甲光向日金麟开"这样充满战场杀气的文字表达对战争生活的向往。但是唐宋以来真正以文人出身，而在军事领域有所建树的人并不多见，虽然也有像北宋的范仲淹、明朝的王阳明一样的特例存在，但毕竟是少数中的少数。在义理考据之学中消磨壮志与才情的清朝士人，更是让那股血性逐渐消失，朝中上上下下有思想有抱负的人越来越少，所以像曾国藩、胡林翼等人能够取得成功，并在战场上表现出卓尔不群的军事才干的人，已经是非常优秀了。

  曾国藩和湘军的诞生，称得上是十九世纪出现的一个最重要的文化现象，即"投笔从戎"。这支队伍是历史上真正由读书人领导的军队。这群读书人在国家危难之际选择挺身而出，不过他们的最大使命，就是捍卫中国传统文化。因为太平军对于儒家鼻祖孔孟的态度，让读书人感到气愤，也正因此让他们立下了"上马杀贼，下马读书"的誓言。在曾国藩、胡林翼、左宗棠等众多程朱理学的信徒看来，太平天国所提倡的"拜上帝教"理念，其实就是违背传统，不切实际，让人无法接受。而他们作为读书人，有责任和义务在这样的动乱中承担自己的使命。正因如此，在接下来与太平军的战斗中，这群儒

第四章
天下无湘不成军

生才能表现出无所畏惧、令人敬佩的大无畏精神。

其实，早在太平军初进湖南境内时，曾国藩就编写了通俗易懂的韵文，其目的是为了发动和鼓励当地士人及百姓团结起来，共同对抗太平天国。他也写了浅显易懂的军歌，透过歌声来教育湘军要善待各地的民众，不能横行霸道，肆无忌惮，引起百姓的反感。例如《保守平安歌》三首：《莫逃走》《要齐心》《操武艺》都是这一时期的作品。其中《操武艺》是一首对乡民和团练的军事技术训练总结，诗中说得绘声绘色，而且所述的大都是冷兵器时代的训练方法，当然其中也夹杂了一些简单火器的使用。虽然说这首诗不出当年戚继光《练兵实纪》《纪效新书》的范围，但对于一介书生的曾国藩来说，他没有参与过任何军事行动，这样已经算是难能可贵了。曾国藩在处理公务期间，也花过时间去钻研军事，对历代兵书也曾有过研究。而他能在这样的情况下，用一首诗将单兵技术训练描绘得如此详细、讲解得如此清楚，实属不易，由此可见他用心的程度。

最初创建湘军与曾国藩一同起事的，也大多是典型的文人，大家都是湘乡人。例如罗泽南、王鑫是湘乡的，而另外一位传奇人物江忠源则是湖南新宁人。除此以外，当时投在罗泽南门下的还有李续宾、李续宜、刘蓉、刘典、蒋益澧等人，后来这些人都逐渐成为湘军营垒中的杰出人物。

"书生治军"是湘军的一大特色，曾经有人做过相关统计，在湘军的将领中，书生出身的人所占比例是百分之五十八，而统领一路乃至多路人马的高级将领中，更是达到了百分之六十七。由此可见曾国藩的这支队伍文化程度之高。就是这样一群书生联手创建了湘军。不过当时的"湘军"与今天人们所理解的"湘军"，意义有所不同。郭嵩焘称咸丰四年（1854）"立水陆各十营，号曰湘军"，他认为一建军便已经可以称为湘军；而胡林翼在咸丰九年致李续宜的一封信中称"湘军万人循固始、商城，出六安"，有所出入。因为在这期间，湘军的大小官员对所统之军还没有一个统一和公认的名称，所以他们所称的湘军只是今天意义上的湘军中的一支。

至于曾国藩、左宗棠、胡林翼等人把所统之军队概称为湘军究竟是何时

开始的，还有待进一步探求，不过湖湘诗派领袖王闿运在光绪初年撰写《湘军志》时，就已经开始这样称呼。而湘籍学者梁绍辉则认为，"湘军"的名号，应该始于《清代大事年表》所记载的"咸丰三年七月，曾国藩遣湘军驰援江西"之时，因为湘军当时出省作战，为了和其他省的军队有所区别，所以才被称为"湘军"。

当时驰援江西，对于曾国藩和湘军来说的确是经历了一场苦战，他在后来向朝廷上奏的折子中叙述这次出省作战的经过说："（咸丰三年）五月十八日，江西省城被围，前安徽抚臣江忠源招募湘勇二千，楚勇一千，配以三厅兵八百人，赴江救援。其监护军行者则有夏廷樾、易良干、罗信南、康景辉、杨虎臣等，而罗泽南亦自带一营。七月二十日，军至南昌。二十四日因进兵太锐，先胜后挫，谢邦翰、易良干及罗信南之弟罗信东等同时阵亡，此湘勇出境剿贼、带勇绅士力战捐躯之始也。"

湘军才刚刚起步就遭受了这样的损兵折将，这对曾国藩来说无疑是一个打击与教训。看来，依靠着这些凭耕刨犁耙养家的湘军勇士，还有舞文弄墨起家的湘军统帅，要想成为大清帝国的中流砥柱，还得需要经过一番磨炼，脱胎换骨才行。

其实，湘军在刚开始成立的时候并不被人看好，因为作为一支以农民为主体的地方武装，其作用只是辅助战斗，并不会受到瞩目，甚至还会饱受非议和排挤。要想把这么一支处境不佳、处于困顿之中的部队培养出来，成为一支强大、令敌人望而生畏的团体，其难度可想而知。难怪现代著名军事学家蒋方震会惊奇地说："湘军，历史上一奇迹也。书生用兵以立功勋，自古以来未尝有也。"

第四章
天下无湘不成军

购买洋炮建水师

咸丰二年（1852）底，太平军组建了水师。此后，太平军借助这支水军在长江上来回穿梭，机动性大大超过了湘军。太平军所拥有的，难道朝廷没有？其实，大清也有水军，但只是用来防守海口，防御外来入侵而设置的，而且只在外海才有，内江的却名存实亡，因为早年建立，但没有战事，所以只是形同虚设，并没有作战功能。

咸丰三年（1853），曾国藩与湘军元老将领王鑫决裂，两人在江西救援的败仗中彻底分开。这个时候，长沙大多官吏、乡绅都对曾国藩不满，所以对于湖南的防守，他们更愿意出经费支持王鑫的军队。曾国藩缺乏粮饷，迫不得已，他只有转到衡阳，刚到的时候，由于无人问津，导致曾国藩被闲置多时。他原本的计划是建一支兼有陆军、水师的大军，增强湘军的战斗能力，但这实施起来却异常困难，因为需要招募到上万人才可以成立，人员的招募又离不开经费的支持，如何保障充足的资金来源？这对曾国藩来说是一个难题。

没过多久，机会来了。当时，太平军在武昌一带作战，为了增强战斗力，他们在岳阳、常德、益阳等地收集、缴获上万艘民船、商船，然后加以改造，变成战船。打好水上基础以后，太平军相对于清军，水上作战就有了优势。此后攻击岳阳，占领武昌，很大原因是靠这些战船。太平军的水师虽然经过了改装，但并不能称为是一支专业的水师，即便如此，它们在战场上仍然能起很大的作用。正因为出现了这种情况，朝廷中就有官员上奏，建议湖南、湖北地方上也赶紧练一支自己的水师出来，不然与太平军作战会损兵折将。

湖北当时正忙于跟太平军作战，而且处于劣势的地位，根本无暇分身去开办水师。湖南巡抚骆秉章则认为湖南目前最大的问题是平定省内的"匪乱"，而无必要建水师，与太平军在长江上一决雌雄。加上长期以来，御史上奏虽有诸多良策，但一层层命令下去，最终也是效果减半，或不了了之，因此，骆秉章对创建水师并不在意。

但是，曾国藩听到了这个消息，如获至宝。他认为这是一个好的机会。如果朝廷要建一支新的军队，那么整体的战斗力就会增强，加上获得咸丰帝的认可，就可以因此获得经费上的支持。另外，从实际战斗的角度来考虑，水师将来一定会发挥非常大的作用。而好友郭嵩焘在南昌和江忠源一起与太平军作战时，也意识到了这一点，他也认为湖南地方上有必要组建水师，经过详细的利弊分析，以及战略考虑后，他将此想法转达给曾国藩。两人一拍即合，都认为湖南需要有一支水师与太平军作战，于是，曾国藩下决心要练一支水师出来。这就是湘军水师的成因。

曾国藩向咸丰帝上奏在湖南练一支水师的想法后，咸丰帝表示支持，于是下令拨款给他。因为练水师需要的人数众多，加上船以及购买大炮装备繁多，这些都是一笔很大的费用。他在长沙奔波了一年，也没有如此成果，现在得到朝廷的支持，很快就拿到了七万两银子，而且，现在不仅经费充足，就连粮食的问题也解决了。因为军队的粮食需要得到及时补给，所以咸丰帝特批：曾国藩可以截留漕米，用作军需。

何谓漕米？漕米主要是供京城里朝廷及文武百官用，也被称为皇粮；因利用水运，所以称为漕运；因京城周边的地方粮食产量少，而南方主要产稻米，所以绝大部分粮食都要从江南一带运到京城去，这包括江苏、浙江、江西、湖南等地，这些米就是漕米。漕米也被称为是"天厨正供"，寻常官员也是绝对不敢动的；漕米所经之地，不管地方上情形如何，哪怕发生严重的饥荒，只要没有圣旨，谁也不敢截留，只有任其远去。如果私自截取漕米，就是诛九族的死罪。现在，曾国藩建立水师，竟可以获得特批，将从广东、湖南发往京城的漕米中截留部分作为军粮，这的确是朝廷恩赐。这个时候，曾

第四章
天下无湘不成军

国藩再也不用担心后备储蓄问题了。虽然他跟王鑫的斗争,跟省城官场的斗争,一败涂地,但是此时,他却通过操练水师,一举挽回损失,得以扬眉吐气。

水师既然有了资金,就得开始造船。湖南省位于国家的中部,属于内陆省份,除了岳阳、常德等临着长江、洞庭湖一带,大多数人对于行船、造船知识了解甚少,更别说水战了。曾国藩对此也并不熟悉,他所培养的将领大多是湘乡人,也不懂造船,身边的文人雅士,对于这方面更是知之甚少,从未造过船。福建、广东一带有水师,但是从当地把图纸拿过来,路程遥远,而且又不应急,此外,闽、粤多是海船,与内河船有很大不同,而且海船更大一些,两者的技术参数也不一样,所以不能直接运用于内河。既然资金充裕,那么技术项目就得赶紧实施,抓紧时间造出船来,毕竟战争随时可能打响。曾国藩经过思考后,只好"依意为之",造船既然没有蓝图,就需要自己发挥想象力。

先从最基本的考虑,造船需要运物品,例如粮食、食盐、各种货物等,将货船改造一番可以作为粮台,运送一些物质。除此以外,还需要一种战船,用来实际作战,战船该如何去改造呢?首先得安装大炮,把商船安上几门大炮,也能变成战船。于是,曾国藩按照商船的基本样式,然后加入炮位设计,之后将此称为快蟹、舢板,这就被称为湘军水师的炮船。炮船完成后,还需要有冲锋的船,冲锋要求速度快。身为湖南人,曾国藩知道龙舟的速度最快,因为从小接触过赛龙舟,所以印象深刻。因此,他仿照龙舟做了一种冲锋船,称之为长龙。等到运输的船、炮船、冲锋的船都准备齐全后,湘军的水师就初具雏形了。曾国藩将此思路延伸下去,造了几百艘船,整个水师看起来也有模有样了。至于水兵,就地招募周围行船的渔夫、船户,把这些人招聘到军队里面作为水师。除了行船的技巧以外,官兵们还要学习格斗本领、使用武器。

水师的成立对于湘军有着非常重要的意义。当然,这一点在建成初期还没有具体体现,毕竟没有实际操作的经验。在水师创建的过程中,曾国藩最

大的创意与突破就是将粮台设在船上，这一想法很独特，这对于湘军的后勤、财务，甚至对于战胜攻取都有重大的作用，因为湘军注重水师和陆军可以互相呼应。从水师作战的区域来看，湖北、湖南、安徽、江西、江苏、浙江等省份，大多都是水道纵横。那么，陆军作战，主力要沿着长江两岸向东推进，如果在长江上有自己的水师，那就等于控制了水路，一旦开战，陆军就可以轻装前进，不需要带很多的补给物资。等到需要补充物资的时候，可以利用船来运输物资，因为江中有设有粮台的大船，可以解决后顾之忧。

粮台不但有粮食，同时还有很多货物，而且容量很大，自给自足的能力比较强。如果因为战争在民间造成了资源短缺，这也很难影响到湘军。粮台对于湘军后来作战取得胜利作出了很大的贡献。当然，这种方式，湘军能想到的，太平军也考虑过。只不过太平军的粮台被称为"圣库"，设立在陆上，而不是水上。而且，到了晚期的圣库，基本上已经是天王洪秀全的私藏了，不具有补给功能。太平天国后期又封了一千多个王，这些人也慢慢破坏圣库的规矩，将里面的钱财和粮食都存到自己的王府里，不再进行补充，圣库的来源枯竭，就更加不能起到作为军队后勤中心、财务中心的作用。

湘军能够战胜太平军的原因有很多，例如粮台这种制度，湘军一直坚持贯彻始终，被充分利用，而太平天国的圣库却渐渐凋零，变得有名无实，这也是决定双方胜败的一个重要原因。

第五章
出师未捷身"险"死

战败的历练

咸丰三年（1853）年初，太平军占领武昌以后，上层领导对今后的作战方向产生了分歧，在面对新的抉择时，洪秀全决定顺流而下，直攻江苏江宁（南京）。经过一个多月的时间，太平军便完成了对江宁的包围，虽然其间遇到了清军的拼死抵抗，但太平军英勇抗战，最终攻破防线，全歼守军，洪秀全顺利入城，不久便改江宁为天京，定此为太平天国的都城，从而建立与清朝对峙的新政权。

当时的曾国藩经过在长沙受排挤的教训后，来到衡阳，在此开始继续团练。经过一段时间的训练后，团练有了初步的成果。咸丰三年（1853），太平军开始西征，长沙告急，湖南巡抚骆秉章心急如焚。

为了安慰骆秉章和朝廷，同时也为了试探太平军的战斗力，测量湘军的真正实力，于是，曾国藩派湘军前锋储攻躬前去攻打宁乡。

虽然湘军从创立到出兵已经有了一年多的时间，但是，长时间以来，太平军和湘军并没有真正地直面对峙过，两军对彼此的实力都不是很熟悉，为了保存实力，避免无谓的人员伤亡，太平军的队伍只在宁乡与湘军前锋简单交锋后，便选择主动放弃了岳州、宁乡、湘阴，退向湖北。

然而太平军退军不久，就遇到了前来支援的林绍璋（太平军早期的成员，后来被册封为章王），于是，太平军士气大增，两军此时合二为一，太平军将领经过商议后决定重新调头攻占咸宁和蒲圻。在收到太平军后撤的消息后，湘军这边也是声威大振，曾国藩随即就派了胡林翼、塔齐布、林源恩等人由陆路进攻通城，并约定与骆秉章派出的王鑫部队会合，双方合作一起攻蒲圻。

第五章
出师未捷身"险"死

而曾国藩自己则亲率大军由水陆向岳州进发。

王鑫这边率三千人从长沙出发，行至羊楼峒时，出乎意料之外遇到了太平军，结果两军对阵，王鑫不敌大败而退。羊楼峒的位置恰好在岳州城不远处，王鑫经过考虑后，决定率部队进入太平军刚刚放弃的岳州城。可是让王鑫没有想到的是，太平军刚刚从岳州城撤军后又折返回来，杀他了一个回马枪。因太平军多次占领岳州，对岳州的情况了如指掌，所以，太平军就一路尾追王鑫的部队，直到彻底把王鑫的部队困在岳州城内，并打算在此将其全部歼灭，此时的王鑫彻底成了瓮中之鳖。

而曾国藩此时又刚好行至南津，南津距岳州距离非常近，仅两三公里地。听到王鑫被围的消息后，曾国藩本不愿前去救援，因为他在此之前就与王鑫结有私怨，而且曾国藩也考虑到，自己如果前去相救，万一湘军也被围，那么，他经过努力所带领的湘军还没有正式出征，就很有可能被太平军扼杀在摇篮里。

正当曾国藩举棋不定时，下属陈士杰前来劝解后，令其改变了主意。因为如陈士杰所说，王鑫不能不救，不看僧面看佛面，对方毕竟是巡抚骆秉章的人，如果骆秉章知道了曾国藩见死不救，将来一定不会善待湘军，那么湘军今后可能会再一次陷入孤军奋战的境地。所以，曾国藩经过再三思量，决定用湘军的炮船支援岳州。

湘军坚船利炮的猛烈攻击让太平军始料不及，这突然出现的救援为王鑫提供了趁机突围的时

骆秉章

间，可是等王鑫逃出去以后就发现所带领的三千人已有一千余人牺牲在了岳州城。太平军顺利会师以后，气势更加旺盛。而曾国藩见王鑫已经保留性命，成功逃出，也无心应战，因为他觉得没有必要跟太平军硬碰硬，毕竟此时的湘军更需要保留实力，所有也就没有恋战，当即撤离了。

太平军趁此机会再次攻入岳州，并乘胜前进，接下来又占领了靖港、湘阴、宁乡、湘潭这四个地方，此时的形势对省会长沙非常不利。因为除塔齐布一支队伍外，湘军的队伍基本上都退守长沙。

尽管首战出师不利，但曾国藩并不在意，他从这场战役中敏锐地发现了太平军的破绽。经过战争后，曾国藩已经不再是以前的曾国藩了，他的思想意识在不断成长，他的心性也在随着时局和战事的发展变化而迅速地进行着蜕变。从一场又一场的斗争中，他开始认清了朝廷的黑暗，也清楚认识到自己被利用的价值。他更加深刻地明白到自我奋斗、自强、自立的重要，从今以后，他也更加注重保护自己的湘军。

自杀不成反被救

咸丰四年（1854）冬，曾国藩从衡州回到了湘乡，回到家中后他受到妻儿家人的簇拥。在热闹纷杂过年之际，曾国藩与他的父亲做了一次密谈。他告诉父亲曾麟书，次年正月底，他将率领湘军正式从湖南出发，与太平军继续奋战，父亲听到这个消息后，只是告诫他，办事不要急功近利，战争不会立即结束，凡事都要一步一步地来，之后又说了许多体贴他的话，并叮嘱他一定要注意保护自己，爱惜自己的身体。

过了大年初二，曾国藩便打点行装赶往衡州。临行前又到母亲的坟前叩头拜别，几炷清香过后，他便起身赶路。正月初五，曾国藩抵达衡州准备部

第五章
出师未捷身"险"死

署。此时湘军水师已基本成型,只是缺乏操练。一周以后,曾国藩接到了军机处延寄的上谕,命他"着即遵旨,迅速由长江驶往安徽"。与此同时,曾国藩派出的探卒不断传来噩耗,先是庐州失守,江忠源死难,随后吴文镕出战黄州大败,曾国藩痛心疾首,他感觉自己已没有等待的时间。

咸丰四年(1854)正月二十八,曾国藩自衡州起程顺水而下,至湘潭与待命在此的水军四营会师。全军行至长沙时又装载军械几千件、弹药二十余万发。尽管长沙离衡州并不遥远,但自从半年前曾国藩率部离开长沙以来,他再也没有来过这里。现在,他的湘军已经编练完成了。这支部队虽然还没有经历过战斗,但它已是湘、鄂、皖、赣四省境内规模最大的一支军队。他的手中有一支湖南任何一位文武大臣都不敢轻视的部队,也有了与长沙官场进行对话的资本。同时,他马上就要率部与太平军作战,不过,在此前提条件下,他还有许多事情需要与长沙官场中人进行磋商。虽然之前那些人对他不断羞辱,态度冷淡,但他还是主动与他们协调关系来了。

二月初二,曾国藩在衡山舟次上奏清廷,称自己"才智浅薄,素乏阅历,本不足统此大众。然当此时事艰难,人心涣散之秋,若非广为号召,大振声威,则未与贼遇之先,而士卒已消沮不前矣。是以与抚臣往返函商,竭力经营,图此一举。事之成败,不暇深思,饷之有无,亦不暇熟计,但期稍振人心而作士气,即臣区区效命之微诚也"。

之后湘军开始"东征",虽行程有些仓促,但从船舰装备上看,不难看出曾国藩的精心准备。他准备有拖罟一号、快蟹十号、长龙五十号、三板艇一百五十号,都是仿照广东战舰的形式,而后,他又改造钓钩船一百二十号,雇载辎重船一百余号,所配的大炮,一共有五百多个。所招募的勇士,陆军有五千余人,水师也有五千余人。陆路各军已经分别编列字号,五百人为大营,不满五百人为小营。水路分为十营。前、后、左、右、中为五正营。正营之外,又分五副营。正营旗所用的是纯色,副营旗用镶边。而准备的粮台,带米有一万二千石,带煤有一万八千石,盐四万斤,油三万斤,军中所需的器物、工匠等,都一应俱全。加上陆路的长夫、随丁,水路的雇船、水手,

粮台的弁、丁役，全军统计大约一万七千人，声势浩大。

由于水兵配置不足，加上有很多的水兵是刚刚招募来，甚至连战阵都没有演练过，所以，曾国藩又沿途在路上抓紧操练了几次。三月末，曾国藩率湘军水师到达岳州。四月初，师船突然遇到大风，随即沉没数十只，撞伤无数。几天后，太平军进攻岳州，清军溃败，曾国藩以需要整顿为理由，上报朝廷后，退到长沙。而曾国藩先派出的湘军陆营储玫躬部也大败而归，王鑫所率领的军队也损失惨重。之后，太平天国水军乘胜继进，南渡洞庭湖深入湘江，列水营于靖港至樟树港一带江面，距离长沙城仅仅六十里。

靖港一带，汉港纷歧，地势复杂，水陆两路又与湘江两岸的宁乡、益阳、湘潭等县相通，太平军经过考虑，决定一面以水军进逼长沙，一面以陆军取道宁乡攻占湘潭，对整个长沙采取包围的形势。此时有人建议曾国藩说："陆营现已失败，当趁军心未散时率水军进攻，水陆交攻，或可转败为胜。"曾国藩认为此话有一定的道理。四月下旬，他便召集诸将领前来议战。太平军攻占岳州、湘潭后，准备直接进攻省城长沙。如果曾国藩选择进入长沙则可能会自困城中。于是，下属建议应先攻靖港，夺取太平军屯驻地，但也有人反对说，如果靖港失败，湘军再次退还城下，等于是进入了死地，所以应该先攻湘潭，如果成功，可以保复广州，即使长沙被攻陷，将来也能再夺回来。曾国藩见众人争论不休，也不知道该如何是好。这时候，水师十营官将公推彭玉麟决定攻守战略，彭取上策，也就是先攻湘潭，他亲率五营先期出发，然后曾国藩率五营次日殿后。

到了夜晚，情况发生新的变化，曾国藩决定改变原定部署，因为长沙乡团来请师，说："靖港之敌只有几百人，没有防备，可一战而驱之。团丁是借大帅旗鼓作威势，吓退敌军，而且已架好浮桥接纳大帅，机不可失。"听到这个消息后将士无不踊跃。曾国藩也不想凭借侥幸取胜，但是他又考虑到彭玉麟攻湘潭，这边攻靖港，两边可采取夹击之势，这样做就能牵引敌军，于是他决定改攻靖港。

次日清晨，江面水急风利，曾国藩率五营水师快速乘风而发，不久以后

第五章
出师未捷身"险"死

即达太平军屯驻的靖港上游二十里之白沙洲，准备伺机进攻。但到中午时，突然刮起西南风，造成水流湍急，湘军师船驶至靖港不能停止，只能够轮番发炮轰击。太平军开炮还击，湘军水师急落船帆，停泊在靖港对岸的铜官渚。一时之间，湘军水师陷入被动挨打的境地。太平天国水军立即派出小划船两百余只，顺风驶逼敌船。湘军水营开炮轰击，但是由于炮高船低，所以命中率非常低。湘军水师见到局面难以控制，便纷纷选择弃船登岸，这时候湘军水师的战船或被焚毁，或遭俘获。曾国藩在白沙洲听到这个消息后，急忙率领陆军前来援救。但陆军见水师失利，大都心怀疑怯，不肯前进。太平军见状，便主动迎击，湘军顿时乱了阵脚，争相奔逃。为了保全性命，军中人人争渡浮桥，又因为浮桥是临时用门扉床板搭成的，所以并不结实，争抢之中导致桥损坏，一时间又是死伤无数。曾国藩看见出现如此场面，便亲执仗剑喝令士兵不许后退，他立令旗杆，称"过旗者斩"！但士兵已经慌乱，大家都争相而过，于是全军大败。

失败后的曾国藩神情沮丧，等他再次回到坐船上时，已经丧失信心，他决定跳水自杀，以死谢罪。幕僚李元度见曾国藩支开随从，表情奇怪，便让章寿麟乘小船尾随其后，以备意外发生。果然，曾国藩行到靖港对岸的铜官渚时，便扎入水中。章寿麟见状，立即跃身入水将他救起。此时的曾国藩已经心灰意冷，没有活下去的勇气，见章寿麟来救他，不谢反责，章寿麟为了帮助曾国藩恢复信心，便说湘潭大捷，实际上当时的章寿麟并没有得到湘潭取胜的消息，而是临时"发挥"出来的，不过却起了很大的作用。

曾国藩生前一直都没有提起铜官投水一事，很多人只风闻其事而不知详情。后来章寿麟没有得到提拔，一生只不过是一名知县，所以责怪曾国藩，便特意写了一本《铜官感旧图》，其中对曾国藩颇有愤怨之词。他也详细记述了曾国藩在铜官跳水自杀的事情，他将其始末公之于天下才被后人得知。经过靖港一战，湘军水陆两军损失惨重，战舰损失三分之一，炮械损失四分之一，曾国藩此次出师不利，自杀不成反被部属救回长沙，其狼狈模样自己都无言面对，而长沙官绅更是大肆鄙夷，毫不客气，布政使徐有壬等官吏拿着

写好的参劾稿请巡抚骆秉章参劾曾国藩，幸亏湘潭大捷，才让他可以继续调整湘军，努力对抗太平军。

从失败中总结经验

洪秀全带领太平军在南京定都后的一个多月里，分别派出军队，用于北伐和西征。西征军是由正丞相胡以晄、夏官，副丞相赖汉英率领，他们带领战船千余艘，兵员两三万人，自天京溯江而上。大军于咸丰三年（1853）十二月十六日攻克庐州，此时的安徽巡抚江忠源因难以抵挡，最后选择投水自尽。到了咸丰四年（1854）正月十五，西征军在黄州大败清军，身为湖广总督、曾国藩的座师吴文镕在这场战役中不幸身亡。紧接着，西征军又一举将武昌拿下，并于咸丰四年（1854）正月再一次进入湖南，马不停蹄攻下岳州、宁乡、湘阳等地。

太平军的节节胜利使得湖南省会长沙备受威胁。为了控制太平军势力的进一步发展，咸丰帝诏命曾国藩立即调动湘军赶往武昌，希望因此可以缓解军事上的紧张局势，诏书明确指出当前形式的危机："此时惟曾国藩统带炮船兵勇迅速顺流而下，直抵武昌，可以扼贼之吭。此举关系南北大局，甚为紧要，该侍郎应能深悉紧急情形，兼程赴援也。"

自从靖港之战失败后，曾国藩便灰心丧气，他将自己封闭在长沙城外，不与任何人说话，他不断进行反省与思考。胜败虽然是兵家常事，但此次失败完全可以避免，这一次血的教训让他铭记于心。曾国藩后来说，他平生有"四大惭"，即四大耻辱，而靖港之战就是其中之一。在曾国藩的一生里"打脱牙之时多和血吞之"，而靖港之败就是"打脱牙之时"。正因为这种磨砺，才让他学会忍让，徐图自强，在失败中总结教训。他认识到，这次湘军水师

第五章
出师未捷身"险"死

的失败，在于水军未经严格的训练，所以才会在打败仗时溃不成军，临阵退缩。即使彭玉麟统帅取得湘潭大捷，也不能否认问题的存在。

在靖港之战中，水陆两师不仅缺乏实战经验，更加缺乏相互配合的默契，而且水师在组织指挥系统上也未能充分发挥，做到临危不乱。在作战过程中，论胆量技勇，兵不如勇，但是论纪律则勇不如兵。这个时候必须要有经验丰富的人员协同管带，如此才能加强文武官员的层层节制。在湘军的阵营中，每营只有少数得力人士可以主持大局，这就导致纪纲不密，维系不固。靖港之战中只知轻进之利，但没有预先为退步找到合适之地。而水师的主要问题，在于没有经战阵之兵勇，全是招募的船户水手，将这些人编组成军，而没有多加训练便直接上战场，这就出现了临阵胆怯的心态。因此，曾国藩经过靖港之战后非常重视老兵的作用，更加重视水陆新老兵勇互相搭配。

在指挥系统方面，曾国藩决定增加统领一级。在此之前，湘军中最高一级为营，由曾国藩亲自直接统辖调遣。现在在营以上设立统领营。陆师方面以罗泽南、塔齐布等为统领，而水师则以杨岳斌、彭领指挥营官，曾国藩自己则负责指挥统领。这样，湘军的编制更加完整和具体，而在实战当中，指挥也会变得更加灵便，兵力使用也会相对集中一些。在水师方面，曾国藩先令李孟群招募两广水勇将其运往长沙；另外，命陈辉龙率广东四百名水师前来参加湘军，配用湖南舵工、水手，如此便于控制。在装备方面，增加多尊洋炮。与此同时，曾国藩也上奏朝廷，希望两广总督协助购沙土等材料。在长沙，曾国藩对湘军进行了一番整军，整军后的湘军水陆师共计一万五千余人，其战斗能力得到很大的提高。曾国藩同时还认识到，此次靖港之败，也有一部分的赏罚机制未能明确。他觉得，古人用兵，都是论功折罪，但今天在战争中的将领多与他是患难之交，而不是为利禄驱使，因此所订的法条法规一时间也难于施行，这才导致战争的失败。鉴于这些，当他再次驻扎在长沙城南门外的妙高峰时，便开始整顿营务，将在战争中脱逃的将领革职，今后不再录用。而在湘乡团练最早的组织者、在岳州战役中临阵脱逃的士兵，被曾国藩果断地逐出湘军，就连和曾国藩有一定关系的同乡人也在被裁之列。

经过长沙整军,湘军实力大增,不论在规模上,还是军容上都焕然一新,咸丰帝在上谕中特别称赞了湘军上下官兵。因此,湘军士气大受鼓舞。到了六月份,修造战船的工作已经基本完成,而广东总兵陈辉龙也带领水师到达水拖罾二号,李孟群去广西招募的水手一千余名也顺利回到长沙,并继续招募水勇日夜抓紧操练。

没过多久,曾国藩便接到咸丰帝的谕旨:"曾国藩添募水陆兵勇及新造、重修战船,既据奏称已可集事,则肃清江面之举,仍借此一军,以资得力。塔齐布胆识俱壮,堪膺剿贼之任。着骆秉章即饬统领弁兵迅速出境。曾国藩与该署提督共办一事,尤应谋定后战,务期确有把握,万不可徒事孟浪,再致挫失也。"于是,曾国藩便遵照咸丰帝的命令,即刻起程,带兵出征。

经过整顿后的湘军,在战斗方面果然增强了许多,再加上曾国藩经历过两次败仗之后也逐渐摸索出了一些用兵之道,所以此次出征比以前顺利很多。自咸丰四年(1854)五月曾国藩带兵从长沙出征以后,一直到七月一日,湘军接连攻克了常德、澧州,并再一次攻占了岳州城,对此,曾国藩终于扬眉吐气,这次胜利让咸丰帝也极为高兴,他在上谕中称:"此次克复岳州,大获胜仗,湖南逆踪业就肃清,江路已通,重湖无阻。即着塔齐布、曾国藩会督水陆兵勇,乘此声威,迅速东下。力捣武汉贼巢,以冀荡平群丑。"曾国藩见湘军水师接连获胜,欣慰不已,随后便带领手下战将陈辉龙来到岳州。此时的太平军已经没有那么高的气焰,不过他们仍盘踞在城陵矶下游一带,在汉口布置了数千只战船,耐心等待湘军的到来。

总算是咸鱼翻身

城陵矶位于岳州和武昌两地之间,地处于川湘交界之处,一直以来都是兵家相互争夺之地。当时太平军的秋官又正丞相负责城陵矶的守卫,而攻打

第五章
出师未捷身"险"死

城陵矶的清军水师，则分为几个部分，曾国藩主要是负责训练，还有一部分是由山东登州镇总兵陈辉龙负责。除此以外，广西保升道员褚汝航统领一营清军水师，广西保升同知夏銮统领一营清军水师，广西升用道员李孟群统领一营水师，这些全部加起来共有四千多名水师。其中李孟群一营有广西水勇一千名水兵，陈辉龙一营有广东水兵四百多名，剩下的基本都是湖南当地居多，不过这些人大多归曾国藩管制。

七月十六日早上，陈辉龙、褚汝航、夏銮便分别带领各自的清军水师浩浩荡荡前往城陵矶，虽然这时的李孟群还没有到达岳州，但他之前的部队广庆水兵，也一直都在跟随着陈辉龙的部队。左营彭玉麟、右营杨载福也做好了进行援助的准备。此时风平浪静，等大部队到达城陵矶时，与太平军恰好相遇。陈辉龙等将士立即一起向太平军发起进攻，当即便轰毙了数十人，烧毁了太平军的数只战船。此时风势改变，但是广东提标水师右营游击沙镇邦，对此气候并没有特别在意，他全然不顾水师安危，决定乘风追击，痛打太平军。而陈辉龙见风势愈大，担心对水师不利，便即插旗收队。但陈辉龙又害怕沙镇邦的炮船遇到危险，需要帮助，于是他又督催拖罟赶往救护。没想到因为船身太大，竟在旋涡激流中搁浅。而两广兵勇也被风吹得杂乱无章，互相拥挤。太平军的战船见此，觉得时机有利，便选择将湘军水师重重包围，猛烈攻打。广东弁兵的战船以及广西何越的船只，见到情况不妙，便都纷纷前去救护，又因风力太盛，大家互相之间都拥挤在了一起，从而无法使用枪炮。当太平军的船只逼近时，兵勇陷入重围，被困在此，进退两难。一时间湘军兵勇被杀害了许多，余下的都只好跳水逃生。陈辉龙、沙镇邦在此战役中不幸阵亡。褚汝航见陈辉龙情况非常危急，决定出手相助，但赶来的太平军也越来越多，势力越来越强大，清军渐渐有些支撑不住。褚汝航无奈之下只得拼死抵抗，而夏銮也与太平军进行了正面的交锋，双方均遭受重创，夏銮在一片混乱中不慎落水殉难。听到消息赶来的提督陆营虽及时到达了城陵矶，但因为无法渡过港口，所以没法前去救援。在这次战役中，清军水师大败，死伤无数，曾国藩痛失几员大将。

此次水师失利的消息迅速传到了京城，咸丰帝严厉斥责了曾国藩。他指责："曾国藩系在水路督战，于陈辉龙出队时，不能详慎调度，可见水上一军，毫无节制。即治以贻误之罪，亦复何辞？""惟曾国藩前经革职，此时亦不必交部严议。仍责令督饬水师将弁奋力攻剿，断不可因一挫之后，遂观望不前。"虽然没有受到重罚，但此次水师在城陵矶一役，曾国藩的确是指挥不力，他也的确应该承担很大一部分责任。不过他的指挥不力也是有原因的，首先他自己对于水师作战没有足够丰富的经验，其次是对手下的将领过于信任，也过于依赖，一直都认为大家经验丰富，从心理上认为他们在具体作战方面一定胜于自己，所以在具体指挥时不免倾向他们。不过，曾国藩因此也得益不少，首先这些在城陵矶的清军水师统领战殁后，曾国藩便依靠湘军水师一统天下；其次通过这次战役他也充分认识到，在任何时候真正能够所依靠的人只有自己。并且，不久以后陆军最终攻克了城陵矶，所以咸丰帝对他也没有过于责备。

清军在攻下城陵矶后，在咸丰四年（1854）七月中下旬，湘军水师沿江对太平军的残部进行了扫清，随后又顺利攻占了蒲圻；接着乘此大好时机，攻占了沿江的重要港口，最后在距武昌六十里的金口安营扎寨。到了八月下旬，塔齐布、罗泽南率领的陆军攻下了武昌远郊的纸坊，此时的曾国藩雄心勃勃，准备大肆进攻武汉。长江与汉水将武汉分割成了三部分，其中论地理位置，武昌最为重要。攻打武汉，主要是为了占领武昌，当时共有两万名太平军驻守在这里，他们拥有几千只船舰，并且还有坚固的防御工程。但是，太平军的这些船舰都是由民船改装而成，并不适合长期作战，而且他们手上的武器装备较为简陋，所使用的都是土炮土枪，驻守武昌的太平军将领之中也有不少缺乏实际战斗经验，再加上太平军已两次遭到惨败，信心极其不足。而湘军此时的情况则刚好相反，水师陆军总兵力在两万左右，而且武器装备也是从国外购买，甚为精良，虽然之前水师在城陵矶惨败，但陆军却获大胜，并最终攻下了城陵矶，所以曾国藩还是有一定的把握。他增加了水师的兵力，使湘军的船舰更加坚不可摧。

第五章
出师未捷身"险"死

尽管在武器装备以及兵力上双方实力悬殊，但曾国藩也并没有因此大意。曾国藩吸取以前失败的教训，他非常谨慎地召集手下大将与大家共同商讨战事，经过一番讨论后，曾国藩最终决定使用"水陆并进，分割击破"的战术策略来攻打驻守在武昌的太平军，他选择用强大的水师为先锋，先获得水面上的主动权与控制权，将武汉三镇太平军相互之间的联系和接应彻底切断，然后由陆军分两路，分别进军攻打武昌和汉阳。

事情进行得很顺利，当战斗打响之后，湘军水师在江面上几乎没遇到什么阻碍，他们非常轻易地控制了江面，然后开始用购买进口的洋炮，大力支援陆军。而由塔齐布和罗泽南负责进攻武昌城的湘军主力部队，进攻也十分英勇。塔齐布和罗泽南各率一师，两边同时攻打城外太平军洪山、花园两个防守据点，不到一天时间即宣布攻陷。次日他们又在鲇鱼套一线痛击武昌城外剩下的太平军，至此武昌城外的所有防线都被湘军一一击破，如今的武昌只剩下一座孤城。武昌城内的守将黄再兴、石凤魁虽然身为重镇守将，但却是能力欠佳，他们都是洪秀全的"皇亲国戚"，没有多少作战经验，武昌城可以说完全是靠城外层层的防线进行保卫，如今湘军兵临城下，他们眼见防线被逐渐攻破，一个个都慌乱起来，纷纷选择弃城逃跑，塔、罗的部队不费吹灰之力便顺利攻下了武昌城。而另一边，汉口的守将见武昌失守，也自乱阵脚，湘军还没有攻到，他们就已经丢盔弃甲，弃城逃走了。就这样，武汉三镇经过短暂的攻打，便顺利被湘军收复。

短短几天的时间里，湘军以极小的损失换来了整个武昌重镇。消息传到京城后，举朝上下都喜出望外，朝中官员谁也没想到曾国藩一介文弱书生，竟然能立下如此战功，他完成了连朝廷八旗勇士都办不到的事情，咸丰帝在高兴之余马上着令拟旨，他对湘军上下大加赞扬，给有功之臣一一封赏，任命曾国藩为湖北巡抚，胡林翼升为湖北按察使，罗泽南为浙江宁绍台道，彭玉麟为广东惠潮嘉道，杨载福任常德协副将，鲍超升为参将，而后，李元度、李续宾、郭嵩焘、刘蓉、陈士杰等人都一一升迁。

可是诏命发出不久后，咸丰帝便开始后悔自己的决定，因为大清正规军

队都没能打败太平军，但湘军却可以打败太平军，如果湘军有一天调转矛头反对朝廷，那么朝廷将面临更大的麻烦。联想到过去吴三桂、尚可喜等汉人大吏坐拥重兵的前车之鉴，咸丰帝决定谨慎处理此事。因为曾国藩如果谋反，那大清更加岌岌可危，于是考虑再三，他觉得让曾国藩手握重兵非常危险，不能再给他地方实权了，否则更难驾驭。于是，随后便又拟一道圣旨，收回了署理湖北巡抚的成命，转曾国藩为"兵部侍郎"的虚职。

曾国藩自从寄出捷报之后就一直心神不宁，他知道自己这次肯定能得到皇上的嘉奖，但是否能得到咸丰真正的信任还不得而知，不久上谕发到，咸丰帝不但表扬了曾国藩和他的湘军，更是授予他封疆大吏的地方实权，这道圣旨总算让曾国藩心中的石头放下。他回想自己作为一个汉人，手无实权，从创立湘军，到惨淡经营，这期间花费了不少的心血和汗水，有时被地方官吏羞辱和欺负只有忍气吞声，如今总算不再受那些掣肘。这一个任职，让曾国藩苦等多年。曾国藩正想着如何假意谦让一下，以免树大招风，惹人耳目，结果没过多久，又一封上谕抵达，他瞬间认清了自己的处境。大清朝从建国以来就从来没有把兵权给过汉人，曾国藩也不例外。所以在失落的同时，他也深深感到悲哀，皇帝对掌权汉人的猜忌之心，让他心中又不免一番世情冷暖。其实，他也料想到咸丰帝在提防自己，只不过，没有想到咸丰会用这种赤裸裸的方式表达出来，而且这么快速，不留余地。

正当曾国藩感叹自己命运之时，咸丰帝开始催促曾国藩继续沿长江东进，以期扩大战果。虽然曾国藩觉得湘军数经鏖战，理应进行一下调整和补充，让部队养精蓄锐，再从长计议。而且此刻再孤军深入，加上后援不足，很可能会让敌人有机可乘。但是因为咸丰帝已经有了猜忌保守之心，如果此时对咸丰的决定有异议，那么无疑会增长他的疑心，这样等于坐实了自己心有反意，如此下去，曾国藩不敢想象会有什么后果。

尽管曾国藩不太愿意，可终究还是只能继续带着部队，沿江东进，离开武昌，顺流而下。

第六章
生灵涂炭成屠户

惨败湖口

曾国藩并不是那种得意忘形的人，当湘军攻占武昌，将湖北境内的太平军驱赶出去以后，曾国藩悉心观察，发现目前摆在湘军面前的几个问题：一是湘军水师虽屡立战功，但在这个过程中所抢夺的战利品过多，私藏货物，很多人将此中饱私囊。加上岳州之战时正值酷暑，战胜后向朝廷保奏的时间稍有拖延，引起将士心生怨愤，行军时常露出不满之言。因为连续取胜，导致将士志骄气盛，如此一来，为以后暗伏挫败的时机。二是经历武昌一战后，有数万名太平军逃亡，这些人从岳州到天京数千里，很难一网打尽，如果再继续挺进，那么湘军就会陷入四处临敌的困境，稍有闪失，就会腹背受敌，前功尽弃。三是湘军人数虽不断在增长，但离开湖南作战之后，军队所需要的军饷、弹药难以接济，如此也非常容易引发兵勇哗变。

虽然此时的机势大有可乘，但由于存在以上三大问题，所以曾国藩感觉步步艰难，每一步都不得不经过熟思审度。曾国藩将他的疑虑上奏清廷，但咸丰帝的判断与他不同，他乐观地认为事或不致如此。对此，曾国藩只好选择继续行进。

对湘军的骄愎之气，作为同僚也是好友的左宗棠发现了这一点。他认为湘军将士之气渐骄，而主帅之谋也渐乱，他曾经多次写信给曾国藩、罗泽南等将领，劝他们审慎从事，一定不要轻易冒进。但曾国藩没有作出回复。事实上，曾国藩自己何尝不知道"骄兵必败"的道理，但当时的情况让他无暇顾及这些。

而太平军自武昌、田家镇失败以后，就迅速调整了军队，对内部将领也

第六章
生灵涂炭成屠户

重新进行了部署。翼王石达开负责坐镇安庆，指挥西部战事；而骁勇善战的林启容负责防守九江；黄文金自湖口攻都吕，以协助和策应九江守城。著名战将罗大纲自皖南进攻赣北，扎兵于湖口一带，在位于江心沙洲的梅家洲等待湘军的到来。太平军强将纷纷出动，在九江、湖口等地摆上了阵势，誓与湘军决一雌雄。

九江古称浔阳、柴桑，位处江西北面，长江中游南岸，庐山北麓，东濒鄱阳湖，雄踞三省要塞。太平军在此水陆相依，环环紧扣，使得曾国藩找不到破敌之法，而且此地的太平军愈聚愈多，湘军长途跋涉，没有后援之军，加上转战千里，筋骨劳困，虽然将领中不少人勇猛过人，但勇多而谋少，缺乏独当一面者。曾国藩虽然已经步步谨慎，不敢稍涉疏虞，但还是防不胜防，加上湘军不利于持久战，所以已经出现失败的端倪。

十一月中旬，湘军水陆近三万人陆续抵达湖口、九江城下。朝廷根据曾国藩所请，帮忙为其调兵遣将，饷项战械都准备齐全。咸丰帝又以其调兵有方，特意赏赐黄马褂一件、玉靶小刀等物，打算为九江之战提前进行褒奖和庆祝。但湘军没有想到的是，此次在湖口、九江遇到了劲敌。

太平军悍将罗大纲将湖口精心打造成为一道天然屏障。他用木排数十丈横亘江心，每排侧面都配有炮船，而排外又有铁锁、篾缆等物，进行层层固护，两岸营墙，准备百炮，随时进行轰击，湘军面对如此阵势，虽然百计攻之，但终没能冲入排内。随着伤亡人数的逐渐增加，湘军的军心也开始动摇。

太平军驻守九江的将领是著名骁将林启荣。此人能攻善守，在他的努力

石达开雕像

下，九江变成一座坚不可摧的长城，非常有效地抵挡住了湘军的攻势，使曾国藩的一切计谋都不能奏效。连久经沙场的罗泽南也不得不承认，太平军此次守城的确是异常坚固。太平军平日静若无人，夜间也没有更柝号火，但是当湘军刚刚杀到城下时，就发现对方已经旗举炮发，里里外外的旗帜皆立如林，罗泽南也在心里称赞林启荣，肯定对方是太平军中"一将才也"。曾国藩见连日攻城都没有取得什么效果，决定将湘军陆师分为两支，一支由塔齐布率领继续攻城，另一支由罗泽南率领进驻湖口城外的盔山，与胡林翼合力一起攻打梅家洲，用来牵制湖口的太平军，这样就可以顺利割断九江与湖口的联系。只要湖口一破，九江就会事半功倍。

大战刚开始时，石达开与罗大纲都坐镇九江调度指挥，但看见湘军分兵进攻湖口和梅家洲时，也根据情况做出了相应部署，随后由林启荣守九江，石达开去镇守湖口。罗大纲守梅家洲，凭借深沟高垒的地势，坚壁不出，使得湘军在顿兵坚城之下，毫无办法，寸步难进。

十二月初，曾国藩亲自督导，但九江依然多日未攻下，于是，他再次改变战略，舍坚攻瑕。几天后，胡林翼、罗泽南带领湘军陆师对梅家洲发起攻击，太平军英勇抗战，一次又一次将湘军击退。水师自初六开战后，太平军采取诱敌之策，连夜将湘军水师的大船凿沉江心，然后用砂石垫宴。仅仅在西岸留出隘口，等待湘军水师逃离至此时用篾缆相拦。湘军水陆见此，便一同向隘卡攻击，太平军围绕其三面放炮，湘军一时间遭受重挫。由于太平军先用少数小船不断袭扰湘军水师，使其烦躁，日夜不得安宁。湘军屡被袭扰而又求战不得，将士都疲惫不堪。

次年一月二十九日，太平军在湖口至姑塘四十里江面，用数十只民船且战且退，将湘军水师战船一百二十多艘引入鄱阳湖内。太平军随后塞断湖口水卡，修筑工事，安装大炮，将湘军封锁在湖内，动弹不得。至此，整个湘军水师被分解为外江和内湖两部分。外江水师都只是一些运转不灵的长龙大船，没有作战能力，只有挨打的份。到了夜间，驶入湘军船队中的太平军与陆地上的太平军互相配合，使用火攻，前后共烧毁湘军大船九号，中等船只

第六章
生灵涂炭成屠户

三十号。湘军水师仓卒而逃，李孟群、彭玉麟等难以禁止，水师大船最后逃到九江大营。

曾国藩闻讯后非常焦虑，惶恐不安，因为战船损失事小，但水师赖以取胜的轻便小船陷入鄱湖内湖，其中有两千精兵，难以保全。曾国藩所乘之外船，也被太平军团团围住。不多时，曾国藩的管驾官、监印官全部阵死，其重要文案全失。曾国藩在即将被太平军俘获的危急关头，选择投水自杀，但被幕僚发现，及时救起，后被人用小船送往罗泽南营中。

看到自己精心经营起来的湘军水师竟遭如此下场，曾国藩深感大势已去，他羞愤难当，准备效仿春秋时晋国大将先轸之为，策马前往敌营而死，幸亏罗泽南、刘蓉紧紧抓住马缰，用心苦劝，才留住性命。

湖口大败，湘军的水师遭受到重挫。几天后，曾国藩心有余悸地向几位弟弟述及此事，希望以此为鉴。由此可见，湖口之败对曾国藩及其湘军打击巨大，这也是曾国藩进入江西境内三年"受辱受挫"的开始。

九江鏖战

湖口惨败以后，曾国藩饱尝丧失水师精英之痛，他在罗泽南营中消沉度日，不断反省。此时的他不愿回师武汉，无奈之下，他只得选择继续围攻九江。他和众将领商议后，大家也都认为只要湘军能够坚持连续攻城，九江定可不日而下。于是，稍作调整后，湘军集中优势兵力，继续加紧攻城，与太平军展开昼夜苦战。而太平军的守将林启荣对曾国藩的行为仔细研究后，看破曾国藩的心思，林启荣下令加强构筑工事，坚守不出，凭借着地势，将一座九江城守得如同铜墙铁壁一般，让曾国藩束手无策，他的一切手段在此都无法得逞。

就在曾国藩为九江的战事一筹莫展之时，更大的打击也随之而来。由于九江久攻不下，很多人疲累至极，就连曾国藩手下最得力的悍将塔齐布也于八月三日呕血而亡。对于塔齐布盛年溘然去世，曾国藩心痛不已。塔齐布的离去对于曾国藩来说，有着不可估量的损失。

塔齐布，字智亭，托尔佳氏，满洲镶黄旗人。年少时便习武从戎，从一名火器营鸟枪护军做起，后又为都统乌兰泰所器重，擢三等侍卫，咸丰元年（1851）发湖南以都司用。正是曾国藩将塔齐布由一名都司衔署理抚标中营守备，在一年的时间里，迅速提拔为湖南水陆提督。塔齐布对曾国藩的知遇之恩，尽心报答，他全心全意为曾国藩打了几场漂亮仗，也使湘勇声威大壮。曾国藩对塔齐布也一直都是青睐有加，委以重任，他一直很庆幸自己发现了塔齐布这样的人才，让他为自己带兵打仗。对于塔齐布满人的身份，他非常满意，因为他需要塔齐布为自己制造一个满汉亲密无间的形象，这样就可以消除朝野内外的各种猜忌、嫉妒以及关于汉人形形色色的流言蜚语。如今，在江西这场战局里曾国藩是进退维谷，在这样一个晦暗不明的时候塔齐布竟然离逝，这不得不说对曾国藩有着巨大的打击。

就在此时，太平军又由湖北回师江西，他们以迅雷不及掩耳之势攻占了义宁，并全歼了曾国藩向南昌派去的援兵，此事令江西大为震动，省城南昌人人自危。曾国藩急派罗泽南前去援救义宁，以阻止太平军由鄂返赣，再次折回。

罗泽南见江西战场难以有所作为，便想带领一支人马去湖北建功立业。对此，他也多次与曾国藩进行协商，他阐述了自己回师武汉的理由。罗泽南认为争取整个战局主动权的关键不是在于能否攻下九江、湖口两镇。太平军目前控制着上游武汉与下游江宁，而九江是其中游要塞，太平军一定会拼死据守。就算此时湘军能够攻克九江，太平军也会想尽办法，尽力夺回。而且湘军在此，很难摆脱在江西被动挨打的局面。如果湘军想要改变目前不利的形势，那么唯一正确的补救办法就是由他立即带领一部分主力往西撤退，用以加强和巩固湘军的后方。

第六章
生灵涂炭成屠户

对于罗泽南的分析，曾国藩非常赞同，他也不得不佩服罗泽南的眼光独到，深谋远虑。但就曾国藩目前的处境来说，他实在不是很愿意让罗泽南离开。因为此时塔齐布已经死了，如果罗泽南再离开，那么自己就会失去两个非常得力的助手，这无疑是等于砍去了他的左膀右臂。虽然曾国藩势力遭到削减，但他还是有军事头脑的，在处境如此不利的情况下，他仍冷静地分析局势，着眼于整个大局，为湘军的长远利益考虑。就这样，在极其不愿意的情况下，曾国藩还是忍痛割爱，下令让罗泽南带领他的部下回到武昌帮助救援。

塔齐布逝世，罗泽南的离开，曾国藩感受到前所未有的打击，他接连好多天都心绪不宁，难以入眠。目前曾国藩手中能用的只剩下塔齐布死后留下的由周凤山以及他手中带领的五千余兵马，以及李元度的平江勇及困在内湖的一部分水师。

罗泽南带领手下的军队在西进的过程中，接连攻破数镇，一队人马浩浩荡荡来到武昌城下，此时的湖北巡抚胡林翼正为战事苦恼，因为目前他的手中没有一支能征善战的军队可以抵抗太平军的轰炸，他一直都在吃败仗。现在罗泽南的到来，对他来说无疑是雪中送炭，胡林翼立即对前来救援的罗泽南委以重用，并极力笼络。如此一来，胡林翼以罗泽南的这支军队为骨干，仿照湘军以前的制度和手法，不断招募来自全国各地的勇丁，同时，他还对原先的绿营军加以整顿，逐渐将他们淘汰掉，这样，湖北的军事力量逐渐增强起来，也快速成为长江上下兵力最强的一个省份。

与湖北的大好形势刚刚相反，曾国藩在江西的处境日益困窘起来，太平军在湖北的军事形势稳定之后，石达开便放心离开了，他留韦俊在武昌据守，自己率部队回师江西，他打算乘江西军事力量较弱的时机，加大攻势，一举歼灭曾国藩手中的队伍。从咸丰五年（1855）十一月开始，石达开就联合当地天地会等，带领这些人接连攻下瑞州、临江、袁州等一系列州府，最后发兵围攻吉安。曾国藩见此状况，知道难以抵挡，便快速从九江撤退，然后调周凤山前去援救吉安，可是当时不只是吉安的形势危急，南昌也是兵力空虚，

曾国藩既担心省城有失，又担心太平军再陷吉安，因此，他调派周凤山援助吉安的目的，其实也是为了让他在樟树镇不动，观望形势。石达开见此好时机，他趁周凤山举棋不定，犹豫不决之时，便一举攻破了吉安府城，接着，他带领太平军又连续作战，顺利打败周凤山的樟树镇大军，周凤山抵挡不住，只有大败而逃，湘军纷纷溃入南昌城内。一时间，江西官场舆论哗然，众多官员纷纷指责曾国藩，谴责周凤山调军无能，指挥不当。

樟树镇大败清军之后，石达开并没有停止攻击，他又乘胜追击，直逼南昌城。此时，曾国藩被困在南昌城内焦急万分，因为太平军的紧密包围，导致他与外界的联系经常中断，现在就连写一封家书都得需要用蜡丸隐语，不然难以寄出。由此可见，他的处境是多么艰难与困苦。太平军包围南昌，曾国藩寝食难安，心烦气躁，最后，他不得不上奏朝廷，希望朝廷能派兵支援，最好是让罗泽南前来解围。

这几次和石达开的交手，曾国藩都是以失败告终，但让他感到欣慰的是，湘军的主力还在，还有机会和太平军决一死战。因为自己在军事上的判断失误，才使得湘军接连失利。经过这一次的教训，曾国藩也开始重新审视这位屹立在他面前的强硬对手。

绝境逢生

咸丰六年（1856）七月初，太平军二万余众在瑞州又与湘军交战了几次，双方进入了持久战，曾国藩从太平军的队形不整、旗色不一等"表象"上看出此时出现转机的可能，他预测不久后自己就能摆脱困局，就这样，曾国藩在期盼中迎来了曾国华的援军。

曾国华，字温甫，在曾氏家族中排行第六，也是曾国藩兄弟中较为聪

第六章
生灵涂炭成屠户

明的一个。由于曾国藩的叔父曾骥云一直没有子嗣，因此曾国华自幼便被父亲过继给曾骥云。曾国藩对这位出抚的弟弟也倾注了不少的心血。早在道光二十五年（1845）时，曾国华便与曾国潢双双来到京城，曾国藩对他们每天都督课不止。第二年，曾国华报捐国子监监生，以后的科考没能如愿。

曾国藩困守南昌时，屡次向两湖请求援兵，但是当时胡林翼、罗泽南无暇顾及，而罗泽南不久后便病卒，因此身在湖南家乡的曾麟书十分为曾国藩着急，他经过深思熟虑后让其子曾国华前往湖北请求援师。曾国华来到湖北与胡林翼见面后，说明来意，胡林翼见难以推脱便指派知县刘腾鸿、刘连捷带领湘勇一千五百名，同知吴坤修带领彪勇七百人，参将普承尧带领一千四百人，一起交与曾国华，让他总领以援江西。曾国华怀揣蜡丸书，一路寻道赶到南昌，曾国藩知道鄂军来援的消息后高兴不已。曾国华果然没有辜负父亲与兄长的期望，沿路攻克咸宁、蒲圻、崇阳、通城四县，于六月中旬顺利攻克新昌、上高。他于二十九日抵瑞州城外。曾国藩收到消息后立即指派豫彭山屺等带勇四千，驰赴瑞州相迎。七月十五日，两路军队在瑞州城外会合。

这时，广东援师也已进入赣州进行防守，于是江西之围稍解。由于盛夏行军，加上一路上不断冲杀不得休整，曾国华到瑞州后就立即病倒了，而且情况十分危急，部下见此只得用小船将曾国华送到南昌。

两兄弟在南昌相见，悲喜交加。在曾国藩的精心照护下，曾国华的病情稳定下来，不久之后便开始好转。瑞州终于收复，在江西的湘军此时已聚集了一万余人。江西通往湖北之间的道路逐渐打通，曾国藩上奏清廷，称出现了转机，他与家乡中断一个多月的通信也恢复了。

曾国华病愈后仍回瑞州大营。这个时候，兄弟曾国荃也已经踏上了军旅征程，曾国荃的参与为今后的战争起到了非常重要的作用。

曾国荃，字沅甫，在曾氏家族中排行第九，故也有人称他"曾九"。他幼年从父学习，长大后便在京师从兄曾国藩学习，在曾门众兄弟中，他是天分最高、个性最倔强的一个。道光二十八年（1848），他考取贡生后，决心跟兄

长一样走上科举之路。当曾国藩在长沙开始办团练时,曾国荃也积极随同参与,策划治兵之法三十二条,曾国藩也都大部分采纳。然而,曾国荃一直都没有放弃举业,他于咸丰四年(1854)回家乡一边设馆授徒,一边攻习举业。次年十月,他参加了由湖南学政刘昆会同部督、巡抚进行的"三院会试",最后考取优贡生。按清朝当时的规定,这种有资格参加国子监学习的优贡生,还要到京城去参加廷试,再次测试合格后才能得到认可。于是,曾国荃在咸丰六年(1856)春从家乡出发赴京城应试,但行至长沙后,因湘北及鄂省路途被太平军所阻,所以难以前进,遂后他只得报捐同知衔。曾国藩自己也希望九弟明年春季进京时,如果能够从浙江北上,便可到达江西大营,兄弟也能相会,期间,他还特意托付曾国荃留意存在京中的书籍。

曾国藩被困南昌后,因为屡请师无果,于是清政府特诏起用长沙人黄冕为吉安知府,希望此人可以助曾国藩一臂之力。黄冕素知曾国荃的能力,他上任后急忙邀请曾国荃共商对策,黄冕以曾国荃为主帅,两人一起领兵赴援江西。黄冕经请示湖南巡抚骆秉章后,决定请曾国荃招募一军,会同当时已被革职的副将周凤山领军赴赣,此队人马定为吉字营。此后,曾国荃广招罗泽南、李续宜旧部及新募之兵,共计三千余人,于同年十一月会合周凤山部三千人,出入湘乡,军锋直指吉安。沿途他们屡次破安福等地太平军营垒,曾国荃因功加同知衔。

如同曾国藩、左宗棠的治军理念一样,曾国荃也主张待勇士以诚。他曾有言:"待勇士以诚,而用兵以诈。诚则足以感人,而士卒乐为之效命。诈则示人以不测，而贼之间隙可乘。无事不诚，无时不诚，诚之至也。间或用诈，间或不用诈者一二端以掩其诈，而使贼自误，诈之工也。"他在强调待勇以诚的同时，也非常注意结合用兵以诈，这样就进一步完善了传统军事思想。

曾国荃这套行之有效的治军方略，帮助曾国藩塑造了一支纪律严明、训练有素、作战勇敢的劲旅。这支队伍对于当时抵挡进攻太平军、维护清朝统治都取得了明显效果。

天国内讧

咸丰六年（1856）九月二日，太平天国突然发生了天京事变，东王杨秀清以下官员有两万余人死在韦昌辉、秦日纲等人的刀下。这次事变使得太平天国遭受了致命的打击。在此之前，太平天国一共封了五位对起义和建朝有过突出贡献的外姓王。这五位天王除了从广西向南京进军的途中英勇战死的南王冯云山和西王萧朝贵以外，还有在天京事变中被北王韦昌辉杀了的东王

冯云山

杨秀清，之后天王洪秀全又捕杀了北王韦昌辉，最后只剩下翼王石达开了。

经过天京事变后，太平天国处于一片动乱之中，而后石达开回朝辅政，受到满朝文武和广大群众的拥护。可是此时的洪家兄弟却急于在东王死后封王，无暇理会其他，洪秀全担心石达开取代自己的地位，便先封其长兄洪仁发为安王，后又封其出狱不久的次兄洪仁达为福王，蓄意借此来牵制石达开。由于洪秀全的猜疑，石达开受到屈辱，他愤然领兵出走，远离南京。

石达开出走后，在满朝文武臣民的抗议和责备声中，洪秀全感到巨大的压力，他不得不把两个王兄的爵位革掉，以表示请回石达开的诚意，但石达开此时却去意已决。这一次天国发生的内讧，让太平军丧失了一次振兴的机会，也给了清政府可乘之机。

太平军经过天京事变，损失了几万名精华骨干，加上翼王石达开的愤怒出走，带走了几十万的精兵部队，使太平天国的军事力量大为削弱，一时之间，形势变得非常的紧张。

洪秀全鉴于兄弟封王引起的风波，当即宣布天朝永远不再封王，在原来的侯爵之上，又新增设豫、侯、燕、福、安、义，共六等爵位，册封陈玉成为成天豫，封李秀成为合天侯。同时恢复太平天国成立前期的五军主将制，以陈玉成为前军主将，李秀成为后军主将，杨辅清为中军主将，韦俊为右军主将，李世贤为左军主将，而以陈玉成为正掌率，李秀成为副掌率，统率全军。这一系列的改革，使得各路太平军的隶属关系逐渐明朗，大家按照军事才能分配形成新的指挥系统，也使得军中上下悦服，太平天国在乱后重建的过程中又一次出现了中兴的景象。

不久，洪秀全又看中并重用刚从香港学成回来的族弟洪仁玕并封其为王。对毫无功绩的洪仁玕封王的做法，使洪秀全受到全军上下的指斥，很多人都为陈玉成所受到的压制而感到不平。洪秀全用人唯亲、无功受封的事件，也大大挫伤了将士们的心，他的做法不但丧失了复兴太平天国的良机，而且直接摇撼了本来就不牢固的太平天国军事基础。为了平息众将士的不满，他又将陈玉成等封王。

第六章
生灵涂炭成屠户

可是封了陈玉成之后却又引起新的连锁反应。陈玉成由于功劳比较大，加上原来以封爵中的豫爵提任正掌率是得人心的，但是现在突然毫无征兆就封王，自然又有其他有功的战将进行攀比，心理不平衡。首先是驻在浦口防守天京北大门的后军主将李秀成，与他原来的部将李昭寿秘密通信，而李昭寿当时已经是朝廷的人，这封信被人发现后立即报到了天朝。洪秀全知道后大为吃惊，不知所措，他慌乱之时一面下令封江防变，一面又积极把李秀成封为忠王。接着封中军主将杨辅清为辅王，左军主将李世贤为侍王，剩下右军主将韦俊因是韦昌辉的弟弟而受封时间稍晚，结果在安徽池州率部数万人叛变降清。

陈玉成像

洪秀全到处"封王"致使太平军内部动乱不安，尤其是被封的大大小小洪家王，后来肆无忌惮，无法无天，成为天京一霸。因为当时被封王爷太多，百姓迎不胜迎，都不敢出门，大家是敢怒不敢言。

身为重臣的李秀成后期也开始拥兵自重，贪图享受，他号称有百万雄师，富可敌国，除在苏州有座绝美精致的王府以外，他在天京还另建有一所更加恢宏巍峨的王府，并且经常故意与其他天王比富争荣。这些行为也让老百姓痛恨不已，渐渐地民心丧失，太平军在全国的号召力也越来越弱。

三河溃败

咸丰七年（1857）二月，曾国藩接到父亲曾麟书已撒手西去的消息，他急忙赶回家里为父奔丧，在此之后，他在湖南老家待了将近两年的时间。直到咸丰八年（1858）六月，他才重新受到朝廷的起用，被任命为统领，主要负责带领分散在各地的各路湘军的散兵游勇。然而，正当曾国藩开始重新振作，带着建功伟业的远大理想，怀着对朝廷感恩戴德的心情重返战场时，等待他的不是节节胜利，而是精锐尽失的灭顶之灾，这就是三河之战。

咸丰八年（1858）八月，太平军在李秀成、陈玉成的率领下对清军围困南京的江北大营进行了猛烈的攻击，而此举势必削弱太平军在安徽各地的力量。当时曾国藩决定将攻下安庆作为首要目标，然后再向南京挺进。不久，李续宾与曾国华便率领湘军六千精锐前往安庆。这支一直被誉为治军严明、所向披靡的军队在八月间也确实立下了不少战功，当太平军集中兵力攻打江北大营的时候，曾国华等人便借助这个机会接连攻下了太湖、潜山、桐城、舒城等县，这些地方都在庐州附近。当时的庐州是清政府在安徽的临时省会，咸丰八年（1858）六月，太平军曾挥兵攻打占领过此地，朝廷也几次下令命安徽巡抚将庐州夺回，但由于实力悬殊，安徽巡抚一直都没有成功。因此，这时李续宾、曾国华就面临着两种方案：一是按既定方针，到安庆去和其他湘军会合；二是乘势攻下庐州，帮助朝廷了却这一桩心愿，可以邀功请赏。但如果选择攻打庐州，那么必须要在短时间内完成，因为李秀成、陈玉成所率的十几万太平军就驻扎在庐州附近；如果他们二人带兵回来增援，那么很难抵挡，而且距离不过三五日的路程，消息也会传得很快。因此，这一

第六章
生灵涂炭成屠户

仗十分冒险。但李续宾、曾国华两人急于邀功，没有顾及那么多。咸丰八年（1858）十月，李续宾、曾国华率军来到金牛镇，此地就在三河镇外。

三河镇位于界河（今丰乐河）南岸，东濒巢湖，是庐州西南方位的重要屏障。三河镇原来本没有城垣，但是太平军占领后，新筑了城墙，外添砖垒九座，凭借着地利设险，广囤米粮军火，用来及时接济庐州、天京，因而，此镇在军事上、经济上都有着不可忽视的重要地位。当时太平军的守将是吴定规。十月二十四日，陈玉成在江苏六合行军时接到湘军大举东犯安徽的消息，他毅然决定立即回兵救援，同时他向洪秀全报告，要求增加调派李秀成部同往。

十一月三日，李续宾亲自率领精兵六千人进入三河镇的外围。四天后，他分兵三路向镇外九垒发起进攻，义中等六营进攻河南大街及老鼠夹一带的防御；左仁等三营进攻迎水庵、水晶庵一带的防御；副右等二营进攻储家越的防御。李续宾自己则率湘中等二营为各路后应。太平军依托自己建造的砖垒顽强抵抗，拼死伤敌。湘军攻垒时间有限，所以轮番轰炸，太平军出现很大伤亡后便放弃镇外九垒，退入镇内，坚守等待救援。

在湘军大举进攻三河镇外围的当天，陈玉成便快速率领大队赶到，他驻扎在三河镇南金牛镇一带。随后几天，李秀成也日夜兼程率部及时赶到，驻于白石山。至此，集结在三河镇周围的太平军众达十万余人，与李续宾部的湘军相比，有着绝对的优势。

面对太平军援军的及时赶到以及所表现出来的强大气势，李续宾的一些部将心有胆怯，建议最好是退守桐城，但骄悍的李续宾没有听此意见，他一意孤行，认为军事有进无退，只有死战，才是英雄本色。他带领部队于十一月十五日深夜偷袭金牛镇。次日黎明，当部队行至距三河镇七公里外的樊家渡王家祠堂时，恰巧与陈玉成军相遇。陈玉成欣喜不已，他很快抓住湘军冒险出击的有利时机，以少部分的兵力正面迎敌，吸引湘军的注意力，然后再以主力从湘军左侧抄其后路。正面迎敌的太平军边战边逃，将湘军诱至设伏地域。正逢当时大雾迷漫，近在咫尺也难辨身份，湘军不敢轻举妄动。陈玉

成主力便迅速击溃了左路湘军，并乘胜隔断中、右路之后路。当湘军发现归路被断以后，只得仓皇后撤，但没多久便在烟筒岗一带被太平军团团包围。

李续宾得知大队被围的消息后，急忙亲率四营前往救应，但是反复冲锋数十次，也没能突入重围。驻扎于白石山的李秀成部，听闻金牛镇炮声不绝，就立即前去参战；同时，驻守三河镇的吴定规也率部出镇配合陈玉成军击打湘军。李续宾见此阵势，大感不妙，立即逃回大营，并传令各部坚守待援。其实这时守垒的湘军很多都已经逃散，还有一部分已经被太平军阻截在外，因而这里的七个营垒很快就被太平军迅速攻破。接着，李续宾所在的大营也被太平军包围。他督军往来冲突，希望逃出重围，但终没能成功，当夜不幸被太平军杀害。之后，太平军继续围攻负隅顽抗的残敌，没过多久，全部都被肃清。这一仗，太平军一举歼灭湘军精锐近六千人，这也是太平天国后期非常漂亮的一次歼灭战。

三河溃败以后，围困安庆的湘军也闻讯后撤，太平军乘胜南进，连克舒城、桐城。湘军三河镇之败，主要原因是孤军深入，主帅犯险冒进。李续宾仅率数千人就胆敢东犯湖北，入皖之后，连陷四城，而攻陷后必须处处分兵驻守，这样导致兵力很难集中。进至三河镇后，他手上仅剩六千人，当太平军大队赶到时，他已经没有阻援之兵可派。加之李续宾刚愎自用，拒不接受部将关于退守桐城的建议，最终导致了全军覆灭的局面。对于湘军的这次惨败，咸丰帝觉得非常可惜，曾国藩更是哀恸慎膺，减食数日。

太平军之所以能够顺利取得全歼李续宾部的胜利，主要是因为当时决策正确果断，兵力集中，加上战术灵活，指挥无误。当李续宾部进抵舒城、三河时，陈玉成发现形势危急，便立即决定兼程回援，同时奏调李秀成部同往，如此一来便形成了兵力对比上的绝对优势。在对敌发起进攻时，太平军所采取的是正面迎战与伏击、抄袭相结合的战法，此时各部各军之间又能密切协同，主动配合，行动迅速，积极分割包围敌人，让湘军前后左右都难以相救，以速决的方式迅速达成战役目的。

通过三河大捷，太平军成功粉碎了湘军东犯的意图和打算，保卫了皖中

第六章
生灵涂炭成屠户

太平天国后期形势

根据地，对鼓舞士气，稳定江北战局，保证天京地区的安全和军队之间的物资供应，都具有重大的战略意义。

但是三河之战也反映出后期太平军战斗力的问题。其实经天京变乱后，太平军战斗力远逊从前，虽然太平军还是誓死奋战，但与前期从广西走出来时的军队不可同日而语，也无法与石达开率领的精锐之师相比。三河之战，太平军花费十多万人围攻湘军不足六千人，在湘军主将李续宾阵亡的情况下，群龙无首还需要花费数日才能将其消灭，在伤亡方面更是数倍于湘军，足见双方战斗力存在的巨大差距，而且此战结束后，湘军被俘人数仅仅数百人，全部都是宁死不降，与太平军不战倒戈形成了鲜明的比对。

第七章
重出江湖黯然归

纳幕李鸿章

湘军三河镇之败，使清政府上上下下都感到异常震惊。咸丰九年（1859）元月，正当曾国藩为三河之败心情郁闷时，李鸿章来到了他的阵营，这位他平生最得意的门生极大地鼓舞了他，使他恢复了往日的自信。

李鸿章，号少荃，安徽合肥人。曾国藩最初认识李鸿章是在京师做官之时，当时李鸿章的父亲李文安与曾国藩同时考中进士，两人为"同年"，因为有了这一层关系，所以两家关系密切。李鸿章自幼天资聪颖，才华横溢，为人功名心也非常强烈，道光二十三年（1843）入京参加乡试后，意气风发的李鸿章赋诗道："丈夫只手把吴钩，意气高于百尺楼。一万年来谁著史，三千里外欲封侯。"次年他便顺利考中了举人，此时李鸿章只有二十一岁。

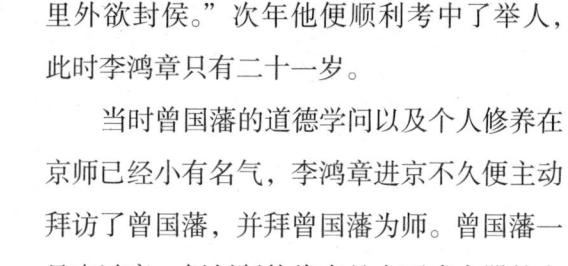

当时曾国藩的道德学问以及个人修养在京师已经小有名气，李鸿章进京不久便主动拜访了曾国藩，并拜曾国藩为师。曾国藩一见李鸿章，便判断他将来是个可成大器的人才，再加上很喜欢李鸿章的诗文，便主动提拔和栽培他。从此，曾国藩便悉心指点李鸿章，指点的内容，不只是作诗作文，也有义理、经世之学，师生二人脾气秉性相投，相谈甚欢。李鸿章在家信中，常称赞曾国藩，并说他与曾国藩"朝夕过从"。因为关系密

第七章
重出江湖黯然归

切,当江忠源出任安徽巡抚时,曾国藩就立即想到李鸿章,他让江忠源到安徽后与李鸿章联络。曾国藩在给江忠源的信中说:"李少泉编修大有用之才,阁下若有征伐之事,可携之同往。"当时的曾国藩还在衡阳加紧训练湘军,李鸿章之兄李瀚章已进入曾国藩幕府为曾国藩管军饷。

咸丰三年(1853),太平军自武汉顺流东下,攻占当时安徽的省城安庆。咸丰帝急忙命工部左侍郎吕贤基前往安徽办团练,好与太平军相互抗衡,李鸿章奉命随同,帮助吕贤基办团练。此时的李鸿章刚到而立之年,满腹经纶,又血气方刚,他自己非常想借此机会建功立业。不料,在安徽的几位大臣都不成气候,难以依靠,而吕贤基则是文儒书生,并不擅长带兵,由于调度无方,吕不久后便兵败身死。江忠源此时刚到安徽,未站稳脚跟就遇太平军围攻,也英勇牺牲,剩下的领兵大员则多是泛泛之辈,带兵打仗无能,只会互相倾轧,李鸿章在此辗转数年,依然毫无建树,郁郁不得志。

曾国藩早知道他这位学生的才干,加上此时身在他幕府的李瀚章又极力推荐其弟,于是,曾国藩便书信致函邀李鸿章前来帮忙。不久,李鸿章于十二月初十抵达曾国藩大营。李鸿章来到曾国藩大营的当天下午,曾国藩便与之进行久谈,晚上他又与李鸿章、王闿运两人谈军事情况直至三更。次日,曾国藩稍作休息,便立即召见李鸿章,与他谈江南大营统帅和春及继江忠源任安徽巡抚的福济的情况。

李鸿章来到曾国藩这里不到半年的时间里,曾国藩便让他与曾国荃一起去攻打景德镇。曾国藩没有教他带兵打仗,也没有教他军事谋略,而是教给他一项极为特殊的本事,那就是让他制定大政方针,这是一个关乎全局的问题,曾国藩是将他当作大才来历练的。曾国藩的所作所为一方面肯定李鸿章的才干,另一方面也教他做事不必急于一时,想要出人头地,首先要学会耐心等待时机。

一个人一生的事业,当然是与个人天分以及才干密不可分,但也要有合适的机会和客观环境。如果世上没有伯乐,那么很有可能会有很多千里马被埋没。千里马既需要有人发现,也还需要有人加以训练,假以时日,才能成

为真正的千里马。对于李鸿章来说,曾国藩就是他的伯乐,就是那个善于养马驯马的人。李鸿章有出色的能力与才干,但如果他在地方上继续游荡而不是到曾国藩幕下,那么他也有可能一辈子被人忽视与遗忘,成就不了什么大事业,而经过在曾国藩幕府的历练,他的生平事业也就从此开始了。

太湖一战　成就"霆军"

咸丰九年(1859),曾国藩向朝廷上奏,在奏折中他将全国各地的太平军形势做了一番分析,对清廷如何镇压各种起义军提出了自己的建议。他认为,窃取国号的贼寇与流寇不同。如今洪秀全占领天京,陈玉成盘踞安庆,他们私立年号,公然册封自己为公侯王爷,这些人就是窃取国号的贼寇。而石达开从浙江前往福建,之后又转到江西、湖南、广西和贵州,这些人就属于流寇一类。朝廷的军队对于流寇,应该提前预防,守株待兔,坚守城池,以挫败他们的锐气。至于窃取国号的贼寇,则应该剪除枝叶,断其后路。洪秀全和杨秀清起事以后,意志也越渐衰弱,如今天京城内大多官员只知贪图享乐,太平军此时完全靠着陈玉成一人在江北出力。所以太平军才不断地进攻安徽北部,确保江南的粮食供应不被切断,以保证军事需要。

曾国藩认为要歼灭这些起义军,必须先将天京攻下,而前提条件就必须在滁州与和州屯驻军队。要想顺利攻取滁州与和州,安庆是关键。如果湘军能够包围安庆,攻占庐州和周围的县城,使太平军花尽心思处处防备,兵力分散,那么他们就无暇北进。既不敢向北进军,也不敢东顾江浦与六合,因为太平军必然会拼死保护他们现有的占据地。

咸丰看了曾国藩的奏折后,也觉得言之有理,于是答应了曾国藩的请求。

咸丰九年(1859)年底至十年(1860)年初,太平天国英王陈玉成与清

第七章
重出江湖黯然归

军在安徽太湖展开了一场惊心动魄的激烈战斗。曾国藩与胡林翼商量决定攻皖军略为先进攻太湖，后进攻安庆。曾国藩率军由湖北进驻宿松，然后下令福州副都统多隆阿、总兵鲍超从宿松进军八里冈（今太湖城西乡境内，与宿松县交界）。十一月，多隆阿移营太湖新仓，而鲍超则由太湖棋盘石渡河，移营岔路口，双方互为掎角之势，用意是困住太湖城内的太平军。十二月十五日，陈玉成带领安庆统军赶到桐城，张行洛及龚得等人也从怀远、定远、庐州、舒城一带率部前来会师，几方联合西进，虽然对外号称有二十万兵马，但实际上只有六七万人。当然，清军方面，同时也派出多隆阿与候补道蒋凝学商调鲍超之霆字营急忙赶到太湖进行抵御。

第二天，鲍超营垒还没有建成，英王陈玉成的人马已经到临，鲍军没办法只好拼死苦战，最后才得以扎营于太湖旁的蛇形山。而陈玉成则悄悄从潜山地灵港至蛇形山后和罗山冲一带，连营数十里，清军看到这一情况，无不胆寒。十八日，太湖城内太平军得知自己的援军已经到达，便从城内而出，夹击鲍超军。

这下子，鲍超的军队无疑成了被动挨打的部队，凭他数千人马，要阻挡数万的太平军，纵有三头六臂，也难以抵御。但军情紧急，鲍超没有选择，他急忙派人向多隆阿要求增援，多隆阿此时却以兵力不足为借口回绝了鲍超的请求。结果，在太平军多次冲锋后，鲍超的部队死伤过半，损失惨重，眼看着就要全军覆没。面对困境，鲍超临危不乱，他开始冷静分析，凭借坚固的工事，他相信太平军一时也难以攻下，于是，他决定抓住时机，利用太平军休息之际率领"霆军"主动出击，争夺宝贵的机会。

此时陈玉成认为被围困的湘军已经是囊中之物，便对湘军放松了警惕，再加上太平军连日围攻已经非常疲惫，因而，他命令太平军好好休整，只布置了少许岗哨。不久，让他意想不到的事情发生了，夜间鲍超乘太平军松懈的时候率领军队摸进敌营，发起突袭。太平军在睡梦中突然遭到袭击，被打得晕头转向，一时间乱了阵脚。幸亏陈玉成镇定，在他的指挥下，才解了这场危机。

事后，陈玉成非常佩服湘军，觉得这支队伍不容小看，要不是对方人数不占优势，否则自己也许就要命丧太湖了。鲍超在敌人的包围下硬是坚守了二十多天，等到了胡林翼派金国琛、余际昌率领的一万多名援军，他们里应外合给陈玉成又来了一个反包围，于是，两支湘军配合打败了陈玉成的数万军队，但突围的鲍超一军此时已经是伤痕累累。被打败的陈玉成只好率领太平军败走天京，而湘军便趁势攻占太湖，围住了安庆。

鲍超的这一战打得非常艰苦，正因为他的机智才阻挡了陈玉成的大部分太平军，为太湖一战取得胜利制造了机会。此次战役后，鲍超及其"霆军"的名声大振，咸丰加封鲍超官职，并恩准假期，让他回籍养伤、省亲。等伤好假满之后，曾国藩、胡林翼命令鲍超募勇一万多人。后来，鲍超的"霆军"成了湘军中最强劲的一支军队。

祁门遇险

咸丰九年（1859）十月，曾国藩定下详细的作战计划，他准备带领湘军兵分四路围攻南京，与此同时，清军的江南大营因为遭到了太平军的强大攻势而全面溃败，两江总督何桂清无力抵挡选择弃城败逃。一时间，江苏、浙江两省的军情刻不容缓，非常危急。朝廷盛怒，立即下令逮捕重责何桂清，以致两江总督这一职位空虚，暂时没有人接替。当时，两江总督掌管着对太平军作战的最高指挥权，责任重大，其职位有很多人都梦寐以求，因此，谁能当上两江总督，就意味着谁将来可以掌握东南数省的命运。

此时的曾国藩正第二次出山，他带领着湘军对安庆进行围攻。对于何桂清的战败，曾国藩并没有表现出同情之心，因为自咸丰二年起，虽然各地团练是在朝廷的鼓励下开始兴办，但绿营兵仍然占主要地位，是对付太平军的

第七章
重出江湖黯然归

主力,各省的团练只是起一个补充和辅助的作用。而江南大营的溃败,则预示着团练将取代绿营兵成为对付太平军的主力。果不其然,江南大营溃败的几天后,朝廷即下谕旨,命曾国藩担任两江总督。这道谕旨对于曾国藩来说,毫无疑问是一个大惊喜,因为这意味着曾国藩在以后的用兵过程中,可以不受限制地对江南数省的军事力量进行调动,这对于攻克南京来说也能起到很大的帮助。因此,接到任命书后,曾国藩带着感激涕零的心情给咸丰帝写了一份"谢恩折"。

咸丰十年(1860)六月二十八日,曾国藩率领大军抵达安徽南部的祁门。虽然安徽南部到处是山,但在军事上却有着十分重要的地位。这里不仅仅是太平天国屏卫天京的战略要地,而且每次太平军要进军江西、浙江等地,都必须经过皖南;曾国藩如果想要对江苏、浙江等地进行援救,也必须经过皖南;清军要想成功挡住太平军进入江西,也须守在皖南。曾国藩到达皖南以后,太平军为解救安庆的第二次西征也即将要开始,整个皖南的战斗一下子就变得异常激烈。

十二月一日,李秀成军攻破羊栈岭,随即占领了黟县,这时候他与祁门的距离不过几十里。曾国藩见此,立即打定主意,如果李秀成前来攻打,湘军则坚守待援,决不逃跑。但李秀成部的战斗力有所削弱,所以不敢贸然前来。之前,鲍超、张运兰合军与李秀成交战之时,李秀成败兵损失了四千多人,太平军还没有得到很好的休息与调整就继续赶路,而李秀成此行的目的又是江西,于是他选择绕道向南。这时候,太平军在皖南赣北有李秀成、杨辅清、李世贤、刘官芳、黄文金等多路大军,而曾国藩的兵力则较为缺乏,湘军主要被压缩在祁门、黟县、休宁一带,东西南北全部都是太平军,而且曾国藩也没有挡住太平军向西进军,李秀成、李世贤、黄文金的几路人马都绕过祁门一带进入江西。

咸丰十一年(1861)元月十四日,曾国藩在给弟弟曾国潢的家书中,对当时的情形进行过较为详细的描述:"自十一月来,奇险万状,风波迭起,文报不通者五日,饷道不通者二十余日。"左宗棠带领的军队虽已到江西,但为

保祁门粮道，同时也为抵御进入江西的太平军，曾国藩没有让他前来，而是命其驻守景德镇、乐平一带，后又命鲍超率部回援景德镇。左宗棠此时也是兵力不足，因为周围太平军兵力长十倍于他，双方悬殊较大。四月九日，李世贤带领十万太平军攻占景德镇。景德镇是当时祁门唯一的对外联系通道，景德镇的失守，就直接导致了祁门、黟县、休宁驻军米粮接济的全部中断。因此，曾国藩虽然打算攻下徽州，但是鲍超已赴援景德镇，曾国藩身边暂时没有了得力战将，他只好亲自出马指挥。十四日起，曾国藩指挥留守的湘军进攻徽州，但是前后攻打数次都未能得手。二十一日，太平军趁夜劫营，湘军二十二营中有八营在夜战中打输，虽然伤亡较轻，但经此一役，曾国藩也彻底失去了再次进攻的信心。他命军队退守休宁，此时只有等待左宗棠和鲍超能够收回景德镇，或北岸湘军能够顺利攻占安庆。

虽然曾国藩攻徽州不成，但徽州的太平军也没有再次进攻他，所以曾国藩在驻地休宁暂时得到安全。几天后，他就从左宗棠那里得到了好消息。原来此前景德镇的战败是太平军趁左宗棠不在之时攻破的，左宗棠由于回救不及，只得退到乐平休整。但太平天国侍王李世贤以为左宗棠经过此番挫败，已无力再战，便放心分派一部分军队前往祁门，攻打曾国藩的驻地，留部分人马与左宗棠作战。四月十五日，太平军再次进攻乐平，左宗棠分兵三路反击，太平军败，两日后双方再战，左军又胜。李世贤见状，只得将赴攻祁门的军队全部调回，用来抵敌左宗棠。二十二日，李世贤督大军再次进攻乐平，正当双方打得难解难分之际，左宗棠突然挥军反攻，太平军被打得措手不及，再次大败，经过这几次战斗，太平军损失近二万人，李世贤无力回击，他此时在江西已经难有立足之地，于是只得放弃景德镇，转赴浙江另图发展。由于左宗棠的胜利，祁门大营也能够转危为安。

祁门解除危机后，曾国藩于咸丰十一年（1861）五月十日抵达长江边东流与水师会合，这里军队之间可以相互照应，即使有太平军来攻，也不是那么容易的事情，所以安全方面可以得到保障。此时，长江南岸安徽、江西战场已较稳定，只有李秀成军奔江西南部然后向西北方向进军，对南昌造成威

第七章
重出江湖黯然归

胁。而北岸安庆的大战已经展开，陈玉成必须挥军救援安庆，曾国藩趁此时机，让江南得以喘息，命鲍超率部增援安庆。

面对"勤王"的召唤

在祁门期间，不仅战事不利，令曾国藩狼狈不堪；还有一件大事，也叫他左右为难，大伤脑筋。这就是是否北援以及如何北援的问题。

当曾国藩进驻祁门之时，英法联军侵略中国，第二次鸦片战争爆发。咸丰六年（1856）十二月，英法联军攻占广州城，并且俘虏了两广总督叶名琛，之后朝廷与他们的战争断断续续，谈谈打打。到了咸丰十年（1860）八月二十四日，英法联军占领天津，直逼京城。九月二十一日，僧格林沁率清军在京东八里桥与英法联军展开了激烈战斗，由于武器装备的悬殊，清军处于不利地位，最后大败。得知此消息后，咸丰帝匆匆逃往热河，临行他留下弟弟恭亲王奕䜣在京城与英法议和。十月中旬，英法联军在抢劫了圆明园的各类奇珍异宝之后，放火将圆明园烧毁，轰动全世界。

咸丰十年（1860）八月二十五日，半夜时分，身在祁门的曾国藩本已睡下，但他突然接到军机处发来的六百里加紧传递的谕旨，令他立即带兵前往京城。曾国藩接到上谕的这一天，正是徽州失守之时，只不过他当时还没有收到此信息，正急着命鲍超前往增援，同时又请李续宾从长江北岸带少量部队前来支援。这道上谕，让他感觉非常为难。因为作为臣子，如今君上有难，他理应立即前往赴难，但此时战事非常紧张，如再抽鲍超这样的将领去北援，那么势必引起全局变化。但如果不去北援，不仅处事不忠，而当时所造成的舆论、后世史评也令他们惧怕。曾国藩召集幕僚讨论，幕僚们大多主张北援。当时李鸿章还在曾国藩幕下，只有他力排众议，坚持按兵不动。李鸿章说，

"夷氛已迫，入卫实属空言，三国连衡，不过金帛议和，断无他变，当按兵请旨，且无稍动。楚军关系天下安危，举措得失，切宜慎重"。曾国藩觉得很有道理，他细想李鸿章所说的话后便想出一个妙策，即让咸丰帝从他和胡林翼两人之间挑选一人北上，而奏折来往的时间就是最好的拖延，他当时所接上谕是九月二十五日发出的，直到十月九日才收到，曾国藩再耽搁数日才复奏，等到他的奏折送到热河朝廷，距离咸丰帝发出谕旨已经一个多月，在这一个月时间里，大局已定，难以再更改。但曾国藩一时还没有拿定主意，此时刚好李续宾在十月十七日抵曾国藩大营，李续宾和胡林翼经过考虑也赞成这个办法，曾国藩遂作了决定。

十月十九日，也就是接到北援上谕的十天后，曾国藩发出了拟好的奏折，但是曾国藩同时也真做好了北上勤王的心理准备。发出奏折的第二天，他给弟弟曾国荃的信中说："如系振我北上，沅弟愿同去否？为平世之官，则兄弟同省必须回避；为勤王之兵，则兄弟同行愈觉体面。望沅弟即日定计，复书告我。无论或派我或派润帅，皆须带万人以行，皖北皖南两岸局势必大为抽动，请弟将如何抽法、如何布置开单见告。一切旨暗暗安排，胸有成竹，一经奉旨，旬日即可成行。"

对与太平军的战事，曾国藩也做出了相应的安排。此时选择继续进攻是万万不行的，但安庆之围绝对不能后撤，还要同时保住江西。将来可以集中江西、湖南、湖北三省之力，对太平军有着很大的威胁，也就是，是"普天下处处皆系贼占上风，独安庆一城贼占下风，岂肯轻易撤退"。曾国藩的安排是，如果此次胡林翼前往京城进行北援，李续宾随行，那么需要调鲍超驻青草塥进行防范，自己移驻北岸太湖主持军事；若朝廷派自己北援，那么就带左宗棠一军前往，调鲍超驻江西婺源。不过如此一来，江南岸就少了一支劲旅，与太平军相对抗起来必然更加困难。

曾国藩原本是打算带左宗棠北上同行的，因为他觉得左宗棠气概识略过人，而且综合考虑也是最适合的人选，但后来不少幕僚和将领主张留左宗棠在江南岸主持战事，曾国藩也随即改变了主意，准备如果咸丰帝选择指派他

第七章
重出江湖黯然归

北援,那他则带张运兰、朱品隆、唐义训这些将领同行。不过,即便如此,曾国藩也要冒很大的险。因为京城和议一旦失败,那么朝廷势必还是要出战,就目前曾、胡预计所带的兵力来说,战胜英法联军是困难重重。一经开战,双方胜负难料,如果只是规模较小的挫败,自然可以撤退,但如果是大败,依照曾国藩的性情,一定不会逃跑,其后果便是战死沙场或以死谢罪。

直到十一月十六日,曾国藩接到热河所发来的谕旨,说是和议已成。三日后,朝廷再来一封谕旨,说北援的事可以取消。这时,曾国藩等人才放下心来,松了一口气。然而,曾国藩并没有真正轻松下来。经过这件事,他已经敏感地觉察到,太平天国虽然可以在未来几年内铲除,但是不久以后另一个更大的难题已经来了,而且是无法避免,今后大清将会面临越来越难的问题:那就是英法等西方列强的步步进逼。他在给弟弟的家书中写道:"余近年在外,问心无愧,死生祸福,不甚介意,惟接到英吉利、法郎西、米利坚各国通商条款,大局已坏,令人心灰。"他还把这些条约寄回湖南湘乡,给他的家人看,又嘱咐道,今时不同往日,曾吾家子侄必须以"谦勤"二字为主,戒傲戒惰。虽有些灰心丧气,但当时的确是连死生祸福都不知道,而英法等国的条约也一次次令他心灰,今后大清与自己的命运,一切都是未知。曾国藩不断进行观察着、思索着,与此同时,胡林翼等人也是在进行观察着、思索着。

决战安庆的时刻来到

随着太平军"第二次西征"计划的破灭,安庆的形势急转直下。太平军的当务之急是正面解安庆之围。而安庆既是天国首府的重要屏障,也是粮食供应的枢纽所在,一旦被清军顺利攻下,那么天京的形势便会岌岌可危。

在太平军攻打武昌、保卫安庆的战略决策都还没来得及去实现之时，湘军统帅曾国藩便调动全部军队，开始围攻安庆。他认为此时攻打安庆已无后顾之忧，便抓紧利用好这一时机。咸丰十一年（1861）三月，陈玉成放弃武昌而回到皖南，由怀宁攻入集贤关，对围攻安庆的湘军展开了非常猛烈的攻势。曾国藩见陈玉成前来攻打，也没有丝毫马虎，他一面令弟弟曾国荃尽一切可能拼命顶住，坚守待援，一面又快速檄文江西，让当时已经驰援景德镇的鲍超迅速回军援助，与陈玉成决一死战。

陈玉成攻入集贤关后，暂时帮忙稳定了安庆方面的局势。随后他又派吴定彩带部下千人进入安庆，以此来协助叶芸共同守卫安庆，陈玉成自己则命部队在长江南北两岸筑垒十八座，来往集贤关与安庆城之间，主要负责向安庆城运送粮物。没过多久，由芜湖北渡的黄文金和由天京派来的洪仁玕、林绍璋等都率军到达安庆外围，准备攻打清军，太平军此时的士气一下子开始高涨起来。

曾国藩见太平军聚集在一起，也开始调兵遣将，进一步采取措施。他们把鲍超、成大吉等军调到集贤关来，准备利用这个机会一举歼灭陈玉成的军队。同时，他们也下令多隆阿尽可能顶住天京和芜湖前来增援的太平军，并等待合适的机会分兵协助鲍超，加入与陈玉成的大战中。四月十日，鲍超、成大吉及多隆阿的部分军队陆续抵集贤关，大家决定第二天会合曾国荃以后，里应外合向陈玉成发动会攻。就在这一天，陈玉成也得知这一消息，他觉得清军援兵抵达集贤关后自己孤军奋战，一时间很难解决安庆之围，于是就选择留下刘玱琳守卫集贤关，自己率部分军队退走桐城，到外围与洪仁玕相见，与众人一起共商退敌之策。

陈玉成的离去造成军事上的极大失误。曾国藩觉得这是一个极好的时机，他打算利用陈玉成不在的这段时间里，让鲍超、成大吉包围集贤关，进行日夜猛攻，使刘玱琳部没有后退之路。很快，刘玱琳部的阵地被炸得千疮百孔，鲍超、成大吉都争取在陈玉成返回之前将其攻克。曾国藩还命令曾国荃包围菱湖的太平军，割断菱湖与集贤关所有的联系。

第七章
重出江湖黯然归

虽然曾国藩非常欣赏刘玱琳的才华，他也经常感慨湘军中缺少这样的将才，对刘玱琳在太平军的队伍里而感到遗憾。但无论如何，在战场上敌人毕竟是敌人，不能心慈手软，所以，他下定决心一定要利用这个千载难逢的时机，消灭刘玱琳的部队，对刘玱琳本人，生要见人，死要见尸。

鲍超、曾国荃、成大吉等人也深知此战役的至关重要性，大家都做好充分准备，备好精兵良器，一举拿下集贤关。战争在开始的阶段，鲍、成集中一万精兵向集贤关发起猛烈攻击，先是大炮轰击，然后再用集团兵力反复向堡垒冲锋、肉搏。当然，刘玱琳的部队也是经过严格训练的，作为太平军的精锐部队，在战争初期，湘军一点也没占到上风。刘玱琳指挥作战，非常严谨，部队或伏或战，或火器或肉搏，在大敌将其围困之时，他也毫不慌乱，冷静进行处理。但是，时间一久，他的部下没有得到充分的休息，而且枪弹火药也消耗得差不多了，加上湘军大队人马不停轮番攻击，攻垒部队也正是由鲍超带领的湘军精锐部队，这支部队经历过很多猛仗、血仗，全部都是精英，而且经验丰富，所以也很不好对付。

经过一天的猛烈战斗，集贤关的四个堡垒被顺利攻下了三个，刘玱琳损失三千人马，对于缴获的俘虏、负伤的太平军，"霆军"也将其杀害，所到之处，片甲不留。次日，刘玱琳所在堡垒仍没有被攻破。但因枪弹所剩无几，所以刘玱琳只好当夜率八百战士突围而出，但人马到达马踏石时被大水所阻拦，"霆军"追赶而至，刘玱琳片刻损失六百人。剩下两百战士被刘玱琳带领着乘船而走，但后来又被湘军炮船拦截，于是全军覆灭。

与此同时，曾国荃也在尽全力攻击菱湖十八垒的太平军，几天后，各垒被逐一攻破。陈玉成当时离开，在此留下的八千太平军也全部被杀，无一幸免。刘玱琳及其精锐被成功消灭后，曾国藩等人十分欣慰。接下来，李续宾也顺利攻破九江，这一切战局的变化，造成了湘军与太平军力量的悬殊以及攻守形势的重大变化。

陈玉成兵走桐城后，得知湘军包围攻击了刘玱琳，他立即反应过来，随即后悔自己当时的决定，他打算进行反攻回救，但因为多隆阿的部队在前面

阻挡着，他既救不了刘玱琳，也回不了安庆城，这样就拖延了最佳的时机，此举成为安庆失守、太平军由相持进入被动挨打防守阶段的军事转折点。此后，陈玉成与洪仁玕、黄文金、林绍璋、杨辅清联合进攻多隆阿的阵地，打算由此突出湘军的包围圈，然后赶往安庆实施援救，但都没能成功。无奈之下，陈玉成只好率领各部军队五万余人转移战场，由西入湖北，再由蕲州折而下行，沿途经宿松、石牌，最后绕一大圈后进入集贤关，此时的刘玱琳已牺牲两个多月了。湘军利用两个月的时间，成功打破了安庆城外的所有堡垒，紧紧包围了安庆城，城内粮草断尽，岌岌可危。

陈玉成回到集贤关以后就立即筑起堡垒四十余座，这样便可与安庆城头上的守军遥遥相望。他知道城中目前粮食急缺，便想尽办法向城内运送粮食，但这一切行为都在曾国藩的掌控之中，陈玉成派出的小船都被湘军水师顺利拦截，最后都没有运送成功。

安庆城内的情况越来越危急，陈玉成担心不已，他只好督军攻击曾国荃的围城部队。双方此战非常惨烈，经过五日血战，仅在长壕内外太平军就牺牲万余名，而湘军光火药就用去十七万斤，枪弹用去五十万斤，由此可见，当时的战斗何等激烈。即便如此，太平军始终也没有突进曾国荃的内壕，虽双方互有损伤，但终究还是没能解开安庆之围。

攻打安庆，不论对于朝廷还是湘军，意义都是极其重大的，经过此役，太平军实力迅速消减，湘军的名声快速传播。到了八月一日，曾国荃部湘军成功打开安庆北门，大批人马冲入，吴定彩在堵击湘军的过程中首先牺牲。由于城内太平军已断食数日，所以大多数的人都没有力气反抗，对待这么多的太平军投降，曾国藩没有放过，而是选择全部杀害。安庆一战，先后死难的太平军达三四万人，其中被杀的百姓也不在少数。湘军以为太平军在城破后会穿百姓的衣服冒充出城，所以凡是见可疑者不论原因就立即斩杀，而且连太平军的眷属都不会放过，湘军所到之处，金银衣物也都被抢掠一空。

曾国荃对于所杀的俘虏当时没有丝毫的同情，但事后因为杀人太多而心有不安，于是他写信给曾国藩表示后悔，曾国藩安慰他后，肯定与表扬了这

第七章
重出江湖黯然归

次大规模屠杀的行为。自安庆之战后，湘军也更加肆无忌惮起来，他们开始大肆抢掠被攻下来的城镇，这一举动也为日后屠城天京埋下了伏笔。

　　陈玉成见安庆失陷后，便只好从桐城方向撤走。多隆阿则带领军队一路追击，伺机攻杀，陈玉成的军队不久以后便溃不成军，全部覆灭。而此时，湘军依靠水陆配合，趁势攻占了安徽大部地区，曾国藩也迅速向东推进，直指南京城，很快，决战的时候就要到了。

第八章
成功背后的隐忧

大战在即　风云色变

咸丰十一年（1861），曾国藩在安庆之战取得胜利以后，天京就成为他的下一个目标。当时，曾国藩令弟弟曾国荃回到家乡继续招兵买马，以使他的吉字营实力得到进一步的扩充。同治元年（1862）三月，曾国荃接连顺利攻下了十几座处在要隘之处的名城。与此同时，左宗棠率领的大军也连续在江山、常山等地获胜，一时间，湘军声威大振。

五月初，曾国荃向秣陵关发起进攻，秣陵关作为天京的重镇，有着非常重要的作用。不过此时太平军守备的军队并不严密，清军到达后，并没花费很大力气，守关的太平军将领便投降了。随后，清军绕过三汊河开始向大胜关进逼。次日，曾国荃派军队事先在桥边埋伏好，然后带领六营大军飞速向前。太平军见被清军从后面包抄而来，担心就此会被困住，于是乘夜纵火，弃巢而走，清军乘胜追击，大败太平军，顺利夺下了大胜关、三汊河。此时，彭玉麟驻守在金柱关，当他听到曾国荃孤军深入前往太平军营的消息后，担心曾国荃被太平军算计，于是急忙调水师前来援助与策应，彭玉麟由烈山驶近头关，就这样，湘军水陆两军相结合，一举拿下头关。此后，彭玉麟进攻江心洲，面对前方坚固的石垒，水师用炮火攻击，太平军石垒中奋力还击，由于兵力悬殊，太平军最终兵败逃窜。清军攻下江心洲后继续前进，继而夺取了蒲包洲，于是，湘军成功来到了天京的护城河口。

曾国荃率领三万多名水陆大军进驻雨花台，此时他距离南京城只有四里之遥。曾贞干也带领军队驻扎在三汊河东桥一带，他在江边修筑起堡垒，用来保护西路的粮道。很快，南京的攻防战即将展开。四日，鲍超进攻寒亭、

第八章
成功背后的隐忧

管家桥逆垒，一举袭击了太平军。十二日，两万太平军共同进攻雨花台的清军，曾国荃得到消息提前设计埋伏，然后顺利将其攻破。十五日，鲍超在抱龙关击破了太平军，进攻宁国府。十六日，驻扎在天京共分二十多支的太平军大举向清军进攻，这一举动对清军在南京的各处营垒都构成了非常大的威胁。太平军集结重要兵力攻打雨花台，曾国荃在长壕奋力防守，经过此番战役后，双方军队互有损伤。曾国荃部将刘连捷英勇善战，表现尤为突出，他一举斩了二千多人，令太平军闻风丧胆，纷纷逃跑。

八月，长江以南盛行疾疫，曾国藩见此，立即上书同治帝，要求朝廷派在京亲信大臣赶赴江南办理军务。同治帝同意后立即下了道谕旨处理此事。这时，驻扎在此处的清军已经死亡大半，随后，李秀成率领苏、常两地的太平军二十多万人前来援助。十九日，太平军开始围攻曾国荃的大营，他们使用西洋的落地开花炮进行前后轰击，双方厮杀喊声、炮火声惊天动地，清军共与太平军激战了十五个昼夜。

九月三日，李世贤从浙江率领十万大军赶来，使得双方攻扑更加猛烈。清军伤亡惨重，而太平军伤亡则更多。两日后，清军出动，一举攻破敌方十三座垒堡，击杀数千人。十二日，太平军在地道的两穴里埋伏，趁着炮火，逾过墙去。太平军选择夜间轮番攻战，他们连续在清军的营壕之外扎了一百多个营，两军相距仅二十丈，他们在暗处挖地道，打算乘着雨夜进行袭击。曾国荃也料定如此，便下令各军开挖内濠、内墙进行防御，在雨夜分兵连破了七处地洞。十月五日，清军出濠，接连攻破太平军的十座营垒。太平军兵败逃跑，死伤无数。李世贤也无计可施，只有逃走，至此，天京大营才得以解围。

同治二年（1863）四月二日，鲍超、刘连捷向六安州发起攻击，而苗沛霖则包围了寿州，公檄蒋凝学、毛有铭陆续前往援助，太平军节节败退。七日，曾国荃、彭玉麟携手一起攻克了东关太平军的营垒，然后顺利攻克桐城闸。此时，曾国荃已经围攻了天京数月之久，太平军想尽一切办法来解围。

与此同时，同治帝也颁布谕旨道："此时曾国荃雨花台之军自不能辄自

移动,堕贼诡计;湖北为数省枢纽,诚不可稍有疏失,严树森出驻团风,当不至任贼窜入。群丑蓄谋纷窜,曾国藩所部各军几于应接不暇。该大臣素能镇定,惟当毅力精心,以图万全。浙、沪两军事机尚顺,左宗棠以杭城不难即克,而难于杜贼分窜,是以不急旦夕之效,固属老谋。此时贼既纷窜北岸及长江上游,浙、沪两军如能一克富阳以取杭州,一克昆山以取苏郡,则天京之贼腹背受敌,或可即收捣穴擒渠之效。该大臣等必能因时审势,以赴事机也。"又谕:"曾国藩现驻皖省,为中权扼要。其北自巢、含、舒、桐以至英、霍,贼氛密布,发、捻交乘;又值苗沛霖复叛、颍、寿、六安逆练纷纷扑扰,凶焰顿张;天京逆党自九洑洲北渡,声言就食,不即扰及里下河等处,而直上和、含,且与捻、苗各匪均相勾结,殊恐贼之蓄谋,故为此包钞大举,势将围裹安庆,以解天京之围。曾国荃之军逼城为阵,不能遽撤,曾国藩所部桐、舒守将仅能自固,鲍超一枝劲旅往来策应,兵力已不甚厚。恐贼乘兵分备单之时,集群丑,四面围逼。该大臣驻扎江浒,实为东南大局安危所系,南顾弥增廑念。刻下皖事孔 ,计惟浙军尚属切亟近,左宗棠务与曾国藩声息相通,缓急可为援应,方为妥善。"

同治二年(1863)四月下旬,守城的太平军因几个月未作战而有所懈怠时,曾国荃命令清军连夜袭击雨花台,最后一举攻下。在奏折中,曾国藩对当时的战况进行了大肆渲染,向上禀报有六千名太平军被俘杀,其实不尽其实。李秀成听说此消息后,极为震惊,他立即撤离了天长、六合,率领人马援救天京。而杨载福、鲍超率水陆军乘胜追击,趁机占领了两浦,并对准备渡江的太平军进行截击。杨载福、曾国荃原本是打算先把九洑洲对面南岸的下关、草鞋峡燕子矶等地方攻下。五月十五日,清军向九洑洲发起了进攻,太平军进行了顽强的抵抗,湘军也又一次遭到了惨重的损失。经过一天激战,双方难以分出胜负。当天晚上,狂风大作,湘军趁着风发起猛攻,终于攻下九洑洲。

雨花台和九洑洲被清军攻下来后,曾国荃便准备进攻聚宝门、印子山,曾国藩也把鲍超、肖庆衍两队军马调到江南,这样就可以对天京形成攻围之

第八章
成功背后的隐忧

势。但由于此时鲍军中流行疾疫，而且江南一带军情危机，所以曾国藩攻围天京的计划只有暂时搁置。但太平军的形势也不容乐观，李秀成的军队此时已损失了十多万人，并且军中缺粮少饷，对清军已无力反攻。曾国荃在六月到九月之间，先后猛攻南京城附近的印子山、上方桥、江东桥、高桥门、七瓦桥等地方，最后全部成功将其占领。十月，他又派军队进驻孝陵卫，使太平军只能通过北神策、太平两门进行沟通与输送。十一月初五，湘军用地道火药，炸塌了十多丈城墙。

此时的天京已经是岌岌可危，等到李秀成匆忙从苏州无锡赶回来时，已经于事无补。于是，他在分析了整个形势后，果断建议洪秀全放弃南京，转移到江西，以便东山再起。但洪秀全舍不得丢下华丽的南京城，所以太平军的形势没有得到缓解。此后，湘军又把钟山顶上的天保城攻下，然后在太平、神策两门外修筑坚固的石垒，派军严加把守，如此一来，清军几路人马便形成合围南京之势。

攻陷天京　血腥屠城

曾国藩成功夺取安庆后，清政府为了褒奖他，于咸丰十一年（1861）十一月又授权他统辖苏、皖、赣、浙四省军务，省内文武大小官员都受他管制。如此一来，曾国藩镇压太平军就变得更加有动力与自信了。此时，他一方面开始加强对外联系，打算借助洋人之力来围剿太平军；另一方面他也在安庆设指挥所，并派李鸿章纠合安徽地方力量组成武装势力，由英国轮船运到上海，进攻苏、常，然后派左宗棠率一部分湘军从江西进攻浙江，再派弟弟曾国荃率湘军主力由长江上游进攻天京。

从曾国藩统辖苏、皖、赣、浙四省的军务开始，湘军便开始学会联合洋

人，让其共同镇压太平天国运动。同时，曾国藩认为要有效地镇压太平军，就必须筹办新式军事工业制造船炮。咸丰十一年（1861），曾国藩开始实施自己的想法，他首先创办安庆内军械所，用手工制造船炮。但是由于制作工序出现问题，导致这船炮无疾而终。无奈之下，他只好花大价钱从洋人手里购买先进的武器装备了。此后，曾国藩又派留学生容闳到美国购买机器，开始准备建立近代军用工业。

行军打仗装备很重要，一旦有武器，那就万事俱备就只欠东风了，从洋人手里购进武器后，曾国藩便指挥李鸿章所带领的淮军，与英国、美国派出的部队共同组成了"常胜军"，然后联合进攻嘉定、青浦、太仓等地的太平军。同治二年（1863）五月，淮军和"常胜军"先后攻陷了太仓、吴江，进犯苏州。到了年底，苏州也被成功攻下。这些行动的顺利直接加速了太平天国在江苏战场的瓦解。与此同时，在浙江方面，曾国藩指挥左宗棠所部湘军与法国派出的部队组成"常捷军"，双方联合攻下绍兴、富阳，进犯杭州，不久以后，杭州也被顺利拿下。

随着江、浙根据地的沦陷，天京彻底陷入了孤立无援的境地。此时，在曾国荃湘军的围困下，南京城内已断粮多日，因为外无援兵，所以形势日益恶化。同治三年（1864）六月十六日中午，曾国荃命人引爆炸药，随着一声山崩地裂的巨响，太平军的门城墙被炸塌，一时间烟尘蔽日，这个时候湘军便趁乱蜂拥入城。虽然太平军拼死抵抗，但依然没能挡住湘军的攻势。湘军

太平军作战图

第八章
成功背后的隐忧

入城后，分路直冲天王府及神策、仪凤、通济、朝阳、洪武、聚宝各门，与此同时，湘军水师各营会同陆师夺取了水西、旱西两门。

南京九门被攻陷以后，南京城内守军与入城湘军展开激烈的巷战，双方的伤亡都很大，太平军内守军都战死在城内，直到最后太平军十多万人也没有一个投降的。其壮烈局面，令人不堪忍睹。

也许，对于战死疆场的太平军将士来说，这种死亡的方式是最好的解脱，因为接下来南京城内活着的人则更加痛苦。湘军进入南京后，见人就杀，见财物就抢，见妇女就奸淫，无恶不作。一时间，南京城内血流成河、哀号遍野，到处都是尸体，极为惨烈。一个原本繁华的南京城，在湘军的铁蹄践踏下，成了典型的人间地狱。

这次屠杀是历来南京灾难中最为惨烈的一次。湘军进城以后，南京被洗劫一空，大肆屠杀与焚烧以后，南京变成死城一座，看不见半点活物。无疑，在这次大规模的屠城之中，最遭殃的还是平民百姓。据载，当时天京城"尸骸塞路，臭不可闻"。湘军杀红了眼，见人就砍，老弱病残也不在话下，其行为令人发指。

在这场浩劫中，最受苦的就数妇女了，在光天化日之下，她们不仅被湘军撕扯掉了所有的衣服，还会被这些人奸淫至死。其中，曾国荃的部下李臣典就是一个最好的反面例子。

李臣典当年二十七岁，因为风华正茂，他在攻破南京以后大肆强奸妇女，十天之后，竟然因为体力不支而命丧黄泉了，这真是天下丑闻。

六月二十一日，全城火势渐渐地熄灭了。昔日闻名繁华的古都，在这场无情的战火中被毁坏得体无完肤，不堪入目，眼下的南京只剩下满目的断壁残垣。而曾国藩得知这一消息以后，也没有任何表态。对于其弟曾国荃的杀人恶习，曾国藩并没有觉得有什么不妥之处。

南京就这样陷落了，轰轰烈烈的太平天国运动到此彻底失败。此后曾国藩坐镇南京，开始建立起保甲局，全面推行保甲制度，实行联保联坐。对有些不安本分的人，或者编入"另册"，或者在户口册上加盖"有过"戳记，然

后进行残酷迫害。凡是与太平军有丝毫联系者，他都会逐一追捕严究，甚至牵连亲友，都不宽恕。曾国藩正是用这种制度，被清政府封为一等侯爵。

诛杀忠王李秀成

同治二年（1863）年底，太平天国到了最后阶段时，太平天国在天京最重要的人物是李秀成。洪秀全病死后，李秀成便拥护洪秀全的儿子洪天贵福继承天王王位，也就是史书上称之为的幼天王。洪天贵福当时只有十六岁，少不更事，不能主政，所以，守城的事还是全靠李秀成。李秀成对外严密封锁洪秀全去世的消息，一直到湘军攻入天京，曾国藩、曾国荃等人也都还不知道洪秀全已死。

湘军攻破天京城这天，李秀成见势已无力抵抗，便辞别家中的老母妻子兄弟，趁乱只带着幼天王突围。他见幼天王骑的马不好，就把跟随自己久经战阵的坐骑给了幼天王，而自己则骑幼天王的马。现在李秀成面临的问题有很多，自己和幼天王怎样突围出去呢？选择什么地方突围最合适呢？湘军最初是从天京城东方向攻入城的，而在城北江面上有湘军水师，所以按照常规考虑和想象，突围的太平军应该会避开这两处地方，选择从西或南两个方向冲出，可李秀成并不这么认为，他偏偏选择了人们觉得最不可能的地方，也就是湘军炸毁的城墙处冲出。这最不可思议的地方，恰恰是湘军防备最薄弱之处，突围的太平军真的成功冲出。从这些事中不难看出李秀成的军事水平与为人处世方法。当洪秀全离世时，李秀成没有顾及家中老母妻子，而是选择保护幼天王突围，这样的忠臣确实少有。其次，他确实是一个大智大勇不可多得的将才，他选择了置之死地而后生的突围地点，真正做到临危不乱。但是，由于李秀成自己骑的是一匹劣马，又经过一天的征战，所以人马都疲

第八章
成功背后的隐忧

惫不堪，最后他不幸掉队。天明以后，李秀成藏在一个破庙里，被附近村民发现。两天以后，村民因为分配李秀成所带的财宝不均，便向湘军告密，李秀成随后被俘。太平天国璋王林绍璋以及萧朝贵之子幼西王、冯云山之子幼南王等都陆续被清兵杀死，但幼天王终于逃脱。

七月二十三日，李秀成被押到曾国荃大营。曾国荃使用严刑折磨与他终日苦战、让他损兵折将的李秀成。有人将这件事告诉了赵烈文，赵烈文经过考虑认为杀死李秀成会引起其他麻烦，甚至如何向朝廷证明擒拿住李秀成都有问题，所以赵烈文赶紧赶到曾国荃营帐劝诫。曾国荃开始时盛怒不听，继续让士兵割李秀成臂上之肉，李秀成默默忍受，不出一声。过了一会儿，洪秀全之兄洪仁达被带到，曾国荃命士兵也同样割洪仁达，洪仁达也表现得不卑不亢，与李秀成一样默不作声。赵烈文见无法劝解，便悄悄退出。但曾国荃忽然领悟赵烈文的用意，命将李秀成监禁，然后找赵烈文商议缓诛的事宜，两人也担心献俘等事所引发的后果，最后决定，等曾国藩来到再作打算。

五日后，曾国藩来到了天京。他面临的第一件事是如何善后，其次，便是找到洪秀全遗骸，以便证实洪秀全确实已死。七月三十一日，在洪秀全天王府宫女的指点下，湘军终于找到了洪秀全尸身。现在，曾国藩面临着如何处置李秀成的问题。按照曾国荃原来的想法，曾国藩也打算将李秀成立即就地处死，但这的确是个非常敏感的问题，因为朝廷传达下来的意思是要将李秀成押送京城献俘。曾国藩来到天京以后，先让李秀成将自己多年参战的经历写下来。李秀成用了几天时间共写了五万字以上，其中详细叙述了自己参加太平天国的经过，并总结了太平天国失败的教训，称作"天朝十误"。对于李秀成的处置办法，曾国藩也曾秘密征求身边亲信们的意见，但现在已无从考察，赵烈文一直强调说："此贼甚狡，不宜使入都。"最后，曾国藩还是决定，等到李秀成将自述写完后，再将其处死。但由此却留下了好几个千古之谜，其一，李秀成自己想投降吗？其二，李秀成被俘以后究竟对曾国藩说过些什么？为什么曾国藩要冒朝廷不满甚至责备的危险，将李秀成就地杀死，而不是选择押送京城？其三，李秀成的供词里究竟都写了些什么，曾国藩有

没有修改过？其实，这三个问题是互相关联的。

　　李秀成投降与否，这已经是一件历史公案。李秀成被押到曾国荃大营的当晚，赵烈文曾与他有过一次秘密长谈。谈到最后，据赵烈文观察，李秀成有些许求生之意，而且也说明当时各地都有他的部将活动，希望能让自己写封信遣散他们，免得这些人继续战争而被杀害。李秀成在自述中又写了包括十条的"收齐章程"，其主要的内容是愿意说服太平天国的残余兵将放下武器，以免双方战斗不息，戕害生命，但要求清军放过这些人，不要杀害他们，让他们解甲归田。这些话引出后人对李秀成是否真的要投降的猜测。以毕生精力研究太平天国史的著名专家罗尔纲先生一直认为，李秀成此举是假投降，他所用的是缓兵之计，其目的是能够设法再进行反清斗争，或掩护幼天王争取时间脱逃。但是，罗先生的意见没有为多数学者接受。直到如今，投降与否都缺乏较为确切的证据，所以才会成为千古疑案。

　　曾国藩在讯问李秀成时，李秀成说曾国藩大有才干，手下兵强马壮，如今的清朝气数将尽，东南半壁已是湘军的天下，如果曾国藩想要拥兵自重的话，自己愿效犬马之劳。当然李秀成说得非常婉转隐晦。李秀成本人对曾国藩的印象是很不错的，这在自述中多处可以见到。李秀成死前，曾国藩派人告知要处死他的事，李秀成竟说："中堂（曾国藩）厚德，铭刻不忘，今世已误，来生愿图报。"这句话是赵烈文在日记中记下来的。一个人在临死之前，却向他的敌人说来生图报，从这字里行间，很多人都猜测，李秀成本来今生就要报答的，是帮助与辅佐曾国藩成就一番更大的事业。这也可能是李秀成的第三种选择：自己既不臣服清朝，也不再恢复太平天国。不过，曾国藩既不打算造反，那么当然不能让李秀成入

李秀成

第八章
成功背后的隐忧

都。另一方面，在曾国藩看来，李秀成在朝廷面前极力赞美自己，如果到京城，又何尝不可以在朝廷面前继续搬弄是非，让朝廷加深对自己的猜疑，然后逼迫曾家兄弟造反。即使朝廷不完全相信李秀成，但猜疑肯定会继续加深。现如今天京既然攻下，太平天国已基本算灭亡了，曾国藩与清廷的关系变得十分微妙，这时候绝对不能再出新的问题。这就是对赵烈文"此贼甚狡，不宜使入都"一句话最好的解释。除此之外，曾国藩还有一些事情选择隐瞒朝廷，例如洪秀全原本是病死的，但曾国藩出于政治目的却奏报说是服毒自杀，这等于是欺君，所以此事也不能让李秀成到京城说破真相。

对于李秀成在被害前写的五万余字的供词，现在一般称为《李秀成自述》。李秀成写完后，曾国藩立即予以删改，然后迅速杀李秀成灭口，等李秀成死后，曾国藩再将经他删改后的供词抄送京城朝廷一份，同时又在安庆刊刻向社会公开，后来，各地书商据安庆刊刻本进行大量重印，普发全国。但这些内容都是经曾国藩删改过的，李秀成写的原稿真本一直密藏在曾家，并且一直秘不示人，这一点自然会引起人们很多猜测。

对于李秀成写的原稿，曾经过曾国藩的删改、撕毁这一说法，目前史学界多数人较为接受；当然，也有人认为李秀成的原供是曾国藩毁掉李秀成原稿后，参照李秀成原自述的内容，然后命人模仿李秀成的笔迹伪造的。虽然这两种意见大相径庭，却都各有各的道理。如此一来，李秀成自述自然也就成为千古之谜，难以破解。

荣耀与失落

咸丰十一年（1861）八月，咸丰皇帝病死在热河，此时懿贵妃叶赫那拉氏在众人的帮助下让皇长子载淳继位，是为清穆宗。穆宗是清朝第十位皇帝，也是清军入关以来第八位皇帝，不过载淳登基时尚且年幼，仅五岁。十一月，叶赫那拉氏与恭亲王奕䜣两个人联手发动了著名的"辛酉政变"，当时咸丰帝在驾崩前指定的"顾命八大臣"中有三人被杀，五人被革职。这一年，叶赫那拉氏与咸丰皇后钮钴禄氏一同垂帘听政，两人共同更改年号，是为"同治"。

号称"鬼子六"的恭亲王奕䜣，在慈禧的大力支持下，逐渐掌握了朝廷的军政大权。他积极设立了总理各国事务衙门，自己开始担任总理大臣，然后一心一意地办起洋务来。因为他能够比较理性地和洋人打交道，不像那些顽固派的人物那样妄自尊大，所以很快便得到了洋人的支持。

当时曾国藩的直接领导人，已经从咸丰变成了慈禧。回想起自己第一次见到慈禧太后，是在同治七年十二月十四日，也就是公元1868年1月8日，那个时候的曾国藩刚从两江调任京城，他奉命赴京拜谒同治皇帝和两宫皇太后。虽说此时曾国藩与慈禧只是初次见面，两人却早已"相知甚深"，而且彼此均对对方"感恩不尽"。从一定程度上来说，是慈禧帮助曾国藩成就了"中兴名臣"的一世功业；曾国藩这时候也深知慈禧的地位与对自己的重要性，于是投桃报李，用心帮助慈禧打击太平军，暂时地保住了摇摇欲坠的大清江山。

从慈禧委曾国藩以军政大权开始，一直到攻破南京，一共用了三年七个

第八章
成功背后的隐忧

月,此时战场局势由被动变为主动,由劣势转为优势,湘军以十余万之兵,大胜太平军号称的百万之众,这在中国近代战争史上,又成为一个以少胜多的奇迹。

除去了大清王朝的心腹大患,曾国藩顺利加官晋爵,被朝廷封为一等侯爵,世袭罔替,不久以后又授予武英殿大学士,这一册封也实现了他封侯拜相的平生夙愿。一时之间,曾国藩在朝中声望大振,如日中天,"中兴名臣"等等桂冠,也接踵而至。可是,令曾国藩万万没有想到的是,他这个荣誉与"红人"并没有当得太久,当他沉醉在这些册封的喜悦之中时,忽然接到朝廷寄来弹劾他的奏章抄本。曾国藩看后顿时汗如雨下,惊慌不已。

就在曾国藩围攻南京之时,朝中便到处流传洪秀全的天王府中是"金银如海,财货如山"。朝廷得到消息后,立马想要收缴入库,因为此时的清朝早已是国库亏空,入不敷出。可曾国藩在攻破南京之后,除向朝廷上缴了太平天国的两方玉玺和一颗金印之外,就声称再无其他财物。于是,朝中顿时对此议论纷纷,而后谤言四起,那些素来忌恨曾国藩一路高升的官员,乘机连上劾章,要求慈禧对此严办,大家纷纷建议将曾国藩革职查办,因为窝藏之罪,让他永世不得翻身。

在此关头,慈禧即使不将曾国藩革职查办,想要服众,也必须让曾国藩出面解释清楚,将事实真相大白于天下,但这样的话曾国藩的声誉也会受到影响,大为减损。慈禧经过详细考虑后,权衡利弊,决定帮助曾国藩,她深知湘军这颗棋对她的意义,如果让他们在这时吐出这些财物,无异于与虎谋皮,直接把曾国藩以及他的军队推向了对

慈 禧

立面。她认定眼下时局，不能鲁莽行事，一切都应以安定为重，此时不如做个顺水人情，收买人心，以此实惠酬谢曾国藩的劳苦，也可激励今后为朝廷用心办事的其他人。于是，慈禧看准机会，在左宗棠的一封奏折上批道："朝廷于有功诸臣，不欲苛求细故。"这道谕旨，随后立即颁示全国，这一下让那些处心积虑要看曾国藩跌倒的人，不得不大失所望，有所收敛，因为慈禧一句话，既保全了曾国藩的名誉，也保全了她现有的地位，真可谓"一举两得"了。

对慈禧的这一举动，曾国藩自然是感恩不尽，从此更加心甘情愿为慈禧效力，后来在担任直隶总督时，他依然小心处理"天津教案"，其间更是秉承慈禧意愿，不敢有丝毫违拗。当然这是后话。如果当年没有慈禧的委以重任，大胆授予实权，曾国藩很难成就如此大业，赢得旷世美名；但同样，如果没有曾国藩的奋力勉行，拼命厮杀，全心全意剿灭太平天国，慈禧也难保自己的大清江山，所以都是相互作用的。

审时度势　明哲保身

经过剿灭太平天国运动的军事行动以后，现在在曾国藩面前有两条路可以走，其一是继续前"进"，也就是拥兵造反，推翻清廷，自立为帝，开拓一番新景象与局面；其二是向后"退"，也就是要自剪羽毛，解除朝廷对自己的担心与疑忌，为求自保，解散湘军。对于曾国藩来说，经过多年战争后，他显然不愿意再继续打仗了，多年的战争已让他感到非常厌倦，再加上自己的身体和精力已大不如前。如果继续争权夺利，对于他来说，要耗费太大的精力，而且自己也没有这个兴趣。曾国藩深知水满则溢，月满则缺的道理。因此，曾国藩宁愿自己有所缺陷，不是那么完美，他把自己住的地方，命名为

第八章
成功背后的隐忧

"求缺斋",也正是这个意思。不仅如此,曾国藩也越来越迫切想离开官场,退隐归田,颐养天年,在往后不多的岁月中,尽情地去享受生活,与家人团聚共享天伦。

退一步讲,就算自己选择改朝换代,就一定有十足的把握取胜吗?曾国藩清楚地知道周围的形势,湘军只是清廷进攻天京的一个先锋,螳螂捕蝉,黄雀在后,在他的身前左右,朝廷为了提防他,早就布置了眼线与大量兵马。例如在天京的西部,官文驻守武昌,据长江上游;在东部,富明阿、冯子材驻守扬州、镇江,据长江下游;在北面,僧格林沁屯兵皖、鄂边境,一行人都虎视天京。这些人马,既和湘军毫无关联,也和湘军关系密切。因为既可以说是来支援湘军,作为后援部队的;也可以说是来防备湘军,怕曾国藩有所不轨的。在这样的情况下,自己竭力冒险与朝廷公开为敌,那么做岂不是自寻死路?

既然前进的路走不通,那么,身心疲惫的曾国藩就不得不寻求退路了。曾国藩心里清楚,在这种情形下,只有自己迅速表明态度,才能安全度过这段危险时间。其间,曾国藩无论在公开场合,还是在私下的日记中;无论是在给朝廷及同僚友朋的奏章和信函里,还是在给自家兄弟与儿子的家书中,他都用不同的语言和口气表达相同的意思,那就是胜利并不是属于他一个人的,自己虽然有功,但受之有愧。并且,一向稳重谨慎的曾国藩此时变得迅猛异常,他首先果断地杀了李秀成,让自己不用担心后顾之忧,随后立即向朝廷上了一本《粗筹善后事宜折》。在奏折中,曾国藩对朝廷有两点建言:一是在两江范围内,全面恢复科举,让百姓生活可以快速安定下来;二是请求裁减湘军,或由他人统帅。这些决定都刚好中清朝高层统治者们的下怀,很快,朝廷便同意了曾国藩的意见。

曾国藩收到回复以后立即大告两江,十一月份,他将在两江地区开始恢复科举,进行甲子科乡试。曾国藩暂且先放下两江总督衙门、江宁布政司、江宁知府等官衙的兴建计划,将这些经费用在两项建设上:一是重修满城;二是恢复江南贡院。修复满城,主要是出于政治原因,曾国藩打算以这样的

行动证明自己，让朝廷完全消除对于自己拥兵自重的怀疑，曾国藩目的就是表决心，表尊重。曾国藩清楚地明白一个朝廷此时的心理，也明白当时统治者的恐慌。至于恢复科举，也全是为了民心着想。作为一个曾经的读书人，曾国藩一直想为天下的学子作点贡献，而且，恢复江南贡院，可以明显地笼络江南士子的心，这样做能够起到稳定局势的作用。事情果然如曾国藩所料，科举的恢复，使得社会一下子变得井然有序起来，两江一带的年轻书生也看到了希望，便又开始专心求学，变得安分守己了。

在裁减湘军方面，曾国藩也是煞费苦心。他向朝廷建议，经过这么多年的战争，湘军已逐渐老化，于是奏请裁汰遣散，他想马上大面积裁剪三四万人，让其归家去。没等朝廷答复，曾国藩就擅自做主，以曾国荃有病为由，奏请朝廷，让其回老家养病，不要安排曾国荃担任要职。因为曾国藩很清楚，毫无城府的曾国荃会因缺乏冷静而坏事，并且，曾国荃因为攻城之后的大肆屠杀，以及太平天国银库大量金银失踪事件，得罪了朝廷内外很多人，如果不暂时避一避风头，很可能会遭到这些人的报复。而曾国藩的这些请求正中朝廷下怀，朝廷很快同意了曾国藩的意见，并且，在上谕中重点慰问了曾国荃一番。慈禧还特意让钦差送来慰问品，以示龙恩。直到此时，曾国荃才知道了事情的前因后果。曾国藩的做法让曾国荃很生气，他以为兄长是有意排斥自己。后来，在湘军将领秦淮河的一次聚会上，曾国荃借着酒兴，大发牢骚，弄得曾国藩非常尴尬，但曾国藩没有责怪他。不久，曾国荃的生日到了，曾国藩派赵烈文带礼物前去祝寿，并特意为曾国荃写了七绝十二首，句句出自肺腑，曾国荃看后泪如雨下，至此终于明白了曾国藩的一片苦心。

八月十五日，曾国荃亲自来到了曾国藩的住地，找曾国藩进行了一次推心置腹的长谈。这一回，曾国藩将自己的担心和苦闷向弟弟和盘托出，曾国荃听后才恍然大悟，他顿时明白了事态的危险，也明白了哥哥此番的理由。曾国藩告诫曾国荃，现在只剩下急流勇退一条路了，要想保全自己，只有退一步海阔天空；但即使是退，也要讲究方法，要谨慎行事，千万不可因乱生变。

遣散湘军的那段时间，两江总督府里不断有人进进出出，人来人往，很

第八章
成功背后的隐忧

多曾经浴血奋战的弟兄都是来跟曾国藩告别的。此外，大家都还有一些嘱托，曾国藩都一一应允了。两万五千多名湘军很快就被遣散了，曾国藩虽然心里有所不舍，但他不得不果断一些，他明白越割舍才能越安全，这支部队如果不迅速解散的话，那么，后果将不堪设想。

因为湘军大队人马的解散，东南局势也随之变得平稳起来。不仅仅是曾国藩本人，很多人都为此松了一口气。不过让曾国藩稍感宽慰的是，湘军并不是全部解体了，朝廷还是把水师保留下来了，而且将湘军水师改编为长江水师，纳入了朝廷的正式编制。这一点，对于湘军征战多年的弟兄而言，也算是一个交代。

值得庆幸的是，朝廷也保留了淮军。这支由李鸿章一手组建的队伍，也是精锐之师。以李鸿章处世的圆滑和机智，曾国藩对他非常放心。淮军也归属过曾国藩的管辖，因为李鸿章是在他的指导下逐步成立淮军的。况且有淮军在，自己以及家人就会很安全。因为现在战事还没有真正平息，在北方到处逃窜的捻军异常活跃，淮军打仗剽悍，装备优良，对北方的地形也比较熟悉，去担当围剿任务比湘军更为适宜。至于其他方面，除曾氏兄弟的直辖湘军被裁撤之外，左宗棠部湘军也由六万余人裁去大半，其余江西、湖南等地的湘军也大部被遣散。这支庞大的队伍，正在逐渐地消失。

不过这一切曾国藩也都慢慢接受了，因为他明白每个事物的诞生都是有使命的，使命结束了，自己离消散也不远了。

第九章
力不从心步履艰

打捻无功　防河失败

"捻"是淮北方言，大意是一群、一股、一伙，淮北人称之为"捻子"或"捻"。很多人认为捻子产生在嘉庆年间，当然也有人认为康熙年间就有捻子存在。最初他们只是一捻一捻地分散贩卖私盐，这些人有时候也与弹压他们的官府进行对抗，他们主要活动在安徽、江苏、河南、山东、湖北几省。当太平天国揭竿起义之时，捻党也开始扯旗造反，对外号称捻军。太平天国定都天京并派兵进行北伐后，捻军的人员也更加活跃。但捻军和太平天国有很多不同的地方，这些人喜欢分散作战，平时都是靠打家劫舍起家，而且互不统属，对朝廷的抵抗也没有明确的政治目的。

在咸丰五年（1855）时，各路捻军聚集在安徽亳州雉河集（今安徽涡阳），大家经过商议共同推举张乐行为盟主，另外一个主要首领叫龚得树，虽然有了较为统一的制度，但他们互不统属的特点并没有完全改变。这些人曾经也接受过太平天国的领导，并多次辅助与配合陈玉成的军队作战，但之后仍保持行动自由，也就是所谓的"听封不听调"。

当湘军攻占安庆后，英王陈玉成在庐州（今合肥）派扶王陈得才、遵王赖文光等人远征西北，希望他们能够另外打出一条路来。在都城天京被清军包围的紧急情况下，陈得才和赖文光立即兼程回援，但因沿路都遭到清军堵截，所以他们走到鄂、皖之交时，天京就已被湘军顺利攻陷。此时的盟主张乐行已在大清蒙古亲王僧格林沁的攻击下败亡，而其他捻军则大多加入太平军的队伍。最初僧格林沁在作战方面的确是取得了一定的胜利，同治三年（1864）十一月初，僧格林沁与陈得才在安徽霍山黑石渡展开了激烈的战斗，

第九章
力不从心步履艰

由于有许多捻军部将投降清军，陈得才大败而归。经过这一战，陈得才觉得太平天国的事业已经没有希望，于是选择仰药自杀。

清廷和僧格林沁都认为太平军和捻军遭受了重创，已是强弩之末，以后不难将他们一鼓荡平。让人想不到的是，太平军和捻军在遵王赖文光的统率下，竟然开始重新振作。赖文光经过考虑与总结，将部队做了一个很大的整顿，原来的太平军较为擅长打千里纵横奔袭的运动战，而当时的捻军擅长作聚而散、散而聚的游击战，赖文光根据这两支队伍的特性，决定发挥这两种战术的长处，他仔细考察敌军僧格林沁军队的情况，然后改步兵为骑兵。当清军前来攻击时，捻军可以迅速退却，故意引清军追赶，这样就可以拖得清军精疲力竭，然后乘清军不备之时，再选择突以骑兵包抄消灭，这种战术在实际运用中也是屡屡奏效。僧格林沁勇猛剽悍，但在军事上却疏于算计，加上个人的脾气又特别暴躁，所以屡次中了捻军之计。

同治四年（1865）初，赖文光使用这种战术对付僧格林沁。捻军有时会进兵山东，有时却又退到江苏。他们前进时就如同急风暴雨一般行动快速，后退时又踪迹难寻让人难以追上。僧格林沁经过前期的胜利本来就存有轻敌之心，他以为捻军不敢与他交战，但之后他又求战不得，所以情绪非常焦躁。僧格林沁常常几十天不离鞍马，很少休息，每次都是率部下日夜狂追，直到筋疲力尽，他这种不顾一切地猛追方式让赖文光欣喜不已。到了五月初，捻军已拖着僧格林沁在河南、山东、江苏三省交界跑了几千里，拖得清军人困马乏，十分疲倦。而且僧格林沁的骑兵猛追捻军，但步兵则行程很慢，被拉下很远，造成步、骑分离，由此，便完全失去了互相配合互相掩护的作用。赖文光正是看准了这次机会，联合了山东地方的武装部队，在山东菏泽西北的高楼寨提前设好埋伏。半个月后，当僧格林沁率骑兵冲进高楼寨时，便立即陷入了捻军的重重包围，经过一番惨烈的厮杀之后，僧格林沁以惨败收场。而且在突围的时候，僧格林沁也不幸被捻军杀死，除他的部将陈国瑞带伤逃走外，僧格林沁的骑兵在这一次战役中全部被消灭。

捻军杀死僧格林沁后，并没有选择乘胜追击，从而展开大规模军事行

蒙古亲王僧格林沁

动，而是向南回到淮北进行进一步整修。曾国藩离天京北上之时，捻军正将安徽布政使英翰包围在雉河集，英翰无奈之下，只得率二十余骑突围出外求救，并且下令让部下史念祖率兵坚守待援。曾国藩得知此消息后便立即命淮军周盛渡部、刘铭传部分头增援雉河集。等到清军援军聚集，捻军出现缺粮状况，赖文光等决定采取运动战的方法，令捻军兵分两路向西进入河南。曾国藩随后进驻徐州。

不久捻军进入湖北等地，恰好当时湖北的湘军成大吉部发生哗变，成大吉不仅镇压不住，而且就连他本人也都受了伤，捻军乘此机会与哗变的湘军相结合，一时间，声势大振，两军合力占领了湖北的黄冈、黄安、黄陂、孝感等地，此后蔓延数百里，并在此过程中于黄陂杀毙清军总兵梁洪胜。省城武昌极为震动，将领官文飞书请求周边支援。曾国藩也急忙调刘铭传前去支援黄州，而清廷也命曾国荃再次出山协助，并出任湖北巡抚一职，以便加强湖北地方的防卫，尽快消灭流窜作乱的捻军。曾国荃积极召集旧部，募湘勇六千人前往湖北赴任。

但等到清军援军全部聚集在一起时，捻军又使用运动战的战术，全军迅速退出湖北，然后长驱进入山东。等清军援兵赶往山东时，捻军又再一次转移方向，奔往河南。在这期间，鲍超和另一支淮军刘秉璋部也加入了这场剿捻的战斗中，曾国藩此时指挥的总兵力已超过八万，这与当年对抗太平军时的人数有很大不同，但现在面临的问题是捻军的流动速度太快，又分成多股，很难掌握其行踪。曾国藩把游击之师从刘铭传和李昭庆两支逐渐增加到

第九章
力不从心步履艰

六支，但因捻军撤离行动迅速，曾国藩始终也找不到合适的决战机会。他的军队也在这个过程中多次打败过捻军，但捻军一败就走，而且是一日夜行百里以上，所以清军想要聚歼捻军时，捻军早已不在此地。

到了同治五年（1866）六、七月间，曾国藩再一次改变战略，将部队进行调整。这时的捻军各股主要聚集到河南省沙河、贾鲁河以西以南，曾国藩根据部下刘铭传的建议，相应地制订了防守沙河、贾鲁河的计划。此计划的核心是将捻军阻遏在沙河、贾鲁河以南以西，然后将其逼向河南、湖北交界处，因为该处山多田少位于山区，方便作战，最后再聚集湘淮军将其一举消灭，此谓防河之策。但是沙河自西向东长达千余里，而贾鲁河又泥沙淤积，加上湘淮军人数不足，无奈之下他们只好补充以河南的豫军。因为湘淮军在行动方面不及捻军迅速，所以才会采取这类办法。曾国藩希望此举奏效，但也没有完全指望会顺利执行，他事先奏报清廷，说贾鲁河上游朱仙镇以北到省城开封大约十里，从开封再往北到黄河岸大约三十里，全部豫军只需要守在这七十里的地段即可，虽然这地段距离较短，但七十里全是沙地，所以挖壕筑墙都非常困难。如果将来得胜，那么守这七十里的豫军要一同论功行赏；如果整个防河计划不成，他也甘愿自己一个人承担责任，而请朝廷不怪罪河南巡抚李鹤年。

防河之策部署一个月后，湘军刘松山、张诗日部在河南周家口西北的西华、上蔡一带成功击败捻军张宗禹部，一共击杀捻军五千余人。而捻军统帅赖文光、任柱等人正试图向东突围，被淮军潘鼎新部发觉，然后适时击退。南部战线，鲍超从湖北枣阳向淅川、内乡出发，主要防西路；而郭松林主要是防湖北北部东路。另有彭毓橘、刘维桢各部随时进行支援。一时间，清军似乎已把捻军团团包围。但是各路捻军再一次会合后很快发现贾鲁河上游河南豫军防守的开封南北一段，是清军的薄弱环节，也是最好的突破口。

中秋节过后的一天，捻军毁掉豫军壕墙，冲过贾鲁河，豫军三营没能及时堵住，等到驻朱仙镇的刘铭传发现这个情况时，捻军已冲过贾鲁河，直奔山东。虽然湘军在追击的过程中杀伤了不少捻军，但曾国藩的防河之策还是

宣告失败了。此时捻军赖文光、张宗禹、任柱、牛洛红各持一支队伍，直奔山东，打算冲过运河。

自曾国藩受命攻打捻军以来，他的身体一直不好，一直也是心绪不宁，所以捻军能够冲破贾鲁河防线，也并不是完全意外的事情，但此后曾国藩身体更加恶化。曾国藩想请朝廷派左宗棠和李鸿章其中一人接办剿捻，同时他还写信告诉了弟弟曾国荃。随后细想，如果左宗棠来，那么淮军、自己统率的湘军、曾国荃部下以及鲍超之间都不容易合作，还是李鸿章前来会比较妥当。于是他一面布置防堵，一面奏请朝廷让李鸿章驻徐州，负责东路及山东防务。

捻军此时虽然冲破了沙河、贾鲁河防线，但在向东进军时，却没能冲破曾国藩布置的运河防线。不得已，捻军只好又转回河南省。捻军一直都喜欢分兵作战，十月中旬，捻军在河南中牟一带又一分为二，一支由张宗禹、邱远才统率，向西进入陕西，被称作"西捻军"；另一支由赖文光、任柱统率，仍停留与活动在河南、山东等地，被称作"东捻军"。这东西两支捻军此后就再也没有会合到一起。

第九章
力不从心步履艰

举政已经力不从心

曾国藩从同治四年（1865）五月初开始接受朝廷的命令，进行剿灭捻军方面的工作，到第二年八月中旬东捻军攻破河防的时候为止，整整用去了一年零五个月的时间，虽然耗费了不少的人力与物力，但最终却以失败告终。对于他的失败，首先的问题依然是长于策略，短于指挥，所以，他每次亲临指挥战争的结果都是失败。其次，曾国藩此时的年龄已大，凡事有些力不从心，斗志比起当年也锐减了许多。本来在湘军攻破南京后，他应该告老还乡，但他却心怀侥幸，且舍不得高爵厚禄。与此同时，他的指挥命令也难以生效。湘军在攻打太平军的过程中之所以能够取得成功，主要是因为曾国藩是湘军的主创者，所以他才能够自如地加以指挥，身边很多人也给了他不少的帮助；而他在剿捻时所依靠的主要力量已经不是湘军，而是淮军，还有其他地方部队，这便屡屡让他感到指挥不灵，军队的战斗力也不断减弱。

关于这点，在剿捻过程中也有所体现：曾国藩在同治四年五月由南京出发时，他带领的是九万左右的军队，但其主力主要是李鸿章手下的淮军。虽然淮军和湘军之间有着很深的渊源，但毕竟人马还是归李鸿章所掌控。曾国藩在开始时也考虑过这些，所以他才会决定调李鸿章的弟弟李鹤章前来，负责处理营务方面的工作，同时，曾国藩又将李鸿章的弟弟李昭庆也调到了剿捻的部队里去，如此，便可表明曾国藩对于淮军和李鸿章的重视程度。同治五年（1866）三月十六日曾国藩写了一封信给李鸿章，这封信有着极其丰富的内容。其实，早在曾国藩开始剿捻时，他就已经发现自己难以控制淮军，只有李鸿章才能够控制它。所以他才会说出"淮勇非君家不能督率"之类的

话语，此时的他在心中已经有了些许的怨气。

不仅如此，李鸿章对剿捻的工作也进行了非常明显的干预。如曾国藩调李昭庆原本是打算让他去徐州训练马队，这样可以防备将来游韩庄一带水深可恃，但李鸿章是让其赴徐接防。同年七月，李鸿章建议曾国藩暂时撤销刘铭传的工作，但刘铭传部在曾国藩的剿捻工作中有着非常重要的作用，如果此时撤消刘铭传的职务，那么今后曾国藩的剿捻工作很难顺利进行下去。经过一件又一件的事情后，曾国藩终于无法忍耐，他必须要中止李鸿章的这种行为，他在七月十八日给李鸿章的信中，委婉提出了一些警告，除此以外，也别无他法。因为既然当初自己将湘军裁撤，消除朝廷对自己的怀疑，而且也已经达到了这个目的，现在自然不可能再依赖自己组建的湘军为主力去剿捻。而且，他也明显感受到自己终将被学生李鸿章取代的事实。

除上述原因之外，则还有来自朝廷的各种隐形压力。特别是曾国荃的事情，令作为兄长的曾国藩寝食难安。因为曾国荃不计后果积极参劾湖广总督官文一事，非常棘手。曾国荃自从太平军手中夺下天京之后，一直以身体欠佳为理由在家休养。同治四年（1865）六月十六日，曾国荃被朝廷任命为山西巡抚。七月初八，曾国藩为弟弟呈上奏折，称他的病还没有复原，此时不宜担任山西巡抚的职务。在呈交奏折的同时，曾国藩也没有忘记向朝廷表明他此时的心境："值时事之多艰，念门庭之太盛，盛极而惧，若涉春冰。"次年正月，因为捻军大部分都集中到了湖北，清廷考虑地域熟悉情况，决定"为地择人"，于是又将曾国荃派去担任湖北巡抚，这一职务开始时是由郑敦谨所担任。曾国荃于三月十六日走马上任，前往武昌赴任，他虽为一省巡抚，毕竟还是处于湖广总督官文的控制范围内，所以，曾国藩在曾国荃前往武昌的时候，劝他一定小心为人，谨慎处世，对待湖广总督一定要礼貌谦恭，另一方面要善于用银钱前后打点，千万要熟谙官场之道。

然而，同年五月，曾国荃与官文之间的矛盾没有缓解反而更深了，起因是曾国荃以招收的士兵太多为借口，将由官文招募的五千名士兵全部裁撤，并且在没有与之商量的情况下执行，同时还没有给裁撤的兵勇发全饷。对

第九章
力不从心步履艰

此，曾国藩深感不安，他在五月初三给曾国荃写了一封信提醒了他。果然，官文对曾国荃此次的举动感到非常不满，觉得曾国荃置大家的颜面不顾，那让他继续留下来只会增加矛盾。但是若直截了当地把曾国荃赶走，也是比较难办的事情。于是，经过思考，他想到了玉皇大帝封孙悟空为弼马温这个故事，受此启发，他也想办法由朝廷出面把曾国荃给调走。他立即给朝廷递上奏折，称鄂北捻情严重，希望能够使曾国荃以帮办军务的名义将他的军队带离武昌。果然，朝廷听信此言，中了官文的计，于七月二十六日下谕旨，办成了这件事。

这道圣旨对于只会在战场上拼杀的曾国荃而言，并不完全知情，因此，他不知道回复朝廷。随后，他便书信曾国藩，因为兄长精于官场之道，所以一定会为他分忧，帮其出谋划策。曾国藩在八月十二日的回信中对他的弟弟讲明了此事，并深入浅出地分析了背后的故事，以及此职务的实际情况。曾国荃接到曾国藩的这封信后，明白了前因后果，非常气愤，他非常痛恨官文戏弄了自己，于是立即决定参劾官文。当时，曾国藩的军队在周家口驻扎，八月十九日他还约曾国荃前来相见，但他听到曾国荃有这样的想法后，立即不让他来了。

八月二十三日，曾国藩听到弟弟参劾官文的消息，便立即写了一封长达六页的信，曾国藩特意提醒曾国荃，在官场中参奏一个人时一定要万分慎重。而后不久，他又给曾国荃写了一封信，再次提到了弹劾官文之举并不正确，还说强横如左宗棠之人，都不会选择去做弹劾官文之事，劝告曾国荃千万不要这么做。

事实上，曾国藩对弟弟的顾虑也是有一定道理的。朝廷在收到曾国荃的劾章后，将官文湖广总督的职务直接罢黜，将他调回了京城。但这场胜利并不简单，也不是人们表面上看见的那样，曾国荃在这场无声的战役中并没有因此得到多少收益，其中一个直接后果就是把一些和官文私交甚好的官员给得罪了，即使是天子，对他的恩宠也越来越少了。

剿捻工作的交接

同治五年（1866）十二月二十五日，曾国藩派人将钦差大臣关防送到驻徐州的李鸿章处，这一举动代表着将剿捻之事正式移交给李鸿章，此时的曾国藩还驻在河南周家口。他在周家口过了旧历的新年之后，便于同治六年（1867）正月初六离周家口前往徐州。几天后，李鸿章在徐州将两江总督关防亲自交还给他，李鸿章还担心他的老师会就此引退，因为这样也会导致剿捻的军队缺粮缺饷，所以当晚，李鸿章又来劝曾国藩前往天京就任两江总督。此时清廷对南方各省的人员调动方面又作了一番调整。除曾国藩仍任两江总督外，李鸿章任湖广总督，其兄李瀚章任江苏巡抚，李瀚章之前主要是为曾国藩办粮台，而后节节高升。当然，李鸿章在还没有赶往湖广总督任以前暂行署理湖广总督；李鸿章的亲信丁日昌也被调为江苏布政使；与曾国藩关系甚密的刘韫斋（刘崐）则为湖南巡抚，这一消息对曾国藩来说算是个安慰。

之前，曾国藩的确打算就此辞掉官职，回故乡颐养天年。但是为了顾全大局，最后还是决定回任两江总督。他不得不感叹自己是位高权重，难以息肩。将李鸿章送走以后，曾国藩也于三月二十一日离开徐州开始南下，回到南京两江总督的任所。

自同治四年（1865）六月出师开始，至此已有一年半的时间，这段时间里，曾国藩周历江苏、安徽、山东、河南各地，亲眼见证因为战火破坏，老百姓生活的苦况，他在日记中写道："余自北征以来，经行数千里，除兖州略好外，其余目之所见，几无一人面无饥色，无一人身有完衣，悉为数省军

第九章
力不从心步履艰

民之司命，忧愧实深。又除未破之城外，乡间无一完整之屋。"他又由此联想到自己湖南老家的情况，因为前不久家里来信说修整房屋用了七千串钱，对此，他感到尤为惭悚，其实，对于一个协办大学士兼两江总督而言，修理房屋只用了七千串，已经是非常少了，但一向主张节俭的曾国藩为此感到很不安，因为此事，他还特别写家书回去责备儿子曾纪泽。

同治六年（1867）三月初六，曾国藩回到了阔别已久的南京城。南京城的百姓对他的到来还是欢迎的，在曾国藩路经之处的百姓家，基本都用香烛爆竹表示对他回任的欢迎。因为没有剿平捻军，没有给当地的百姓带来一个真正太平安定的生活，曾国藩的内心在感到安慰的同时，却又感到十分惭愧。

曾国藩回到南京两个月后，清廷将他的协办大学士职位升为大学士，虽然说大学士在清朝已少有实际的权力，但对于一个文人来说却是最崇高的头衔。曾国藩在心情郁闷之时，听到此消息也总算有一个安慰。这时候，李鸿章主要是在中原地区负责剿捻，而左宗棠则赴任陕甘总督，左宗棠的主要任务是剿平西捻军和甘肃的回民造反，以后还要进兵新疆。因为在作战特点方面南方和西北地区不同，所以左宗棠对自己管理的队伍作了大幅度的整编，原来本属曾国藩的湘军刘松山部已顺利进入陕西地区，直接由左宗棠亲自指挥，后来，刘松山的部队在驱逐阿古柏侵略势力的过程中立了首功。

捻军分为东西两支军队后，在大形势下对朝廷有利，但是就在曾国藩把钦差大臣关防交给李鸿章之时，东捻军甩脱山东一带的淮军，直接奔向了湖北。而淮军不远千里追来，湘淮军在湖北与捻军进行了三次猛烈对抗。第一次在同治六年（1867）元月，淮军郭松林部遭到东捻军的伏击，大败而归，主将郭松林也因此多处受伤，接着淮军张树珊部孤军进攻捻军大败，张树珊不幸战死。第二次在二月，淮军刘铭传部与湘军鲍超部联合攻击捻军。刘铭传因为贪功，不等到事先约定好的时间就发动急不可耐的进攻，结果为捻军所败。等鲍超带领军队赶到，从捻军侧后发起进攻，这才转败为胜。但刘铭传没有感谢鲍超的援助，反倒怪鲍超误期，主将李鸿章又非常袒护刘铭传，

鲍超一怒之下，托病退职，曾国藩耐心苦劝，但屡劝不听，无奈之下他只好将鲍超所部三十多营遣散。第三次在三月，曾国藩的表弟彭毓橘率曾国荃任湖北巡抚以后新募的湘军三千人在蕲水一带被捻军包围，彭毓橘在此战役中战死，此后，捻军就没有再取得更大的胜利。

六月以后，捻军冲进山东，突破运河防线，这本来是一个阶段性的胜利，但是李鸿章用计，反倒趁机调整部署，将捻军逼在运河以东，黄河以南地区，然后命人堵住四面。此策称为"倒守运河"，这一策略实际上仍是原来曾国藩所用，只是地点改变了而已。不过因为运河地段太长，各军尤其是刘铭传、潘鼎新两军太过疲劳，所以连曾国藩都怀疑是否可以成功，他觉得保险起见还是让李鸿章放弃。幸好李鸿章坚持这倒守运河之计，因为一放捻军过运河往西，捻军可以活动的面更大，这也是后患无穷。捻军左冲右突，但始终没有冲出包围。次年元月，捻军首领赖文光在江苏扬州东北被俘，东捻军覆灭。

西捻军进入陕西后，一直都在陕西境内盘旋。同治六年六月，左宗棠分兵三路进入陕西，联合早已进入陕西的刘松山及其他清军，双方合力压迫西捻军到陕北，想将西捻军聚歼于陕西。不料西捻军利用冬季天气寒冷，黄河封冻的时机，众人一起踏冰冲过黄河。次年二月，西捻军进军直隶，抵近保定，造成京师朝野震动。左宗棠随后立即率军到直隶，李鸿章率淮军也赶来参战，清廷命李鸿章为统帅总领各军。几经周折，捻军于四月又渡运河到了山东、直隶交界一带。李鸿章再次使用之前歼灭东捻军的办法，将西捻军全部压缩在黄河、运河和直隶沧州以东的减河这三角地带以内。恰逢这时各河水涨，清军便决定将运河水灌入减河，又将黄河水灌入运河，这样就可以让水师能够驶入黄河、运河，捻军被彻底围死在这三角地带。八月，捻军最后挣扎无力，失败告终。

虽然捻军不是在曾国藩的指挥下剿灭的，但是过程中所用的战略，事实上还是曾国藩的重点防御，另以游击之师追剿的办法。防河的地点发生改变，但李鸿章后来的做法与曾国藩的几乎同出一辙。

第九章
力不从心步履艰

对于李、左两人的军事行动，曾国藩一直以来都是全力支持，当然他能做的如今主要还是在军饷方面。五月十日，曾国藩奏请将江海关的进口税原解户部的四成留下二成，一半为上海的江南制造局专造轮船用，另外一半充作前线淮军的经费。当东捻军被剿灭后，李鸿章要求以银五万两赏军，如果当时的两江总督是别人，很可能会少给，但曾国藩没有，他不但不打折扣，反倒要五万给了六万。

自1851年太平天国起事开始，至此时捻军被剿平，天下大乱整整历时十八年，全国几乎所有的省份都遭受战乱：湖北、安徽、广西、湖南、四川、河南、山东、江苏、浙江、福建、广东、贵州、陕西、山西、直隶，这些仅仅是清军与太平军及捻军交战的主要战区，还没有包括其他小规模造反波及的地方。所以，老百姓在这个过程中所遭受的苦痛是文字语言所难以形容的。现在，动乱终于结束，朝廷将此称为"同治中兴"。

按照历史的程序，战乱之后，和平来临，该是让人民休养生息、恢复经济的时候了。但是，朝廷以及这些"中兴名臣"，又遇到了更大的难题，那就是携带着先进武器的西方列强的步步进逼，此后，大家与大清朝该何去何从呢？

第十章
师夷长技以自强

求富求强举办洋务

洋务运动,又称自强运动,指的是从咸丰十年(1860)年底开始至光绪二十年(1894),清朝政府内的洋务派在全国各地掀起的一股"师夷之长技以自强"的改良运动。经过两次鸦片战争后,朝廷的统治阶级基本划分为"洋务派"与"守旧派"两种,他们讨论问题的核心是如何解决出现的一系列内忧外患的分裂问题,洋务派主要是利用官办、官督商办、官商合办等方式发展新型工业,增强国力,而守旧派则与之相反,他们极力压制这种新兴思想,主张保持现状。

洋务派以曾国藩、李鸿章、左宗棠、张之洞等人为代表,他们主张引进、仿造西方的武器装备和学习西方的科学技术,创设近代企业,在这期间,他们也进行了较为频繁的活动。例如创办军事工业、兴办军事学校、编练新式军队、开办民用工业、开办新式学堂、派遣驻外使节和留学生等。在这群队伍中,曾国藩是最先开始活动的,早在统治湘军的时候,他就办起了洋务运动的第一个工厂——安庆内军械所,还制造了第一艘轮船"黄鹄号"。

洋务运动最开始是由军事方面开始的,当时清廷形势紧急,迫切需要用新式武器镇压太平天国与捻军等大规模的农民起义。咸丰十一年(1861)年初,曾国藩上奏朝廷提出建议,希望在长江下游设立一个造船厂,用来供应湘军水师,主要目的是方便攻取天京以及苏、常等地,同时还可以扩大水军编制。军机处奕䜣、文祥等人接到折子后,共同对此进行了研究,他们认为要办一个船厂需要花费很长的时间,而且造好以后短时间内难以奏效,何况曾国藩要设立的船厂并非新式。因此,他们觉得与其费时、费力自己造,不

第十章
师夷长技以自强

如直接对外购买来得更加容易一些,而且购买回来的火轮船可以立即快速投入战斗,马上运用到镇压长江流域的农民起义势力上。

于是,朝廷经过与海关总税务司英国人赫德磋商,决定筹措几十万两白银,用于购买一支西式舰队。随后,朝廷便把这个消息告诉了曾国藩及地方大员,让他们"要筹具议"。曾国藩经过认真思考,否定了这个方法,他认为花钱购买外国的轮船、火炮,只是向他人寻求救济而已,而不能解决根本问题,与其这样,还不如遍寻能工巧匠,自己来制造属于大清自己的船只,如此一来,才能真正自强。况且,他认为,国人造船,不但可以节约成本,最为关键的是,还可以让自己人掌握这门核心的技术。将来,不但可以追剿逆匪,还可以抵御外敌入侵。

曾国藩对购买外洋船炮的认识,显然在当时是比普通人更高一筹。他知道利用洋船炮镇压太平天国仅仅是眼前的目的,而不代表今后长期如此。他早就意识到,将来火轮船必然会成为不可或缺的交通工具,所以,国家最好是自己掌握这门技术,而不是依靠他人。当然了,曾国藩也懂得借力使力的道理,将外国现有的先进轮船买过来,然后雇募科学研究者和能工巧匠模仿研究,达到自己制造的目的。曾国藩也一直强调,购得外国军舰,一定要把控制权抓在中国官员的手里,绝不能让外国人说了算,免得失去自主权。"师夷制夷",不能为夷所制,这种思想也是曾国藩办洋务的基本原则。

这段时间前后,早期维新派代表人物之一冯桂芬将自己的代表作《校邠庐抗议》送给曾国藩。曾国藩对书中"采西学""制洋器",发展军事和民用工业等内容十分感兴趣,他认为这是"名儒之论"。这本书也对他后来的洋务思想产生了较大影响。在洋务运动期间,曾国藩首先在安庆建起了兵工厂,并委派杨国栋负责这件事情。杨为筹办军械所到处搜罗人才,先后把浙江海宁著名学者李善兰、江苏金匮(今无锡)数学家华蘅芳、徐寿等人请至安庆。同时,还雇用了数十名工匠、技师,后来还设法从广州、上海等地买来一批洋枪、洋炮、开花炮弹的样品,交给这些匠师当试验品,让他们加以研究、仿造。

139

匠师们很快便试制出一批洋枪、洋炮。曾国藩把湘军军官和幕僚组织集合在安庆演武场上，大家一起试看洋枪洋炮的演射。当新制成的武器展现其威力、射速、射程、准确度、杀伤力以后，在场的人都兴奋了，这的确要比清军在战场常用的鸟枪、抬枪和以火药顶出炮膛的铁沙、石块的大小土炮强很多。曾国藩更兴奋地说要把兵工厂越办越大，直到办到南京、上海去，将来还要制造大轮船，造机器，让国家逐渐强大，做到徐图自强。

安庆内军械所最初建立的时候规模比较小，也没有条件使用机器制造，而只是利用传统方法打制、改装、仿造外国人的枪炮子弹。虽然方法笨拙，但在战场上仍然起到了很大的作用，这是那些落后的土枪土炮难以相比的。同治元年（1862），李鸿章到上海后，亲眼看到了洋人使用的这些洋枪、洋炮，大开眼界，加上曾国藩一直建议，接着，他也开始着手开办了"上海洋炮局"，仿制洋人的开花炮弹。事实证明，这些枪炮在镇压太平军的战场上发挥了重要的作用。

曾国藩又命令、鼓励、支持李善兰、华蘅芳、徐寿他们研制军舰，徐寿等人当时也是一腔热血，对此信心十足。这些人作为中国当时第一流的科学家，他们不仅通晓中国传统的科学、制造学等知识，同时还对西方的当代数、理、化等知识，也有相当程度的了解和研究。所以，几个月后，他们成功研制出了一部轮船的发动机。曾国藩看到这部发动机的试验以后，非常激动，感慨万千。随后，他鼓励徐寿等人再继续加油，制出中国的火轮船来。

到了同治二年（1863）年末，中国的第一艘火轮船成功在安庆内军械所制成了，可以说这是中国造船史上的一个创举。这艘轮船的体积比较小，船长十七米，航速六节，自重二十五吨；机舱设在前部，蒸汽机为单缸，缸长二尺，缸径一尺；锅炉长十一尺，炉径二尺三寸许，炉管四十九条，长七尺二寸，管径一寸五；转轴长一丈二尺八寸，直径一寸八。严格来讲，这艘轮船并不能算正式品，还只能算是一个试验模型。但"麻雀虽小，五脏俱全"，这毕竟是中国人自己制造出的第一艘军舰，曾国藩非常高兴，他给该舰取名为"黄鹄号"。

第十章
师夷长技以自强

这一次的成功比两年前造出第一批新式枪炮还要让人兴奋，曾国藩再次集合军官和幕僚在安庆的长江中试航，此时顺流的航速为二十八里，逆水时速约为十六里，曾国藩对此感觉到"行驶迟钝，不甚得法"。但他同时也安慰自己，既然中国能造出轮船来，那么改良变强是早晚的事情，只要"以次放大，续造多只"，大清便会有自己的舰队。

当湘军攻陷南京之时，曾国藩把安庆内军械所迁到了南京。同治四年（1865），容闳由美国买回了机器。这个时候曾国藩与李鸿章两人在上海共同办起了江南机器制造总局，该局也成为洋务运动中规模最大的军事企业。这里不仅能制造枪垱弹药，还设立船坞，制造军舰。到同治七年（1868），他们终于制造了一艘真正的轮船，取名"恬吉"。到了光绪二年（1876），该局一共造出七只轮船，其中铁甲舰一只、炮舰六只。继曾国藩创办安庆内军械所之后，李鸿章、左宗棠等人也陆续大规模举办洋务。先是军事工业，继是民用工业，轰轰烈烈的洋务运动自此迅速开展起来。

训练充实直隶军队

正当曾国藩热火朝天大肆开始兴办洋务事业，并努力恢复因战乱而变得破碎不堪的江南经济时，同治七年（1868），曾国藩接到朝廷发来的上谕，任命他为直隶总督。他明白此职位有护卫京师的责任，便立即前往，走马上任。

与各起义军的战争才刚结束，人心稍稳定一些，京城的事情可以说是千头万绪。面对这样的局面，曾国藩不知如何下手，但他很快整理了一下思绪，理出了思路。那就是除了办好练兵的事情外，还要整顿吏治，让官员能够体恤民间的疾苦，每个人都认真负责地做好分内之事，让老百姓能逐渐恢复残破的社会经济，同时也能够巩固大清朝现有的统治。虽然此时的曾国藩年事

已高，但仍然是尽职尽责地做好这个直隶总督。

练军队是曾国藩上任后的第一要务。曾国藩前往京城向两宫皇太后请训的那一天，就已经表明了自己的看法。长期以来，特别是经历过二次鸦片战争以后，京城的军队都非常懒散，而防务方面又十分空虚。进行剿捻战争时，西捻军曾进入京城周边一带，当时京城的军队不堪一击，很快败下阵来，与捻军的斗争是靠外调来的军队。所以，朝廷应该也不希望今后再发生这样的事情。另一方面，京师离海较近，在两次鸦片战争的过程中，外国入侵者随时都有可能从天津海口登岸，然后对其骚扰、威胁，所以京城当时迫切需要有一支能打仗的军队。

怎样训练与充实京城的军队呢？曾国藩开始考虑，他最先想到的是淮军。他认为在淮军中目前最好的将领是刘铭传，因为刘所率领的军队战斗力是淮军中最强的。因此，他现在非常需要用刘铭传所部铭军一万多人前来帮助共同保卫京师。但当时的刘铭传却不这么想，因为他觉得朝廷对剿捻战功的奖赏不公，所以一直告病在家。加上朝廷中有人主张战事既然已经结束，应该将勇兵包括刘铭传等部队进行全部裁撤；还有人甚至主张军队应换人来统领，但曾国藩并没有这么认为，他坚持自己的意见，不另派统领，不裁撤铭军，还是暂由刘铭传部下刘盛藻统带。

尽管刘铭传的淮军有一万多人，但是，用来充实京城的军队还是不够，此外还需要再增加一万人才可以。但这一万人的军队不能再完全依靠湘淮军，他必须重新训练出一批新的军队，就这样，曾国藩从绿营中抽调出来练军万人进行训练。

刘铭传

第十章
师夷长技以自强

练军是同治二年（1863）由湘军大将刘长佑开始进行编练的。那一年，湘军大将刘长佑出任直隶总督，于是他奏请朝廷从绿营中挑选一些精壮人员，重新组练一支军队，其组织制度大多仿效当时的湘军，由他本人亲自从各镇军中挑选营官，经过他所挑选的营官再去他原来所辖的军中挑选士兵，如果发现不够人数的情况就到附近其他军队中挑选，五百人组成一营，二千五百人组成一军。两年后，户部与兵部决定选练直隶六支军队，由此定名"练军"。但练兵之事进行得并不顺利，因为户部及京中官员忌妒湘军，所以经常前来阻碍练兵之事，而后刘长佑又被朝廷免职，所以训练的成效一直不大。

到了曾国藩出任直隶总督之时，战争已经结束，国家的经济状况有所缓解，但京城在列强虎视眈眈的情形下，必须有非常得力的军队才行。在这种情形压迫下，曾国藩进行了大规模的改革，但他的办法仍是编练练军，而不是振兴绿营军。因为在他的心目中，绿营的制度基本上已无药可救，与其白白花费力气，不如全部更换。

接任三个半月后，曾国藩对编练军队提出三条建议：第一条，"文法宜简"。先将训练的湘军和绿营兵进行比较，然后总结两者之间的差别，湘军勇丁"帕首短衣，朴诚耐苦，但讲实际，不事虚文。营规只有数条，此外别无文告。管辖只论差事，不计较官大小。而挖壕筑垒刻日而告成，运米、搬柴崇朝而集事"。绿营兵相比之下，则过分讲求形式上的仪式礼节，行军要用官车，扎营要用民夫劳作，加上先前所定的练军规条足足有一百五十余条之多，而且文气非常重，这些都需要进行改革，也就是要参照勇营即湘军的办法将条规简化，做到通俗易懂，简明简练。

第二条，"事权宜专"。改革之前的练军效仿的是绿营的办法，经常变换统领。统领之下的营、哨各官，都是由总督指派，没有让统领自己来选拔，所以士兵积极性很难调动。加上统领手中缺乏实质的权力，对自己下属不能选拔，更不能自行决定撤销下属，同时也没有管理军饷之权。所以一旦开始作战，下属不会尽心卖命，现在要像湘军一样，一营之权，全部交给营官，统领也不能跳跃管制；而一军之权，全部交给统领，就连大帅也不得过多管

制。这样做的目的是让所有的将领都能够发挥其才干，事权都能归一，士兵也能服从命令。

第三条，"情意宜恰"。虽然现在练军士兵离开自己原来所在的绿营队伍，但是否被挑入练军还是由其原绿营的营官决定，而不是由练军的营官直接进行挑选。这样会导致主持练军的营官对士兵的提拔和黜革丧失权力，如此便很容易产生上下隔阂，情意不能相连，那么一旦有紧急事变时就很难取得相互之间的信任。还有，各营练军有冒名顶替的弊端，非常让人担忧，而且令人防不胜防。因为从前绿营军饷较少，士兵只好经常做点小生意或是靠手艺谋生。练军士兵调到别处训练的练饷是二两四钱，基本都是在练营领取；而原来绿营的底饷，却仍在绿营本营领取。士兵便钻此空子，在练营附近雇人顶替，将练军军饷给冒名顶替的人。但是需要远征的时候，受雇之人改变主意会再雇乞丐、贫民前往。所以，曾国藩觉得今后应该实行两个办法来解除这种弊端。其一如果士兵被挑入练军，那么就要将他原在绿营的名额裁去。练军增一兵，绿营底营就要相应少一兵；其二无论绿营底饷还是练饷，都在练军这里发放，这样就可以从根本上杜绝冒名顶替的人。当然，这也等于是在逐渐取消绿营。曾国藩认为将来练军还应该仿效湘军的办法，由统领选营官，营官选哨官，哨官选什长，什长选勇丁。这样下来，按照相关规定，练军的体制就更接近湘淮军了。

半年以后，曾国藩又向朝廷上奏，希望按照湘军的制度，为练军设立长夫的制度。也就是每营练军设长夫一百五十人，这些人实际上就是辎重和后勤兵。以后每月拔营一次，而拔营则要行二三百里地，曾国藩命士兵要像打仗实战那样修垒挖壕，不能重在享受，和以前绿营那样出行坐车。同治七年四月（1870年5月），曾国藩又拟订了《直隶练军步队营制》和《直隶练军马队营制》，其中马队人员的挑选则是完全不用绿营，从直隶省农民中选募。

由于出现经费的问题，曾国藩最开始只能训练三千余人，他一共布置了三个统领，其中有两个是用当地军官，还有一个是用以前湘军的军官彭楚汉。虽然说这次直隶练军参与的人数并不多，但对今后的影响却非常大。在

第十章
师夷长技以自强

曾国藩的组织领导和筹划之下，练军的制度逐渐成型，而其本质也就是采用湘淮军的制度。当时全国各省的绿营都是一样的状况，都不能再作为作战部队，这是所有人都知道的问题，但是各省督抚一直担心绿营是国家的"经制"之兵，怕朝廷责怪，落人口实，不好全部进行裁撤，但也不知道该如何改造。直隶编练练军之后，各省觉得方法甚好，于是纷纷仿效。就这样，同治朝以后绿营逐渐从人们的视线中消失了。另一方面，镇压太平天国和捻军的战争结束以后，湘淮军及各省当时招募的勇营，除去部分裁撤以外，大部分都驻防全国各要地，后改称为"防军"。如此，朝廷的八旗和绿营军制，已经逐渐消亡，这也许是曾国藩开始训练练军时没有想到的。曾国藩去世以后，他所训练的防军、练军都取得不错的表现，他们参加过两次规模较大的反侵略战争，分别是中法战争和中日甲午战争，给人留下深刻的印象。

整顿吏治再操劳

直隶的吏治和积狱（即积压未审理的民事刑事案件）问题，是曾国藩在向两宫太后与皇上请训时所列的第二项问题。多年来，由于朝廷吏治腐败，再加上连年战争，导致很多民事刑事案件都没有人去处理，一直到同治八年旧历三月底止，积压的同治七年以前的案件经过粗略整理竟达一万二千余件。保定府衙，仅由朝廷交下来处理的重大京控（即直接上告到京师大理寺、刑部、都察院等衙门的案件，这类案件一般都发回当事的省份处理）案件也达一百三十余件，可见当时所积压案件之多。曾国藩前往直隶的途中，就已经开始留心考察了直隶的吏治，他在上奏的折子中说："臣入境以后略询民间疾苦，大约积狱太多，羁累无辜。闻有州县到任年余，未曾升堂一次、汛诘一案者。又因连年用兵，差徭甚重，大户则勒派车马，供支柴草；小户则摊派钱文，掳充长夫。劣绅勾通书役，因缘讹索车辆，有出而无归。贫户十室而九逃。"曾国藩见此情况，打算改变在江南实行的宽厚政策，对官员们进行严格管理，他觉得直隶官场风气败坏，所以到任后一定要大力整顿吏治，他同时上奏朝廷，对不法官吏，他要大加参劾。

曾国藩整顿吏治的第一步，是颁布《直隶清讼事宜十条》及《直隶清讼限期功过章程》，这些条例的面世从他接印开始，仅用了一个月时间。前者是曾国藩亲自撰写，后者由按察使张树声撰写，由曾国藩主要复核。

《直隶清讼事宜十条》规定：

第一，通省大小衙门公文宜速。如今军务已过，曾国藩认为官员应该"力挽积习，与诸君子舍旧图新"，"通省上下皆勤字为本"。凡是被上司要求查明或办理的事，都要明确地定期限，违限记过，凡小过达到六次，大过达到三次，就要撤差撤官。

第二，先整顿保定府发审局。保定为首府，对全省起到表率作用，因此要率先整顿。审案不准受贿，更不准勒索，而且必须尽速，不得拖延。

第三，要求州县官必须亲自接案审案，不得听信幕友丁书。虽不能要求地方官人人拥有真才是干，但只要以"勤"字为本事事躬亲，就已经称职。直隶向来逢三日、八日为老百姓告状之期，地方官都没有亲自受理，而是由典史、门丁收诉讼状，导致案件积压多日，而官员根本不过目，全由幕友负责，甚至地方官都不明来龙去脉。有时甚至拖得原告被告两家精疲力竭，倾家荡产，苦不堪言，然而求收回诉讼却又做不到，这种现象必须杜绝。

第四，禁止滥传被告、滥押证人。以前差役办案时，尽量拉多人入案，并且管押起来，可以乘机勒索。曾国藩规定，凡管押之人，必须挂牌明示，如未悬牌，或牌上人数与实际管押人数不符，家属可以喊冤上告，总督还要派人密查，如果再次发生，将记过严惩。

第五，严禁差役勒索。

第六，每月必须将审案、监禁、管押、逃犯等情形上报。

第七，严治盗贼以弭隐患。

第十章
师夷长技以自强

第八，讼案久悬不结核明注销。此条主要针对乡民因小事而诬告之风而言。

第九，分别皂白严办诬告讼棍。

第十，奖借人才变易风俗。

《直隶清讼限期功过章程》则主要是对官员清理积案的功过，进行明确细致的赏罚规定条例。

曾国藩的这些规定和要求在条例中体现得非常详尽、细致、具体、周到，这些成果与他当年做京官时，曾担任署刑部侍郎密不可分，当然，对刑狱审判问题他也做过研究。曾国藩完成这些以后，便奏请朝廷，留原任直隶按察使张树声协助他清理积案。朝廷原本是要将其调到山西任按察使的，但经过考虑后同意了曾国藩的建议。张树声原是李鸿章的淮军将领，当淮军组建时，曾国藩就已经对其十分赏识，此时张树声在直隶已经当了四年的按察使，对直隶的情形及刑名案件都非常熟悉，曾国藩因为年纪较大，精力有限，所以才会希望让张再留直隶，这样就可以将积案清结。朝廷准许他的要求后张树声果然没有辜负曾国藩的良苦用心，他为清理直隶积案作出了非常多的努力。一年多以后，张调任山西布政使，再过一年，他顺利升任江苏巡抚，以后又升任总督。

曾国藩的第三步，是身体力行，亲自处理这些案件。此时的曾国藩，年事已高。而原配欧阳夫人双眼只能看见光亮，但看不清人和物，基本已算失明。曾国藩的身体也是越来越差，但既然为官，就需要付出很多精力去好好办事。而他早年那种澄清天下的志向，并没有完全消逝。而且作为地方要员，他要求下属做到的，自己也必须先做到，才能起到表率作用，否则下属难以服从。曾国藩接印一个月后说："余近日所治之事，刑名居其大半。竟日披阅公牍，无复读书之暇。"除了自己亲自处理这些案件外，曾国藩还委派可靠的人员，到各地明察暗访，对办案草率、对交代事情处理得漫不经心，甚至勒索和受贿的官吏，立即予以处分。

经过一年的艰苦努力，多年的积案终于在同治九年（1870）二月初二那天清理完毕。此时是曾国藩接直隶总督印一年后，曾国藩向朝廷奏报说，自

已经结清了同治七年（1868）以前的旧案一万两千零七十四件，同治八年以来的新案两万八千一百二十一件；现在旧案只剩九十五件，新案只剩两千九百四十件。在清理这些案件的过程中，也有不少官员协助出力，也有些官员懒惰或存在办事不力的情况。对于办事得力的官员当然要上报朝廷给予奖励，积案清完，曾国藩立即奏请奖励的官员有二十九名，其中有的加衔三级。但对于那些贪污腐败、草菅人命，或不胜任职务的官员，曾国藩在这一年之内也陆续弹劾了十九人。

曾国藩任直隶总督的这段时间里，直隶的吏治开始逐渐好转。而他为清理积案所用的《直隶清讼事宜十条》及《直隶清讼限期功过章程》为后世清理积案作了很大参考，有着深远的影响与意义。因为它们表现出很大的具体性、可行性以及可操作性，对此，朝廷也非常重视，不久以后朝廷就命印行颁发各省，以便参照执行，以后又曾多次命令印行。直到20世纪初，清廷还将这两份文件颁发各省，让官员作参考。

开启近代留学事业

在一定程度上，曾国藩可以称得上中国近代留学事业的开创者之一。早在同治十年（1871）八月，他就以两江总督的身份与李鸿章一起定议会衔上奏《拟选子弟出洋学艺折》，在奏折中他们共同建议清廷挑选聪颖幼童派往西方各国留学，这样可以方便学习西方长技，为以后培育人才打下基础。

曾国藩在奏折中这样诠释选派目的："……拟选聪颖幼童，送赴泰西各国书院学习军政、船政、步算、制造诸书，约计十余年业成而归，使西人擅长之技中国皆能谙悉，然后可以渐图自强……"在这里，曾国藩也较为明确地讲述了这次选派幼童出国留学的目的，即学习西方人士的特长和技能，将来

第十章
师夷长技以自强

可以为大清所用，用外力来增强本国国力。由此可见，曾国藩并不是一个目光短浅的人，而且他派遣留学生出国也不是一时冲动的想法，而更多的是把这作为一种国家自强的重要策略，在此，他还提出了一些具有创新意识的想法，对于留学的必要性、目的、功用、选材、方法等也都进行了详细的解释，甚至对于有可能会遇到的问题都事先交代了一遍。

同治十一年（1872）夏天，经严格考试选拔出的中国第一批出国留学幼童共有三十人，这些人在上海乘轮船出发到美国去留学。这一刻具有历史代表性，因为它翻开了中国留学史上崭新的一页，而这也是国家公派留学的发端。不过，令人感到遗憾的是，曾国藩当时已经病逝，没能亲眼看到这一场面。

首位留学美国的学生容闳称："曾之逝世，国家不啻坏其栋梁，无论若何，无此损失巨也。时预备学校开学才数月，设天假以年，使文正更增一龄者，则第一批学生已出洋，犹得见其手植桃李，欣欣向荣。惜夫世之创大业者，造化往往不赐以永年，使得亲见手创事业之收效。此种缺憾，自古如斯。然创业之人，既播其种子于世，则其人虽逝，而此种子之挚生繁殖，固已绵绵不绝。故文正种因虽未获亲睹其结果，而中国教育之前途，实已永远蒙其嘉惠……"即使在生命垂危的时刻，曾国藩仍在容闳赴美留学前与他进行了一次长谈，曾国藩告诉容闳，出国留学可以为国家培育人才，如果我们自己的国家有了各方面的人才，那么就不用受外国欺负了。曾国藩的话，容闳铭记于心，而且曾国藩死后容闳经常思之感怀，追念不已。这些幼童到美国后，刚开始的时候是两三个人一起散居在美国人家中。由于儿童记忆力好，所以语言很容易过关，一二年后，他们就分别到美国的小学、中学进行学习。中国学生在美国表现得非常好，也很勤奋，受到了当地人的好评。

光绪二年（1876）时，这些留学的幼童还受到美国总统的接见。这一年美国费城举行世界博览会，而中国学生的作业也被列入在这次展览之中。当时参观博览会的还有中国官员李圭，李圭在看完了学生作业以后，主动要求与这些学生见一面。李圭在当时也是一位思想比较开明的官员，他对这批留洋的学生有着非常好的印象。后来美国大学校长致函中国总理事务衙门说："贵国派遣之青年学生，自抵美以来，人人能善用光阴，以研究学术。以故于各种科学之进步，成绩极佳。即文学、品行、技术，以及平日与美人往来一切之交际，亦咸能令人满意无间言。论其道德，尤无一人不优美高尚。其礼貌之周至，持躬之谦抑，尤为外人所乐道。职是之故，贵国学生无论在校肄业，或赴乡村游历，所至之处，咸受美人之欢迎，而引为良友。凡此诸生之尽善尽美，实不愧为大国国民之代表，足为贵国增荣誉也。盖诸生年虽幼稚，然已能知彼等在美国之一举一动皆与祖国国家之名誉极有关系，故能谨言慎行，过于成人。学生既有此良好之行为，遂亦收其良好之效果。美国少数无识之人，其平日对于贵国人之偏见，至此逐渐消灭。而美国人对华之感情，已日趋于欢洽之地位。"可见这些身在异国他乡的学生的表现是很不错的，也是有目共睹的。但是，这些学生却也遇到过很多的麻烦，归根结底的原因是新旧思想的冲突。

这些学生在美国学习的时候，并非无人管理，他们照样要接受清政府监督，为此，清政府相继更换了几次监督负责人，从第一任正监督陈兰彬，到最后一任监督吴嘉善，很多人对学生的这种思想上的变化极为不满，于是便经常上奏给清廷，陈述留学生在美国的种种变化。尤其是最后一任监督吴嘉善（吴子登），他对学生印象非常不好，因为学生们逐渐受到美国文化影响，思想转变后开始讲究人格平等，所以不愿意对他行跪拜之礼。这在当时封建守旧的吴嘉善看来，是极为不礼貌的，因为在清朝，对官员跪礼是天经地义的事情。于是，他开始心存不满，并且蓄意破坏留学事业。这时候，陈兰彬已经是中国驻美公使，他本人也是对留学生的行为有所不满，再加上吴嘉善从旁怂恿，于是他上奏请清廷撤回留学生，不要再派学生出国。在此之前，朝廷中已经发生了好几次要求撤回留学生的风潮，但这些都被时任直隶总督李鸿章给敷衍过去。但这次李鸿章也无法继续搪塞，因为当时曾国藩已经逝世，他在朝中也越来越孤立，办洋务的风气渐渐被压制下来，看到处境不妙，他也没有办法了。

第十章
师夷长技以自强

光绪七年（1881）六月，清廷决定将留美学生全部撤回来，不久后，这些学生被安排分三批陆续回国。此时，距离曾国藩去世刚好是整整十年的时间，而留学生在美国学习也正好十年。据统计，回国的留美学生一共有九十四人，另有十多名学生不愿意回来，所以拒绝了此命令。在回国的九十四人中，只有詹天佑等两个人刚好大学毕业，其他人大多都还在大学学习之中，年纪小的当时正在读中小学。回国以后，这些人有的再进入新式学校学习，有的则分到技术岗位做事。后来，他们之中有到福州船政局，有的到江南制造局，有的到矿山，也有的到海军。虽然说这些留美学生的处境不是很乐观，但也有不少人发挥了相当大的作用。其中唐绍仪出任了中华民国的第一任内阁总理，而詹天佑为中国的铁路建设作出了非常大的贡献，梁敦彦当过外交部长，蔡绍基出任国立北洋大学校长，唐国安任过清华大学校长，邝国华任江南造船厂厂长，蔡廷干当了著名的翻译，他将中国的唐诗译成英文介绍给欧美等。其实就留学事业而言，曾国藩的鼎力支持意义深远且重大，被称为留学事业开创之人也不为过。

第十一章
大起大落　荣枯无常

震惊中外的天津教案

自19世纪中叶开始，国内发生的"教案"事件日趋频繁，这也是近代社会的一个突出问题，如何妥善处理，让朝廷倍感为难。这些教案，爆发原因复杂，因为其中包含有民族侵略与反侵略的问题，也有中外宗教与文化差异的问题。也就是说，自鸦片战争之后，随着西方侵略者来到中国，西方宗教信仰问题也随之而来。第二次鸦片战争发生，中法"西林教案"就是其中一条重要的导火线，结束这次战争的《天津条约》和《北京条约》，都明确规定了允许西方来华传教。此后，西方的教会、医院、教堂、教会学校、教会慈善组织机构等在国内如火如荼地开展起来。随着反侵略斗争的高涨，中外民族矛盾与中西思想文化的混合磨出新的火花，一时间，反"洋教"运动也悄然兴起。在天津教案爆发之前已经陆陆续续发生了江苏"青浦教案"、江西"南昌教案"、贵州"贵阳教案"、江苏"扬州教案"、广西"西林教案"等，天津教案之所以更加轰动，是因为它比以前发生的教案规模都大，而且造成的影响也更严重。

第二次鸦片战争后天津成为通商口岸，西方各国纷纷前来天津，在这里进行经商贸易和各种侵略活动，同时也开展了教会的宣传活动，包括盖教堂、设教会、开育婴堂、办教会学校等。而身负国耻的天津百姓对西方的侵略活动和宗教文化活动都十分排斥，有的甚至带有仇视的心理，一时间，民族冲突随时都有可能会爆发。

道光二十四年（1844）十月中法《黄埔条约》签订，即《五口贸易章程》，使法国除取得了英、美在中国的同样特权外，还附加一些条件：（一）

第十一章
大起大落　荣枯无常

允许和保护在通商港口建造天主教堂和坟地；（二）取消清政府对天主教的禁令，发还教堂。接着，他们又逼迫和讹诈清政府，让其取消了自康熙年间以来百余年的教禁，并将原来因为教禁没收的天主教堂全部发还给教徒。另外，《黄埔条约》还明文规定，法国传教士出入中国各地，如果犯法，中国官员可以将其缉拿，但一定要送到法国领事馆听凭他们处理，而且中国官民均不得殴打伤害或虐待他们。有了这些条文的庇护，许多披着宗教外衣的外国侵略者就更加肆无忌惮地横行在中国的土地上。他们大肆办起了学校、医院、育婴堂，打着慈善的招牌，明目张胆开始了侵略行为，同时也犯下了许多令人发指的罪行，而天津教案就是其中的一件。

津案爆发于同治九年五月初（1870年6月间），因为法国天主教育婴堂所收养的婴儿在短时间内毫无征兆地死亡达三四十人，当时百姓的孩子也经常出现失踪行为。因此，在百姓中就流传着一种谣言，说是天主堂的神甫和修女经常派人用蒙汗药拐了孩子，然后对其挖眼剖心。而天主堂坟地的婴儿

1870年天津教案：火烧望海楼

尸体又有很多都暴露在野外，被野狗刨出吃了，现场是惨不忍睹。百姓见了，更是愤怒不已，如此便成了证据。于是，发怒的民众丧失了理智，大家索性一起赶到天主堂，烧毁望海楼教堂，杀死了两名神父，还到了仁慈堂，杀死修女十名，接着又去了法国领事馆杀死两人。就在同一天，还接连杀死了两名法国商人以及三名俄国人，信教的三四十名中国人，焚毁英国和美国六座教堂。这次事件中群众先后打死了二十名外国人，于是，就产生震惊中外的天津教案。

案件发生以后，引起国内外所有人士的震惊。曾国藩当时还在保定驻地，他接连接到两道上谕的催办后，便于六月十日赶到了天津。他处理这件事情的最开始就是先议结俄、英、美三国误伤的人还有误毁的教堂，他没有选择和法国一起办理，极力缩小了对立面。

关于法国领事、神父和教堂被杀被毁的原因，曾国藩只有从疑犯武兰珍那里开始入手，根据对方所提出的原供，曾国藩逐渐查明真相。他在审讯人犯和亲自调查后对武兰珍的话提出了三点质疑：一、武氏供词时供时翻，原籍在天津，与所供晋宁不符，而且也没有教堂指使的确切证据；二、教堂中有男女一百五十余名，这些人都是由各自家庭送来养育的，而不是被迷拐来的；三、亲自询问拦舆递禀的数百名百姓，关于挖眼剖心之事，没有人亲眼看到过，也没有真凭实据。这三点质疑，是曾国藩推翻所谓"挖眼剖心，全系谣言"的根据，也是了结此案的关键。以后的情势虽然非常曲折复杂，他本人也是外受胁迫，内受攻讦，但仍坚持自己的判断，不会轻易改变。

此外，曾国藩还进一步分析了老百姓对于当时教堂存在的普遍怀疑心理，并指出了相关的原因：一、教堂大门终年关闭，对外人而言过于神秘，社会上都以为里面的地窖是用来关押人的，但实地勘察后证明地窖只是为了隔去潮湿，度置煤炭而已。二、去教堂治病的人，往往都不再出来，有去无回让人很难理解。三、教堂收留无依无靠的子女，甚至有身体虚弱、命不久矣的人，而且有时这种收留的规模非常大，实在让人难以理解其做法。四、教堂中庭院错落，甚至将母子分开住，有违常理与人情。

第十一章

大起大落　荣枯无常

根据这些判断，曾国藩在办案的时候一直都是保持较为妥协的态度。当有人提出要将天津府知府张光藻、知县刘杰和将军陈国端三人带去赔罪，以命抵命时，他坚决不准允，并顶着很大的压力拖延时间进行交涉。

天津教案于九月间正式议结，当时曾国藩因请议的指责而被朝廷调离直隶总督，回两江总督原任，但议结方案主要是由他定下的，主要内容如下：

一、张光藻、刘杰革职，发往黑龙江效力。

二、判处所谓"凶犯"二十名死刑，充军流放者二十九名。

三、赔偿及抚恤共计四十九万七千余银两。

四、派崇厚为特使，前往法国"道歉"；并表示中国愿与法国"实心和好"。

曾国藩这赔礼道歉的做法，遭到全国人民的极力反对，清政府迫于朝野上下反对投降的呼声，也为了推卸当前责任，随后便临时改派李鸿章为直隶总督，来详细查办此事。李鸿章接办此案后，仔细考虑了曾国藩的所作所为，然后仍基本维持原议，他只将判死刑的由二十名减至十名，四名缓期，其他都未动。

天津教案结束以后，湖南当地的人民对曾国藩的谴责呼声更大，很多人将他视为卖国贼，京师湖南同乡尤引为乡人之大耻，湖南会馆中所悬曾国藩"官爵匾额"都被人击毁，并将他的名籍从中削去，他由此被开除了湖南"省"籍，不被人承认。曾国藩听到此事以后非常难过。

天津教案是曾国藩政治命运的转折点。他的主张和行为与当时人们所希望的相违背，站在了人们的对立面，所以才引起那么大的反响。他在最后不到两年的弥留岁月里，受尽各种非议，最后郁郁而终。面对着每况愈下的国事，他无能为力。在此一年之前，他还以"中兴名将、旷代功臣"进京接受皇帝的召见，接受直隶总督的荣誉，并准许他在紫禁城里骑马，此等荣誉，不知道让多少清廷官吏又嫉妒、又羡慕。然而一年之后，谁又曾想到，他成了千夫所指的罪人，几乎落得身败名裂、晚节不保的境地。如此大起大落，荣枯无常，不得不令人感慨。

在夹缝中生存

狡兔死，走狗烹；飞鸟尽，良弓藏。当曾国藩攻克天京、平定太平军以后，就已经发现自己功高震主，又因满汉有别导致他受到朝廷的猜疑，因而，他只能选择藏锋露拙，在满汉的夹缝中委曲求全，这样才能得以保全身而退。

早在满洲贵族入主中原之时，满洲贵族为了拉拢汉族地主阶级，吸引汉族地主参与新的政权，便提出满汉一家的理念。但也为了防止汉族夺权，他们又对汉族地主处处防范。如此，才能保持在满汉地主阶级联合专政中的主导地位。在这几百年之间，历代大清统治者都是如此。例如中央各部尚书虽满汉各一人，但主要还是让满人掌实权，"凡指挥一切者谓之当家，部事向皆满尚书当家，汉尚书伴食而已"。连处于鼎盛时期的康熙帝也不得不承认："今满大学士凡有所言，汉大学士唯唯诺诺，并不辩论是非。"

对各级文官尚且如此，对军队的控制就更为严紧。但凡统兵之人基本上都是用的旗人。而每逢有重大战事发生，挂帅的钦差大臣也基本都是旗人。旗人的官员遇到丧事、疾病都可以随意请假，假满即可复职。但是汉员则没有此等待遇，当汉员遇父母丧葬必须回籍守制三年（满员三个月），新婚或久病不愈也会出现开缺，等到服阙或假满之后，也一定要重新入班候补，不能径复旧职。同样，在科考、升迁的道路上，满汉之间的待遇更是有着天壤之别。

曾国藩之所以经常在朝中受到猜疑，选择夹缝求生，主要的原因也是因为满汉有别，也因其功劳太高，得到的权力太重，才会如此小心翼翼。曾国藩攻克天京、平定太平军等功劳足以拜相封侯，但最后仅仅得到一等侯的称谓。

第十一章
大起大落　荣枯无常

当湘军剿灭太平军以后，便有许多御用官吏乘机为此制造罪状，借此来打击湘军，而且想利用满汉嫌隙将湘军将领一网打尽。这些人弹劾湘军纪律废弛，同时还列举湘军将领罪状。清廷虽明知有假但仍下诏命，要曾国藩和各级将领从速办理军费报销等事宜。

直到曾国藩自己提出裁撤湘军，清廷才放下心来，曾国藩自己也深深知道伴君如伴虎，因而在他的一生中，也经常是步步为营，如履薄冰。在处世经中，对于能决定他生杀予夺的最高统治者，他的态度也基本上只有四种：（一）逆来顺受；（二）以死孝忠；（三）无奈之时，"缓"和"拖"；（四）有所欲求，委婉而言。这四种招数也使得他在朝廷中可以顺利行走几十年，让朝廷对他在任用又怀疑，不任用又可惜，支持又削弱，削弱又提升的反复中掂量，这也使他能稳住脚跟，并得以善终。

同治九年（1870），曾国藩负责处理天津教案，但对外妥协的处理方式引起极大争议，全国上下对此事都有极大反映，大家都纷纷议论，看朝廷如何处置于他。同治九年八月初四，清廷下谕：曾国藩回任两江总督。清廷调曾国藩离开天津，离开直隶，主要原因也是为了让他暂时避开朝廷内外对他的种种非议，与此同时，还有一件事情也需要他亲自去办理，那就是让他去处理两江总督马新贻被刺这件案子。

判决"刺马"疑案

同治九年七月二十六日（1870年8月22日），两江总督马新贻在总督衙门西校场阅完兵后回驻地，被一名男子上前用短刀刺死。此事引起轩然大波，因为刺客杀完人后并没有逃跑，而是束手就擒，他自称是河南人张文祥。按正常程序，刺客被抓说出理由，这样就可以结案了，但一个堂堂的两江总督

就这样被刺死，实在是离奇，这背后究竟有什么不可告人的秘密？对此，朝廷派专人前往调查，就因为出现了这样一件事，在一定程度上也转移了国人的一些注意力，之后对曾国藩的责难和骂声才少了许多。

马新贻，字谷山，山东菏泽人，回族。同进士出身，道光二十七年（1847）进士。历任安徽、浙江要职兼通商大臣，任上"皆得民心"，有"能员"之称，是一位有品有德、勤政爱民、政绩卓著的封疆大吏，深受朝廷的器重和百姓爱戴。从咸丰三年起马新贻带兵与太平军和捻军转战在安徽战场。之后不断得到升迁，当曾国藩调任直隶总督后，马新贻便迁任两江总督兼南洋通商大臣，成为正二品的朝廷大员，达到了其仕途中最辉煌的顶点。迁升之快，同样令人咋舌，连曾国藩对此也暗自惊讶。

马新贻毕竟是封疆大吏，进出都有人保护，但偏偏在光天化日之下被一个流浪汉刺死，真是让人百思不得其解。可见，这个案子绝对不是一般的凶杀案件那么简单。可是，这块烫手的山芋又落到了曾国藩的手里，此时距离天津教案发生并没多久，曾国藩还心有余悸，担心自己处理不好，于是，曾国藩提笔给朝廷写了辞折，言明自己因为病重不能胜任此职位，恳请朝廷另派他人前去办理。但清廷这次口气异常强硬，下令曾国藩立刻赴任，不得延误。

无奈之下，曾国藩只好再次赴任，刚刚天津教案办得满城风雨，如果这次再稍有差池，那可能会导致万劫不复。于是，曾国藩开始认真揣摩朝廷的态度，想弄清此次让他出行的真实目的。于是，他借故拖延不肯直接赴任，先是在天津以等待李鸿章来交接为由，逗留了很久也不动身。离开天津后，他又折回京城一趟向两宫太后和皇上道别。曾国藩在京师的时候，恰逢六十岁寿辰，这一下，更有理由拖延时间，曾国藩的寿宴在京大办特办，红火了一番。

直到同治九年闰十月二十日（1870年12月12日），曾国藩才到达了南京。此时，距离马新贻被刺已经过去半年之久。虽然朝廷没有给自己压力，但曾国藩却想知道这个案子的内幕，因为事有蹊跷。在离京前夕，慈禧太后面授

第十一章
大起大落 荣枯无常

机宜：马新贻是个好官。一句话基本就为这个案子定格了。曾国藩心知肚明，不管自己怎么审查这个案子，也不能违背这个意愿，他内心也真的希望马新贻是个好官，可他总觉得这里面有什么不可告人的隐情。

慈禧太后对此还是不放心，一周之内，她又连连派出大员参与审案。当时的刑部尚书郑敦谨，也奉旨与曾国藩一同审理这个案子。在曾国藩还没有到达江宁之前，江宁将军魁玉、漕运总督张之万已经对这个案子会审多时，并且审出了一个结果：

张文祥，河南河阳人。道光二十九年（1849），贩卖毡帽到宁波，在那里结识同乡罗法善，娶了他的女儿罗氏为妻，后以开小店为生。到了咸丰十一年，加入太平军李世贤部，转战皖、赣、闽、粤各地。当太平军兵败后回到宁波后，他的妻子已经被吴炳燮占有。

后来，在龙启云的帮助下，张文祥过上了以前的生活。同治五年正月（1866年2月），浙江巡抚马新贻前往宁波，张文祥知道以后，觉得可以依靠此官员，便递状控告吴炳燮霸占他的妻子，可他不曾想到的是，马新贻在了解情况以后却认为他的妻子已经改嫁吴而不准张文祥的状子。后来，马新贻还以违禁私开为由勒令关闭了张文祥的小店，为此，张文祥恨透马新贻。他认为马新贻要把自己赶尽杀绝，于是，就有了杀人动机。同治八年（1869）八月，他听说马新贻调任两江，于是，就跟随来到了南京，想寻找机会刺杀了马新贻。后来，就有了上一幕的出现。

照此看来，马新贻的确是个好官，只是运气不好，所以才丢了性命。然而，两宫对这个供词并不满意，认为还有没交代清楚的地方，于是责令曾国藩、兵部尚书郑敦谨到江宁后，再会同审理。

曾国藩和郑敦谨到江宁接到案子后越审越感到怪奇，此案疑点重重，还有很多线索没有被挖掘。曾国藩试着一层一层揭下去，这个像谜一样的案子，他越往后查就越发现不可告人的地方太多了。原来此人竟与湘军、与天津教案，甚至与曾国藩自己都有关联。这样下去后果不堪设想，曾国藩考虑此事波及的范围，便没有继续下去。

无奈之下，曾国藩只好遵照慈禧太后的指示，判了张文祥死刑，而把马新贻树立为大清官员的楷模，还给予了丰厚的抚恤金。这样的结果就是皆大欢喜，马新贻依然是百姓心目中的好官，张文祥则是万恶不赦的发逆（发逆，是清朝时期对太平天国起义者的蔑称）。

然而，这件事情到这里还不算真正结束，真相不断被后人挖出来查阅。此后也大量出现野史、笔记、小说、戏曲等，这些都记载了马新贻被刺原委。原来，马新贻是靠假报军功，才官运亨通。他在所谓的"剿匪"战斗中，原本就是个败军之将，后来被俘后，为了活命，他便与"匪首"成了结拜兄弟。接着，便由把兄弟导演一幕幕马新贻收复失地的场面，欺瞒了朝廷，才顺利当上了封疆大吏。后来，这些兄弟得知他高升后就千里迢迢来投靠他，马新贻却趁机奸占了把兄弟的妻室，然后诱杀了把兄弟。张文祥作为其中一个把兄弟，刚好侥幸逃脱掉。后来，他决定为惨死的兄弟报仇，才出现了后来刺马新贻的大案。

马新贻的遗体由其弟新祐、子毓桢护送回原籍，葬于其故乡西马垓村。皇帝亲自为他写了祭文、碑文，赠太子太保，予骑都尉兼云骑尉世袭，谥"端敏"。江宁、安庆、杭州、海塘以及菏泽都为他建有专祠，他的墓前石坊上刻有李鸿章亲书的楹联，上联是"海岱育英灵，有诏褒忠，百尺穹碑刊制草"，下联是"江淮留政绩，闻风坠泪，千秋遗爱颂甘棠"。

总之，空前绝后的刺杀总督一案，就这样草草结案了，通过案件的审理，不难看出当时清廷官场腐败的缩影，同时也折射出一些社会风气与现象。不管怎么说，事情的真相已经无从考据，马新贻到底是什么样的官员已经无人知晓，于是，这个案子成了中国历史上难以破解的疑案之一。

第十一章
大起大落　荣枯无常

心灰意冷保名节

曾国藩接手两江总督印鉴之时，已经满六十虚岁，他常常回忆过去，咀嚼那些酸甜苦辣的往事。即便是平常之人，在他即将走完他的人生旅程的时候，也有许多事情值得回味。

曾国藩是成大事之人，那回忆中的感受自然比普通人更加复杂一些。在南京这一年多，他常常将自己的一生作一些梳理。其实，不管后人如何评价，他的一生已经非常跌宕起伏，风光无限了，就功绩而言，即便他不是对后世影响最大的人，也是较大的人之一。大千世界，芸芸众生，能够在历史的篇章中留下自己的影子、让后代能够知道的人并不多。曾国藩也注定是这为数不多的人中的一个。但是，他对自己的成绩并不满意。他觉得，论进德，他比不上古代的贤者；论学问，他半生从政，也着实没能留下有分量的著作；论书法，虽有一些心得，却没有时间和精力将其练好练精。更苦恼的是，由于年事已高，精力也日渐衰颓，很多该办的事，包括政务，都办不好。古人以立功立言立德三者具备为最高境界，他觉得自己在这三方面上一样也没有做到。黎庶昌在年谱中也如此评价过曾国藩"自书日记，尤多痛自刻责之引语"，是事实。

曾国藩首先刻责的是身体越来越衰弱，对许多需要办的政事办不了。他到两江总督任两月后的日记写道："到江宁任又已两月余，应办之事全未料理，悠悠忽忽，忝居高位，每日饱食酣眠，惭愧至矣。"正月初十的日记又道："日来因改奏折稍费心，眼蒙愈甚。公事既多废阁，私又不能养体，益觉郁郁。"他不仅觉得自己政务没办好，还觉得与许多能臣相比自己差得很远。

正月二十三日，他坚持阅读《吴文节公集》。吴文节，即吴文铬，曾国藩考进士时监考自己的考官，也称之为座师。在湖广任总督时，与太平天国交战不幸战死，清廷予谥"文节"。曾国藩在日记中写道："夜，阅《吴文节公集》，观其批属员之禀甚为严明，对之有愧。吾今日之为督抚，真尸位耳。"

在立言方面，曾国藩年轻时颇为自负，对于前人的成就，他认为自己经过努力，也可以达到。有时看到那些算是已经"立言"的前贤的文集，也不觉有其过人处。但是，当曾国藩为官几年后，在翰林院认真学习过，之后开始带兵，甚少有时间读书，繁忙过后精力所剩无几，结果没留下什么著作。现在再看那些前贤的文集，反倒觉得过人之处多一些。这也许是曾国藩阅历多了一些，把之前那些骄傲之心收拢；也许是自己没有著作，从而明白那些人著述实在不是容易的事。

一日，曾国藩阅读广东杨懋建所著的《禹贡新图说》。《禹贡》大约成书于战国时代，属于地理方面的著作，书中记载了许多山岳和河川的情况。曾国藩在阅读时非常感叹："日长如岁，仅一翻阅涉猎，过眼即忘，全未认真究治一书，殊以为愧。"又一日，他读陶渊明和杜甫的诗，没多久后便觉得脑子疲乏，读书提不起精神来，而诗中的深意就难以体会到，便责备自己道："昏浊而兼衰老，于读书之道去之千里矣。"次日又在日记中写道："吾生日月尽在怠惰中过了。"

实际上，曾国藩这时仍非常勤奋，尽管他右眼已经失明，左眼的视力也并不好，但他还是坚持每天除处理公事外，尽可能都要读一些书。有时眼睛实在不行，就闭目默诵一段古书。如同治九年十二月二十九日，本是除夕之夜，他到了晚上还要闭目背诵《论语》，一直至《公冶长》止。同治十年正月初一，晚上他又坚持闭目背诵《论语》自《公冶长》至《乡党》止。接下来，每天几乎都是如此，而在江宁两月，却没办好什么事的自责之言，便是正月初二的日记写的。

在立德方面，很多有学识之人都将其视为难以企及的最高境界，曾国藩对这方面也是深感惭愧。他的身体日渐衰颓，同治十年（1871）二月，他发

第十一章

大起大落　荣枯无常

觉自己右臂浮肿，觉得大概已是危象了。与此同时，他的夫人病势也很严重。但他并不十分在意，因为人早晚有一死，但是如今自己的德业未立，却是非常遗憾的事情。过了几天，他在日记中写道："内人病势沉重，余之右臂肿坠亦不少愈，殊以为虑。暮年疾病、事变，人人不免。余以忝居高位，一无德业，尤为疚负，故此心郁郁不释耳。"三月初三日记又说："自思生平过愆丛积，衰老不复能湔拔，疚负无已。"

不过，曾国藩此时心目中的"德"已与正统儒家有所不同了，他在同治十年三月初十日记中的"德"，将陶渊明、李白、苏东坡、陆游都算做达"天德"，可谓新的见解。

有时候，曾国藩进行自我总结，他觉得自己之所以没有成就，是因为名利心太重，须看淡一些。但真正将万事看淡却谈何容易，既然自觉"学问无成，德行未立"，便是没有看淡。他甚至将自身疾病的来源，也归于"忮心名心不能克尽之故"，于是，他立意"必须于未死之前拔除净尽"，真正做到"至淡以消忮心"。

这些责备自己的话，让人们更加了解老年曾国藩的心态。他虽然有一番功业，但还是对自己不满，觉得在立功立言立德方面样样都不行。有时又想将这些看得淡一些，但并没有真正"淡"下来。真正的意义，在于曾国藩对自己要求太高，并且至死也决无自满之心。

第十二章
最后的岁月

病　重

曾国藩早年的身体并不是很好，在京师出任官职时，刚过而立之年的他便有轻度的耳鸣症，除此之外，还有与他相伴终生的癣疾，虽然这些病况对他的身体伤害并不是很大，但却经常让他辗转反侧，睡眠不佳，这也间接地损害着他的身体。自从带领湘军作战以来，曾国藩戎马金戈，费心费力，劳碌到没有一点空闲的时间。他每天都很早起床，忙到半夜才睡下，因为睡眠不好所以精神有时也并不好。平时除了要处理军政要事以外，还要抽时间读书、应酬，他的生活极其有规律，甚至可以说有些苛刻。在这种情况下，他的身体也是每况愈下，加上兴兵以来种种不顺心的事情让他非常心烦。平时还有一些人事的纠葛，与地方官的矛盾要处理，特别是他训练湘军，全心全意为朝廷拼杀，可是朝廷却经常不信任他，对他加以防备，有时候宁愿委任那些酒囊饭袋，也不愿意对自己委以重任。

其实，自带兵打仗以来，曾国藩一直处于深深的忧惧之中。东坡先生说周郎打仗是"谈笑间樯橹灰飞烟灭"，豪迈的词章给人留下了深刻的印象，人们常以为古来能战的大将军都是如此，但事实上却没有人们想象的那么轻松。表面上，曾国藩办事谨慎，大敌当前、危难当前都镇定如常，但当中辛酸并不为外人道。当作战不利之时他担心失败，作战胜利之后他也要担心清廷的疑忌。当直隶任总督时，天不下雨干旱他焦虑，下了雨他又担心河水冲破堤防。这恐怕正是处于乱世之人应有的心态。从曾国藩的日记中，不难发现，"焦灼""忧惧""忧虑""郁闷"等字眼随处可见。如此操劳，自然很难保持健康的身体。

第十二章
最后的岁月

生活中的曾国藩吃、住都极为俭朴，起居又十分勤劳，尽管半生戎马，但他几乎手不释卷，保持书生本色。当时，很多幕府、同僚见到他的这种生活状态时，有人甚至难以相信一个一品大员会过着如此艰苦的生活，这种类似苦行僧的生活也与曾国藩的信念有关，因为他相信在当时的社会环境情况下想要成就大业，想要扭转社会风气必须如此。当然，这也和他出身寒微、自幼习惯艰苦生活也密不可分。但是，人总是过这种刻板艰苦的生活，对身体也是有影响的。

在直隶总督任上时，曾国藩的右眼已经失明，左眼视力也并不好，之后又患上眩晕呕吐之症。自湘军攻占天京后，曾国藩就常常有引退回家的想法，剿捻失败后退职的想法就变得更加浓厚，他在家书中、日记中，以及给朋友的信里，常常流露出自己想要安度晚年的愿望。但如果他此时告老还乡，那么之后裁撤的、退职的湘军士兵军官闹事的可能性就会大大增加，所以清廷也坚决不准，如此这般下去，曾国藩的身体自然也就一直坏下去。

同治十年（1871）十一月二十二日，由李鸿章、马新贻规划重建的两江总督府，经过五年的建设终于落成。督衙所挑选的地方就是原来洪秀全的天王府，经过改造修建后，虽然说规模没有办法与先前的天王府相比，但比起原来的衙门要阔绰、豪华得多。总督搬进新署是非常大的事情，所以需要庆祝，既然是喜事，那摆宴自然不能少，但此时，曾国藩却没有精力，也提不起精神来。

搬进新建的署衙没多长时间，曾国藩便感觉身体不舒服，随后也觉得自己的病情在逐渐变重，头晕目眩，两脚麻木，经常失眠，而且噩梦不断。他意识到自己将不久人世，临终前想着要交代点后事，于是赶紧写信给学生李鸿章，请他前来进行最后的交代。李鸿章接到老师的信，尤其读到"此次晤面后或将永诀，当以大事相托"时，很担心老师的安危，同时也害怕他真有不测，不能见上最后一面，那将会成为终身憾事。于是，他便不顾年关已近，百事丛杂，冒着严寒，经过长途奔波跋涉，从保定赶到江宁。

师生两人见面后没过多寒暄，便直接开始会商幼童出洋之事，然后两人

一起推敲细节，准备再度联衔上奏，强调此事是徐图自强的根本大计，属于中华的创始之举，请朝廷务必重视，全力以赴以达预期效果。李鸿章根据老师的指点，心领神会立即开始写奏折。曾国藩认真看了这两千余字的奏稿，发现条理缜密，文笔洗练，并没有不当之处，对此他欣慰不已，仅改几句话便让李鸿章亲自带去呈递。

稿子拟好后，曾国藩便讲起了自己的往事，也总结了一下人生教训，最终，他向李鸿章交代了两点，让他铭记于心。首先是关于湘军裁撤方面，由于自己当时顾虑太多，湘军攻战长达十几年，南京克捷后，考虑朝廷压力以至于亲手解散了这支军队，这等于是自毁长城的做法，此举令将帅们寒心不已，湘军也从此变得萧条，而自己也成了剪翼之鸟，以致"剿捻"无功，让战士备受挫辱。还好李鸿章所建淮军，攻灭了捻军，成就其大事。他让李鸿章记住自己的教训，并且告诫他不要再使用八旗、绿营的人，以后保护太后、皇上的安危，还有保护国家的领土，要全仗淮军。今后，淮军如果有遭遇被议的那一天，一定不要瞻前顾后，畏首畏尾，像自己当年一样。军队只能加强，不能削弱。因为在乱世之中，手里的军队才是国家的真正保障。

其次，曾国藩嘱咐李鸿章多培养优秀的人才。曾感叹自己数十年来所遭遇到的困难，问题出在人心不正，世风不淳，而要想改变这种风气，势单力薄是不够的，还要带动起更多的人才行。正如自己与李鸿章的关系，自己先正己身，起到模范作用，同时培养后人，把这些人作为"种子"，然后将此精神发扬下去，只有实现承前启后，才能达到天下应和的目的。所以，他希望李鸿章要早做准备，以一身为天下表率，努力多培养一些"种子"，让这些人绵延不断，天下应和，世风自然改变。

李鸿章应允并询问，哪些人可作为以后培植的"种子"。曾国藩回复，海内头等人物当属左宗棠。因为此人拥有雄才大略，待人耿直，且廉洁自守。李鸿章知道老师与左宗棠多年未曾联系，而且矛盾重重，为什么老师还极力推举他呢？曾国藩解释说，左宗棠与他争的是国家大事，不是个人恩怨，左有"知人之明，谋国之忠"，仅此一点就很少人能做到。李鸿章明白其意。曾

第十二章
最后的岁月

国藩认为左宗棠之后当数彭玉麟，因为此人光明磊落，嫉恶如仇，而且淡泊名利，重情重义，是条汉子。其次是郭嵩焘，其人之才，天下难有其匹者，而且不是书生之才，所以前途无量。再往下数如刘长佑心地端正，沈葆桢也有些能耐，但心地狭窄。而后，两人又议论了办洋务之事。曾国藩重点强调要以中国之伦常名教为原本，辅以诸国富强之术，学生李鸿章则详细记下。

由于年关临近，直隶还有许多事情要处理，所以李鸿章不得不辞别曾国藩赶了回去。同李鸿章长谈之后，曾国藩放下心来，但随后旧病又一次复发，而后几天都头昏眼花，耳鸣不止，不能开口说话。直到年三十，城内外热闹非凡，或许是受了节日气氛的感染，曾国藩病情才稍稍稳定了一些。

善　终

同治十一年（1872）正月初一，曾国藩接受江宁文武的祝贺，与大家一起谈笑风生。次日，他到退居江宁的老友吴廷栋家拜访，并与吴廷栋聊了很久，两人谈经论道，兴致勃勃。

转眼就到了元宵节，这也是曾国藩人生之中度过的最后一个节日了。曾国藩非常清楚地记得，正月十四是道光皇帝殡天的日子。在曾国藩的心里，一直都很感激道光对自己的知遇之恩，所以每年这一天他都要为之烧香行礼。

正月二十三日（3月2日），曾国藩正在与人谈话之时，突然右脚感觉麻木，很久以后才恢复过来。二十六日，他亲自到城外迎接前河道总督苏廷魁，苏廷魁是曾国藩在京为官时认识的，两人是切磋学问上的好友。不过在路上的时候，曾突然发现自己不能开口说话了，无奈之下，只好回府。

二月初二，去世前第三天，仍一如既往地工作，但觉特别疲倦，"若不堪治一事者"。到下午，又是右手发颤，不能握笔，口不能说话，与正月二十六

日症状相同。只好停办公事。

二月初四（3月12日）是父亲曾麟书去世的日子，他早起后便开始在父亲的牌位前行祭，但是因为病情加重，已经难以行跪拜之礼，所以只有匆匆祭罢，然后叫人扶他去签押房办公，但打开一叠公文，眼睛已经看不清楚上面的字，勉强看了两件只好放弃。

下午，曾国藩稍有好转，便让儿子曾纪泽扶他去花园散步，儿子阻拦不了，就扶他去了花园。走了一会儿后，忽然见他右足拖拽，曾纪泽对此关心询问，曾国藩回复"脚麻"后便倒在儿子身上。曾纪泽赶忙扶抱着父亲，发现他张着嘴，浑身抽搐。纪泽连忙唤人把父亲抬进大厅，家人听到消息后，都纷纷赶来。请来医生后，为他探脉诊视，连扎数针，仍没有反应，医生摇摇头，只能尽人事靠天命了。到了晚上戌时曾国藩辞世。时年六十二岁。他的遗体先葬于长沙南门外金盆岭，两年后又改葬到湖南善化县伏龙山南麓。

据说曾国藩离世之时，南京城下着小雨，天色阴惨。忽然有火光照耀城中，属南京的江宁、上元两县令急忙出来救火，却不明火在何处。只见有红光圆如镜面，向西南方向缓缓飘行而去，良久方隐没。又传说城外有人见到

曾国藩铜像

第十二章
最后的岁月

大星陨落于南京城中。当然,人们自然会把这些奇怪的自然现象附会到曾国藩身上,就如当年蟒蛇如梦之神话般,越传越远。

故旧为他写的挽联、挽诗、祭文非常之多,这些作品不仅评价了曾国藩本人,还反映了作者与曾国藩的关系,以及作者的性格、情趣,颇有文学欣赏价值和历史价值。

左宗棠的挽联是:"谋国之忠,知人之明,自愧不如元辅。同心若金,攻错若石,相期无负平生。"左宗棠有才干,但也不太谦虚,这与一般中国人的性情和行为方式颇为不同。当左宗棠未出仕时,曾围藩为侍郎级的领兵大臣,胡林翼为湖北巡抚,但左宗棠从来不肯在曾、胡面前谦让一分。后来曾、左二人龃龉,多年不通音信。现在左宗棠此联,终于诚恳承认他不如曾国藩,并恰当地形容了两人的矛盾,而且谦虚地自署"晚生"。所以他的挽联颇受时人的推许。

李鸿章的挽联为:"师事近三十年,薪尽火传,筑室忝为门生长;威名震九万里,内安外攘,旷代难逢天下才。"如果说左宗棠一生自傲,挽联却明确表示他不如曾国藩的话,李鸿章的挽联就不够谦虚,"筑室忝为门生长"说的虽是事实,但显然以曾门老大自居;"薪尽火传"自是传与他,也颇有当仁不让的味道。

曾国藩的好友兼亲家郭嵩焘的挽联为:"论交谊在师友之间,兼亲与长,论事功在宋唐之上,兼德与言,朝野同悲惟我最;考初出以夺情为疑,实赞其行,考战绩以水师为最,实主其议,艰难未预负公多。"这幅挽联说了郭与曾的亲密关系,以及曾国藩最初创办湘军时郭嵩焘的作用,但是后来郭嵩焘没有在湘军中坚持到底,所以表示有负曾国藩。

曾国藩沉重而劳累的一生,终于谢幕,这位在长江上厮杀驰骋了半辈子的一代枭雄也逐渐离开人们的视野。对于大清朝来说,曾国藩的离世就如同巨星陨落,是朝廷的巨大损失。对于老百姓来说,读其家书,不得不佩服,他的一生严于治军、治家、修身、养性,实践了读书人立功、立言、立德的最高追求,是道德修养的楷模。

遗 嘱

曾国藩一直认为子孙拥有自立自强的精神和能力最重要。他说："仕宦之家不蓄积银钱，使子弟自觉一日不勤则将有饥寒之患，则子弟渐渐勤劳，知谋所以自立。"不留钱财给后人，自古就有之。如汉代三杰之一的萧何，位居宰相之位，但他买地建宅的时候却坚持要找穷困偏僻的地方，治家也不修建有院墙的房屋。他说："子孙如果贤德，会学我的俭朴；如果不贤，也会被人夺去田产。"

曾国藩对此举十分推崇，曾国藩也不曾留银钱田产给后人，但他留下了大量的书籍、文稿以及更为重要的精神财富。儿子曾纪泽诗文书画俱佳，又以自学通英文，后来成为清末著名的外交家；虽然曾纪鸿不幸早亡，但研究古算学方面也已取得相当的成就。除此之外，曾家的孙辈还出了曾广钧这样的诗人，曾孙辈又出现了曾宝荪和曾约农这样的教育家和学者，曾家代代出人才，让人羡慕不已。

曾家后人之所以如此有成就，应该归之于曾国藩的教导有方，亦即"爱之以其道"。因为儿孙自有儿孙福。只要平时能够悉心教导，让自家的子弟懂得自强、自立之道，又何必留下钱财。有志气的儿孙还会以托父辈荫护为耻，因此，"授之以鱼，不如授之以渔"，让儿孙能自强自立，远比留下万贯家财有意义。

曾国藩作为晚清重臣，被朝廷封一等毅勇侯，被人们誉为"晚清第一名臣""官场楷模"。他一生殚精竭虑，扶晚清王朝垂而不死，在"同光中兴"时也起到中流砥柱的作用；他的学问以及文章兼收并蓄，实现了儒家立功、

第十二章
最后的岁月

立德、立言"三不朽"的理想境界,被誉为"中华千古第一完人"。曾氏家族更是历史上难得的侯门望族,一百多年来没有出现过不成器之人,曾国藩继承发扬儒家教育思想取得了巨大成功。

畅游史海,一般家庭都是"盛不过三代",这也是大多数官宦之家很难逾越的魔咒。而曾氏家族却代有英才层出不穷,出现了像曾纪泽、曾广均、曾广铨、曾昭抡、曾宪植等一代代杰出人物。探寻曾氏家族长盛不衰的奥秘,曾国藩病逝前留给子孙后代的"四条遗嘱"起到了决定性的作用:

"余通籍三十余年,官至极品,而学业一无所成,德行一无可许,老人徒伤,不胜悚惶惭赧。今将永别,特立四条以教汝兄弟。一曰慎独则心安。自修之道,莫难于养心;养心之难,又在慎独。能慎独,则内省不疚,可以对天地质鬼神。人无一内愧之事,则天君泰然,此心常快足宽平,是人生第一自强之道,第一寻乐之方,守身之先务也。二曰主敬则身强。内而专静统一,外而整齐严肃,敬之工夫也;出门如见大宾,使民为承大祭,敬之气象也;修己以安百姓,笃恭而天下平,敬之效验也。聪明睿智,皆由此出。庄敬日强,安肆日偷。若人无众寡,事无大小,一一恭敬,不敢懈慢,则身体之强健,又何疑乎?三曰求仁则人悦。凡人之生,皆得天地之理以成性,得天地之气以成形,我与民物,其大本乃同出一源。若但知私己而不知仁民爱物,是于大本一源之道已悖而失之矣。至于尊官厚禄,高居人上,则有拯民溺救民饥之责。读书学古,粗知大义,即有觉后知觉后觉之责。孔门教人,莫大于求仁,而其最初者,莫要于欲立立人、欲达达人数语。立人达人之人,人有不悦而归之者乎?四曰习劳则神钦。人一日所着之衣所进之食,与日所行之事所用之力相称,则旁人赪之,鬼神许之,以为彼自食其力也。若农夫织妇终岁勤动,以成数石之粟数尺之布,而富贵之家终岁逸乐,不营一业,而食必珍馐,衣必锦绣。酣豢高眠,一呼百诺,此天下最不平之事,鬼神所不许也,其能久乎?古之圣君贤相,盖无时不以勤劳自励。为一身计,则必操习技艺,磨练筋骨,困知勉行,操心危虑,而后可以增智慧而长才识。为天下计,则必己饥己溺,一夫不获,引为余辜。大禹、墨子皆极俭以奉身而极

勤以救民。勤则寿，逸则夭；勤则有材而见用，逸则无劳而见弃；勤则博济斯民而神祇钦仰，逸则无补于人而神鬼不歆。

——此四条为余数十年人世之得，汝兄弟记之行之，并传之于子子孙孙。则余曾家可长盛不衰，代有人才。"

在遗嘱中，曾国藩把自己的优点与缺点都做了一番剖析，随后又对儿子嘱咐了一番，从这篇遗嘱中，人们也可以看出曾国藩其人以及他的思想，当然，文笔亦精彩。

曾国藩遗嘱对子孙的影响是深远的。曾家后裔都恪遵这些遗言，没有人带兵打仗。曾纪泽在曾国藩死后才承荫出仕，从事外交方面的工作；曾纪鸿一生不仕，专研数学；孙子曾广钧虽中进士，但长守翰林；曾孙、玄孙辈中大都出国留学，无一涉足军界、政界，全部从事教育、科学、文化工作，不少成为著名专家学者，国家栋梁之材。

对后世的影响

关于对曾国藩的评价，后人对其基本上是毁誉参半，不过大家也都承认说，"曾国藩事功之大，誉称晚清'中兴名臣'，创办洋务，不愧为洋务派领袖，著作丰富，可当之为学者，研究古文辞，无忝于文人，治军有方，调配得宜，堪与古代兵家相媲美，拥兵而不自重，善权变而又谦退，足见道德修养功夫之深厚；吏治清廉，教养兼施，鞠躬尽瘁，以身作则，不啻为青天，治家有道，关怀子弟，亦为后人楷模"。也有的人说："曾国藩从上奏激怒咸丰帝开始便正式走上历史舞台，这一行为也充分表现了他拥有一颗忧国忧民的心。之后镇压了太平天国他也是有功有过。面对新旧时代的更替，曾国藩有着独到的眼光与先进的思想，他发动了洋务运动，使中国历史运动与世界

第十二章 最后的岁月

近代化运动合流。中国历史也因此翻开新的一页。不论步履如何艰难,他一直都是在前进。在对外事的处理上,曾国藩也表现出能审时度势应付巨变的才能,他坚持民族正义立场,忍辱负重,力保和局,避免发生新的战祸,让摇摇欲坠的中国有了一个喘息之机,在一个相对稳定的和平环境里,他发动起'图强求富'的自主建设。因此,虽然说曾国藩有一定的历史罪过,但总体而言是功大于过的,而且,他所带来的影响,在中国近代历史前60年里几乎无人可与之相比。"

李鸿章作为曾国藩的得意门生,也是他事业的传人,提起曾国藩,他言必称"老师"。他评价其师说:"我老师文正,那真是大人先生。现在这些大人先生,简直都是秕糠,我一扫而空之。"

中国近代史上首位留学美国的学生、中国近代早期改良主义者容闳认为:"曾文正为中国历史上最著名人物,同辈莫不奉为泰山北斗……文正一生之政绩,实无一点污点,其正直廉洁忠诚诸德,皆足为后人模范。故其身虽逝,而名闻千古。其才大而谦,气宏而凝,可称完全之真君子,而为清代第一流人物。"

曾国藩家书精选

禀父母：谨守父亲保身之则

男国藩跪禀父亲大人万福金安：

自闰三月十四日，在都门拜送父亲，嗣后共接家信五封。五月十五日，父亲到长沙发信，内有四弟信、六弟文章五首。谨悉祖父母大人康强，家中老幼平安，诸弟读书发奋，并喜父亲出京，一路顺畅，自京至省，仅三十余日，真极神速。

迩际男身体如常，每夜早眠，起亦渐早。惟不耐久思，思多则头昏，故常冥心于无用，优游涵养，以谨守父亲保身之训。九弟功课有常。《礼记》九本已点完，《鉴》已看至《三国》，《斯文精粹》诗文，各已读半本，诗略进功，文章未进功。男亦不求速效，观其领悟，已有心得，大约手不从心耳。

甲三于四月下旬能行走，不须扶持，尚未能言，无乳可食，每日一粥两饭。家妇身体亦好，已有梦熊之喜，婢仆皆如故。

今年新进士龙翰臣得状元，系前任湘乡知县见田年伯之世兄。同乡六人，得四庶常、两知县，复试单已于闰三月十六日付回。兹又付呈殿试朝考全单。

同乡京官如故，郑莘田给谏服阕来京，梅霖生病势沉重，深为可虑。黎樾乔老前辈处，父亲未去辞行，男已道达此意。广东之事，四月十八日得捷音，兹将抄报付回。

男等在京，自知谨慎，堂上各老人，不必挂怀。家中事，兰姊去年生育，是男是女？楚善事如何成就？伏望示知。男谨禀，即请母亲大人万福金安。

五月十八日

禀父母：痛改前非自我反省

男国藩跪禀父母亲大人万福金安：

十月廿二，奉到手谕，敬悉一切。

郑小珊处，小隙已解。男从前于过失，每自忽略。自十月以来，念念改过，虽小必惩，其详具载示弟书中。

耳鸣近日略好，然微劳即鸣。每日除应酬外，不能不略自用功，虽欲节劳，实难再节。手谕示以节劳，节欲，节饮食，谨当时时省记。

萧辛五先生处，寄信不识靠得住否？龙翰臣父子，已于十月初一日到京，布匹线索，俱已照单收到，惟茶叶尚在黄恕皆处。恕皆有信与男，本月可到也。男妇及孙男女等皆平安，余详与弟书。谨禀。

十月二十六日

禀父母：劝弟勿夜郎自大

男国藩跪禀父母亲大人万福金安：

六月廿日，接六弟五月十二书，七月十六，接四弟九弟五月廿九日书。皆言忙迫之至，寥寥数语，字迹潦草，即县试案首前列，皆不写出。同乡有同日接信者，即考古老先生，皆已详载。同一折差也，各家发信，迟十余日而从容；诸弟发信，早十余日而忙迫，何也？且次次忙迫，无一次稍从容者，又何也？

男等在京，大小平安，同乡诸家皆好；惟汤海秋于七月初八得病，初九日未刻即逝。六月二十八考教习，冯树堂、郭筠仙、朱啸山皆取。湖南今年考差，仅何子贞得差，余皆未放，惟陈岱云光景最苦。男因去年之病，反以不放为乐。王仕四已善为遣回，率五大约在粮船回，现尚未定；渠身体平安，二妹不必挂心。叔父之病，男累求详信直告，至今未得，实不放心。

甲三读《尔雅》，每日二十余字，颇肯率教。六弟今年正月信，欲从罗罗山处附课，男甚喜之！后来信绝不提及，不知何故？所付来京之文，殊不甚好。在省读书二年，不见长进，男心实忧之，而无如何，只恨男不善教诲而已。大抵第一要除骄傲气习，中无所有，而夜郎自大，此最坏事。四弟九弟虽不长进，亦不自满，求大人教六弟，总期不自满足为要。余俟续呈。男谨禀。

七月廿日

禀父母：做事当不苟不懈

男国藩跪禀父母亲大人万福金安：

四月十四日，接奉父亲三月初九日手谕，并叔父大人贺喜手示，及四弟家书。敬悉祖父大人病体未好，且日加沉剧，父、叔率诸兄弟服侍已逾三年，无昼夜之间，无须臾之懈。男独一人，远离膝下，未得一日尽孙子之职，罪责甚深。

闻华弟荃弟文思大进，葆弟之文得华弟讲改，亦日驰千里。远人闻此，欢慰无极！

男近来身体不甚结实，稍一用心，即癣发于面。医者皆言心亏血热，故不能养肝，热极生风，阳气上干，故见于头面。男恐大发，则不能入见，故不敢用心。谨守大人保养身体之训，隔一日至衙门办公事，余则在家，不妄出门。现在衙门诸事，男俱已熟悉。各司官于男皆甚佩服，上下水乳俱融，同寅亦极协和。男虽终身在礼部衙门为国家办此照例之事，不苟不懈，尽就条理，亦所深愿也。

英夷在广东，今年复请入城；徐总督办理有方，外夷折服，竟不入城，从此永无夷祸，圣心嘉悦之至！术帮每言皇上连年命运，行劫财地，去冬始交脱，皇上亦每为臣工言之。今年气象，果为昌泰，诚国家之福也！

儿妇及孙女辈皆好。长孙纪泽前因开蒙太早，教得太宽，顷读毕《书经》，请先生再将《诗经》点读一遍。夜间讲《纲鉴》正史。约已讲至"秦商鞅，开阡陌"。

李家亲事，男因桂阳州往来太不便，已在媒入唐鹤九处回信不对。纪泽儿之姻事，屡次不就，男当年亦十五岁始定婚，则纪泽再缓一二年，亦无不可。或求大人即在乡间选一耕读人家之女，男或在京自定，总以无富贵气者为主。纪法对郭雨三之女，虽未订盟，而彼此呼亲家，称姻弟，往来亲密，断不改移。二孙女对岱云之次子，亦不改移。谨此禀闻，余详与诸弟书中。男谨禀。

四月十六日

禀父母：和气则家道兴

男国藩跪禀父母亲大人万福金安：

正月八日，恭庆祖父母双寿，男去腊作寿屏二架。今年同乡送寿对者五人，拜寿来客四十人。早面四席，晚酒三席。未吃晚酒者，于十七日、廿日补请二席。又请人画"椿萱重荫图"，观者无不叹羡！

男身体如常，新年应酬太繁，几至日不暇给，媳妇及孙儿女俱平安。

正月十五，接到四弟六弟信，四弟欲偕季弟从汪觉庵师游，六弟欲偕九弟至省城读书。男思大人家事日烦，必不能常在家塾勤管诸弟，且四弟天分平常，断不可一日无师，读书改诗文，断不可一课耽搁。伏望堂上大人俯从男等之请，即命四弟季弟从觉庵师，其束修银，男于八月付回，两弟自必加

倍发奋矣！

六弟实不羁之才，乡间孤陋寡闻，断不足以启其见识而坚其心志。且少年英锐之气不可久挫，六弟不得入学，即挫之矣；欲进京而男阻之，再挫之矣。若又不许肄业省城，则毋乃太挫其锐气乎？伏望上大人俯从男等之请，即命六弟、九弟下省读书，其费用，男于二月间付银廿两至金竺虔家。

夫家和则福自生，若一家之中兄有言，弟无不从，弟有请，兄无不应，和气蒸蒸而家不兴者，未之有也。反是而不败者，亦未之有也。伏望大人察男之志！即此敬禀叔父大人，恕不另具。六弟将来必为叔父克家之子，即为吾族光大门弟，可喜也！谨述一二，余续禀。

正月十七日

禀父母：教弟以和睦为第一

男国藩跪禀父母大人万福金安：

二月十六日，接到家信第一号，系新正初三交彭山屺者，敬悉一切。

去年十二月十一，祖父大人忽患肠风，赖神戳佑，得以速痊，然游子闻之，尚觉心悸！六弟生女，自是大喜。初八日恭逢寿筵，男不克在家庆祝，心尤依依。

诸弟在家不听教训，不甚发奋，男观诸来信即已知之。盖诸弟之意，总不愿在家塾读书，自己亥年男在家时，诸弟即有此意，牢不可破。六弟欲从男进京，男因散馆去留未定，故比时未许。庚子年接家眷，即请弟等送，意欲弟等来京读书也。特以祖父母、父母在上，男不敢许，故但写诸弟而不指定何人。迨九弟来京，其意颇遂，而四弟六弟之意，尚未遂也。年年株守家园，时有耽搁，大人又不能常在家教之；近地又无良友，考试又不利。兼此数者，怫郁难伸，故四弟、六弟不免怨男，其所以怨男者有故。丁酉在家教弟，威克厥爱，可怨一矣。己亥在家，未尝教弟一字，可怨二矣。临进京不肯带六弟，可怨三矣。不为弟择外傅，仅延丹阁叔教之，拂厥本意，可怨四矣。明知两弟不愿家居，而屡次信回，劝弟寂守家塾，可怨五矣。惟男有可怨者五端，故四弟、六弟难免内怀隐衷，前此含意不伸，故从不写信与男，去腊来信甚长，则尽情吐露矣。

男接信时，又喜又惧。喜者，喜弟志气勃勃，不可遏也。惧者，惧男再拂弟意，将伤和气矣。兄弟和，虽穷氓小户必兴；兄弟不和，虽世家宦族必败。男深知此理，故禀堂上各位大人，俯从男等兄弟之请。男实以和睦兄弟为第一。九弟前年欲归，男百般苦留，至去年则不复强留，亦恐拂弟意也。临别时彼此恋恋，情深似海，故男自九弟去后，思之尤切，信之尤深。谓九弟纵不为科目中人，亦当为孝弟中人。兄弟人人如此，可以终身互相依倚，则虽不得禄位，亦何伤哉？

伏读手谕，谓男教弟宜明责之，不宜琐琐告以阅历工夫。

男自忆连年教弟之信，不下数万字，或明责，或婉劝，或博称，或约指，知无不言，总之尽心竭力而已。

男妇孙男女身体皆平安，伏乞放心。男谨禀。

二月十九日

禀父母：述盘查国库巨案

男国藩跪禀父母亲大人万福金安：

男因身子不甚壮健，恐今年得差劳苦，故现服补药，预为调养，已作丸药两单。考差尚无信，大约在五月初旬。四月初四御史陈公上折直谏，此近日所仅见，朝臣仰之如景星庆云。兹将折稿付回。

三月底盘查国库，不对数银九百二十五万两，历任库官及查库御史，皆革职分赔，查库王大臣亦摊赔。此从来未有之巨案也。湖南查库御史有石承藻、刘梦兰二人，查库大臣有周系英、刘权之、何凌汉三人，已故者令子孙

分赔，何家须赔银三千两。

同乡唐诗甫选陕西靖边县，于四月廿一出京。王翰城选山西冀宁州知州，于五月底可出京。余俱如故。

男二月接信后，至今望信甚切。男谨禀。

四月二十日

禀父母：具折奏请日讲

男国藩跪禀父母亲大人福安：

潢男三月十五到京，十八日发家信一件，四月内应可收到，想男十九日下园子，二十日卯刻恭送大行皇太后上西陵。西陵在易州，离京二百六十里，二十四下午到，廿五日辰致祭。

比日转身，赶走一百廿里，廿六日走一百四十里，申刻到家。一路清吉，而昼夜未免辛苦，廿八早复命。

数日内作奏折，拟初一早上具折。因前奏举行日讲，圣上已允谕于百日后举行，兹折要将如何举行之法，切实呈奏也。

廿九日申刻，接到大人二月廿一日手示，内六弟一信，九弟二十六之信，并六弟与他之信，一并付来。知堂上四位大人康健如常，合家平安。

父母亲大人俯允来京，男等内外不胜欣喜。手谕云："起程要待潢男秋冬两季归，明年二月，潢男仍送二大人进京云云。"男等敬谨从命。叔父一二年内既不肯来，男等亦不敢强。潢男归家，或九月，或十月，容再定妥。

男等内外及两孙、孙女皆好，堂上大人不必悬念。余俟续禀。

三月三十日

致四弟：不宜露头角于外

澄侯四弟左右：

顷接来缄，又得所寄吉安一缄，具悉一切。朱太守来我县，王、刘、蒋、唐往陪，而弟不往，宜其见怪。嗣后弟于县城、省城，均不宜多去。处兹大乱未平之际，惟当藏身匿迹，不可稍露圭角于外，至要至要！

吾年来饱阅世态，实畏宦途风波之险，常思及早抽身，以免咎戾。家中一切，有关系衙门者，以不与闻为妙。

九月初十日

致九弟：劝宜息心忍耐

沅甫九弟左右：

十二日申刻，代一自县归，接弟手书，具审一切。十三日未刻文辅卿来家，病势甚重，自醴陵带一医生偕行，似是瘟疫之症。两耳已聋，昏迷不醒，间作谵语，皆惦记营中。余将弟已赴营，省城可筹半饷等事，告之四五次。渠已醒悟，且有喜色。因嘱其静心养病，不必挂念营务，余代为函告南省、江省等语。渠亦即放心，十四日由我家雇夫送之还家矣。若调理得宜，半月当可痊愈，复原则尚不易易。

陈伯符十二日来我家，渠因负咎在身，不敢出外酬应，欲来乡来避地计。黄子春官声极好，听讼勤明，人皆畏之。

弟到省之期，计在十二日，余日内甚望弟信，不知金八、佑九何以无一人归来？岂因饷事未定，不遽遣使归与？弟性褊急似余，恐怫郁或生肝疾，幸息心忍耐为要！

兹趁便寄一缄，托黄宅转递，弟接到后，望人送信一次，以慰悬悬。家中大小平安，诸小儿读书，余自能一一检点，弟不必挂心。

九月廿二日

致九弟：做人须要有恒心

沅甫九弟左右：

十二日正七、又十归，接弟信，备悉一切。定湘营既至三曲滩，其营官成章鉴亦武弁中之不可多得者，弟可与之款接。

来书谓"意趣不在此，则兴会索然"，此却大不可。凡人作一事，便须全副精神注在此一事，首尾不懈。不可见异思迁，做这样想那样，坐这山望那山。人而无恒，终身一无所成，我生平坐犯无恒的弊病，实在受害不小。当翰林时，应留心诗字，则好涉猎他书，以纷其志。读性理书时，则杂以诗文各集，以歧其趋。在六部时，又不甚实力讲求公事。在外带兵，又不能竭力专治军事，或读书写字以乱其志意。坐是垂老而百无一成，即水军一事，亦掘井九仞而不及泉，弟当以为鉴戒。

现在带勇，即埋头尽力以求带勇之法，早夜孳孳，日所思，夜所梦，舍带勇以外则一概不管。不可又想读书，又想中举，又想移州县，纷纷扰扰，千头万绪，将来又蹈我之覆辙，百无一成，悔之晚矣。

带勇之法，以体察人才为第一，整顿营规、讲求战守次之。《得胜歌》中各条，一一皆宜详求。至于口粮一事，不宜过于忧虑，不可时常发禀。弟营既得楚局每月六千，又得江局每月二三千，便是极好境遇。李希庵十二来家，言迪庵意欲帮弟饷万金。又余有浙盐赢余万五千两在江省，昨盐局专丁前来禀询，余嘱其解交藩库充饷，将来此款或可酌解弟营，但弟不宜指请耳。

饷项既不劳心，全副精神讲求前者数事，行有余力则联络各营，款接绅士。身体虽弱，却不宜过于爱惜。精神愈用则愈出，阳气愈提则愈盛。每日

作事愈多，则夜间临睡愈快活。若存一爱惜精神的意思，将前将却，奄奄无气，决难成事。凡此，皆因弟兴会索然之言而切戒之者也。

弟宜以李迪庵为法，不慌不忙，盈科后进，到八九个月后，必有一番回甘滋味出来。余生平坐无恒流弊极大，今老矣，不能不教诫吾弟吾子。

邓先生品学极好，甲三八股文有长进，亦山先生亦请邓改文。亦山教书严肃，学生甚为畏惮。吾家戏言戏动积习，明年吾在家，当与两先生尽改之。

下游镇江、瓜洲同日克复，金陵指日可克。厚庵放闽中提督，已赴金陵会剿，准其专折奏事。九江亦即日可复。大约军事在吉安、抚、建等府结局，贤弟勉之。吾为其始，弟善其终，实有厚望。若稍参以客气，将以殒志，则不能为我增气也。营中哨队诸人，气尚完固否？下次祈书及。

十二月十四日

致诸弟：教弟婚姻大事须谨慎

诸位老弟足下：

十六早，接到十一月十二日发信，内父亲一信，四位老弟各一件，具悉一切，不胜欣喜！四弟之诗，又有长进，第命意不甚高超，声调不甚响亮。命意之高，须要透过一层。如说考试，则须说科名是身外物，不足介怀，则诗意高矣。若说必以得科名为荣，则意浅矣。举此一端，余可类推。腔调则以多读诗为主，熟则响矣。

去年树堂所寄之笔，亦我亲手买者。"春光醉"目前每支大钱五百文，实不能再寄。"汉壁"尚可寄，然必须明年会试后，乃有便人回南，春间不能寄也。

五十读书固好，然不宜以此耽搁自己功课；女子无才便是德，此语不诬也。

家常欲与我结婚，我所以不愿者，因闻常世兄最好恃父势，作威福，衣服鲜明，仆从显赫，恐其家女子有宦家骄奢习气乱我家规，诱我子弟好奢耳。

今渠再三要结婚，发甲五八字去，恐渠家是要与我为亲家，非欲与弟为亲家，此语不可不明告之。

贤弟婚事，我不敢作主，但亲家为人何如，亦须向汪三处查明。若吸鸦片烟，则万不可对。若无此事，则听堂上各大人与弟自主之可也。所谓翰堂秀才者，其父子皆不宜亲近，我曾见过，想衡阳人亦有知之者，若要对亲，或另请媒人亦可。

六弟九月之信，于自己近来弊病颇能自知，正好用功自医。而犹曰"终日泄泄"，此则我所不解者也。

家中之事，弟不必管，天破了，自有女娲管，洪水大了，自有禹王管。家事有堂上大人管，外事有我管，弟辈则宜自管功课而已，何必问其他哉？至于宗族姻党，无论他与我有隙无隙，在弟辈只宜一概爱之敬之。孔子曰："泛爱众，而亲仁。"孟子曰："爱人不亲，反其仁；礼人不答，反其敬。"此刻未理家事，若便多生嫌怨，将来当家立业，岂不个个都是仇人？古来无与宗族乡党为仇之圣贤，弟辈万不可专责他人也。

十一月信言：现看《庄子》并《史记》，甚善！但作事必须有恒，不可谓考试在即，便将之书丢下，必须从首至尾句句看完。若能明年将《史记》看完，则以后看书不可限量，不必问进学与否也。贤弟论袁诗，论作字，亦皆有所见；然空言无益，须多做诗，多临帖乃可谈耳。譬如人欲进京，一步不行，而在家空言进京程途，亦何益哉？即言之津津，人谁得而信之哉？

九弟之信，所以规劝我者甚切，余览之，不觉毛骨悚然！然我用功，脚踏实地，不敢一毫欺人。若如此做去，不作外官，将来道德文章必粗有成就。上不敢欺天地祖父，下不敢欺诸弟与儿侄。而省城之闻望日隆，即我亦不知其所自来。我在京师惟恐名浮于实，故不先拜一人，不自诩一言，深以过情之闻为耻耳。

来书写大场题及榜信，此间九月早已知之，惟县考案首前列及进学之人，则至今不知。诸弟以后写信，于此等小事及近处族戚家光景，务必一一详载。

季弟信亦谦虚可爱，然徒谦亦不好，总要努力前进，此全在为兄者倡率

之。余他无可取，惟近来日日有恒，可为诸弟倡率。四弟、六弟纵不欲以有恒自立，独不怕坏季弟之样子乎？

书不尽宣。兄国藩手具。

十二月十八日

致诸弟：告诫弟弟要清白做人

澄侯、子植、季洪三弟左右：

澄侯在广东，前后共发信七封；至郴州、耒阳，又发二信，三月十一到家以后，又发二信，皆已收到。植、洪二弟，今年所发三信，亦俱收到。

澄弟在广东处置一切，甚有道理。退念园、庄生各处程仪，尤为可取。其办朱家事，亦为谋甚忠；虽无济于事，而朱家必无可怨。《论语》曰："言忠信，行笃敬，虽蛮貊之邦行矣。"吾弟出外，一切如此，吾何虑哉？

贺八爷、冯树堂、梁俪裳三处，吾当写信去谢，澄弟亦宜各寄一书，即易念园处，渠既送有程仪，弟虽未受，亦当写一谢信寄去。其信即交易宅，由渠家书汇封可也。若易宅不便，即托岱云寄。

季洪考试不利，区区得失，无足介怀。补发之案有名，不去复试，甚为得体。今年院试，若能得意，固为大幸；即使不遽获隽，去年家中既隽一个，则今岁小挫，亦盈虚自然之理，不必抑郁。

植弟书法甚佳，然向例未经过岁考者，不合选拔。弟若去考拔，则同人必指而目之。及其不得，人不以为不合例而失，且以为写作不佳而黜，吾明知其不合例，何必受人一番指目乎？

弟书问我去考与否？吾意以科考正场为断。若正场能取一等补廪，考则拔之时，已是廪生入场矣；若不能补廪，则附生考拔，殊可不必，徒招人妒忌也。

我县新官加赋，我家不必答言，任他加多少，我家依而行之。如有告官

者，我家不必入场。凡大员之家，无半字涉公庭，乃为得体。为民除害之说，为所辖之属言之，非谓去本地方官也。

曹西垣教习服满，引见以知县用，七月动身还家。母亲及叔父之衣，并阿胶等项，均托西垣带回。

去年内赐衣料，袍褂皆可裁三件。后因我进闱考教习，家中叫裁缝做，裁之不得法，又窃去正料，遂仅裁祖父、父亲两套。本思另办好料，为母亲制衣寄回，因母亲尚在制中，故未遽寄。

叔父去年四十晋一，本思制衣寄祝，亦因在制未遽寄也。兹托西垣带回，大约九月可到家，腊月服阕，即可着矣。

纪梁读书，每日百余字，与泽儿正是一样，只要有恒，不必贪多。澄弟亦须常看《五种遗规》及《呻吟语》，洗尽浮华，朴实谙练，上承祖父，下型子弟，吾于澄弟实有厚望焉！兄国藩手草。

五月初十日

致诸弟：述改建祖屋之意见

澄侯、温甫、子植、季洪四弟左右：

十二月初九，接到家中十月十二日一信，十一月初一日一信，初十日一信，具悉一切。

家中改屋，有与我意见相同之处。我于前次信内，曾将全屋画图寄归，想已收到，家中既已改妥，则不必依我之图矣。但三角丘之路，必须改于檀山嘴下面，而于三角丘密种竹木，此我画图之要嘱，望诸弟禀告堂上，急急行之。

家中改房，亦有不与我合意者，已成则不必再改。但六弟房改在炉子内，此系内外往来之屋，欲其通气，不欲其闷塞，余意以为必不可，不若以长横屋上半节间断作屋为妥。内茅房在石柱屋后，亦嫌太远；不如于季洪房外高坎打进七八尺，既可起茅房、澡堂，而后边地面宽宏，家有喜事，碗盏、菜货亦有地安置，不至局促，不知可否？

家中高丽参已完，明春得便即寄。彭十九之寿屏，亦准明春寄到。此间事务甚多，我更多病，是以迟迟。

澄弟办贼，甚快人心。然必使其亲房人等知我家是图地方安静，不是为一家逞势张威，庶人人畏我之威，而不恨我之太恶。贼既办后，不特面上不可露得意之声色，即心中亦必存一番哀矜的意思，诸弟人人当留心也。

征一表叔在我家教读甚好，此次未写信请安，诸弟为我转达。同乡周荇农家之鲍石卿，前与六弟交游，近因在妓家饮酒，担督府捉交刑部，革去供事。而荇农、荻舟尚游荡不畏法，真可怪也。

余近日常有目疾，余俱康泰。内人及二儿四女皆平安。小儿甚胖大。西席庞公拟十一回家，正月半来，将请李笔峰代馆。

宋芗宾在道上扑跌断腿，五十余天始抵樊城，大可悯也！余不一一。国藩手草。

十二月初十日

致九弟季弟：以勤字报君，以爱民二字报亲

沅、季弟左右：

兄膺此巨任，深以为惧。若如陆、何二公之前辙，则诒我父母羞辱，即兄弟子侄，亦将为人所侮。祸福倚伏之几，意不知何者为可喜也。

默观近日之吏治人心，及各省之督抚将帅，天下似无戡定之理。吾惟以一勤字报吾君，以爱民二字报吾亲。才识平常，断难立功，但守一勤字，终日劳苦，以少分宵旰之忧。行军本扰民之事，但刻刻存爱民之心，不使先人积累，自我一人耗尽。此兄之所自矢者，不知两弟以为然否？愿我两弟亦常常存此念也。

沅弟"多置好官,遴选将才"二语,极为扼要,然好人实难多得,弟为留心采访,凡有一长一技者,兄断不敢轻视。

谢恩折今日拜发。宁国日内无信,闻池州杨七麻子将往攻宁,可危之至!

七月十二日

致诸弟:具奏言兵饷事

澄、温、植、洪四弟左右:

三月初四发一家信,其后初九日,予上一折,言兵饷事。适于是日持以粤西事棘,恐现在彼中者,不堪寄此重托,特放赛中堂往。予折所言甚是,但目前难以遽行,命将折封存军机处,待粤西事定后,再行办理。

赛中堂清廉公正,名望素著,此行应可迅奏肤功。但湖南逼近粤西,兵差过境,恐州县不免借此生端,不无一番蹂躏耳。

魏亚农以三月十三日出都,向予借银二十两。既系姻亲,又系黄生之侄,不能不借与渠。渠言到家后,即行送交予家,未知果然否?叔父前信要鹅毛管眼药并硇砂膏药,兹付回眼药百筒,膏药千张,交魏亚农带回,呈叔父收存,为时行方便之用。其折底亦付回查收。

澄弟在保定,想有信交刘午峰处。昨刘有书寄子彦,而澄弟书未到,不解何故。已有信往保定去查矣。澄弟去后,吾极思念。自外归,辄至其房,早起辄寻其室,夜或遣人往呼。想弟在路途,弥思我也,书不一一,余俟续具。兄国藩手草。

三月十二日

致九弟：宜以求才为急事

沅甫九弟左右：

四月初五日得一等归，接弟信，得悉一切。

兄回忆往事，时形交悔，想六弟必备述之。弟所劝譬之语，深中机要，"素位而行"一章，比亦常以自警。只以阴分素亏，血不养肝，即一无所思，已觉心慌肠空，如极饿思食之状。再加以憧忧之思，益觉心无主宰，怔悸不安。

今年有得意之事两端：一则弟在吉安，声名极好，两省大府及各营员弁、江省绅民，交口称颂，不绝于吾之耳。各处寄弟书，及弟与各处禀牍信缄，俱详实妥善，犁然有当，不绝于吾之目。一则家中所请邓、葛二师，品学俱优，勤严并著。邓师终日端坐，有威可畏，文有根柢又曲合时趋，讲书极明正义，而又易于听受。葛师志趣方正，学规谨严，小儿等畏之如神明，此二者，皆余所深慰。虽愁闷之际，足以自宽解者也。

弟声闻之美，可恃而不可恃。兄昔在京中，颇著清望，近在军营，亦获虚誉。善始者不必善终，行百里者半九十里。誉望一损，远近兹疑。弟目下名望正隆，务宜力持不懈，有始有卒。

治军之道，总以能战为第一义，倘围攻半岁，一旦被贼冲突，不克抵御，或致小挫，则令望隳于一朝。故探骊之法，以善战为得珠，能爱民为第二义，能和协上下官绅为第三义。愿吾弟兢兢业业，日慎一日，到底不懈，则不特为兄补救前非，亦可为吾父增光于泉壤矣。

精神愈用而愈出，不可因身体素弱，过于保惜；智慧愈苦而愈明，不可因境遇偶拂，遽尔摧阻。此次军务，如杨、彭、二李、次青辈，皆系磨炼出来，即润翁、罗翁，亦大有长进。弟当趁此番识见，力求长进也。

求人自辅,时时不可忘此意。人才至难,往时在余幕府者,余亦平等相看,不甚钦敬。今思之,何可多得?弟常常以求才为急,其闻冗者,虽至亲密友,不宜久留,恐贤者不愿共事一方也。

余自四月来,眠兴较好,近读杜佑《通典》,每日二卷,薄者三卷。惟目力极劣,余尚足支持。

四月初九日

致沅弟季弟:随时推荐出色的人

沅、季弟左右:

辅卿而外,又荐意卿、柳南二人,甚好!柳南之笃慎,余深知之,意卿亮亦不凡。余告筱辅观人之法,以有操守而无官气,多条理而少大言为主,又嘱其求润帅、左、郭及沅荐人。以后两弟如有所见,随时推荐,将其人长处、短处,一一告知阿兄,或告筱荃,尤以习劳苦为办事之本。引用一班能耐劳苦之正人,日久自有大效。

季弟言出色之人,断非有心所能做得,此语确不可易。名位大小,万般由命不由人,特父兄之教家,将帅之训士,不能如此立言耳。季弟天分绝高,见道甚早,可喜可爱!然办理营中小事,教训弁勇,仍宜以勤字作主,不宜以命字谕众。

润帅先几陈奏,以释群疑之说,亦有函来余处矣。昨奉六月二十四日谕旨,实授两江总督,兼授钦差大臣。恩眷方渥,尽可不必陈明。所虑者,苏、常、淮、扬无一支劲兵前往。位高非福,恐徒为物议之张本耳。余好出汗,沅弟亦好出汗,似不宜过劳。

七月初八日

致诸弟：勉君子应立志

十月二十一接九弟在长沙所发信，内途中日记六页，外药子一包。二十二接九月初二日家信，欣悉以慰。

自九弟出京后，余无日不忧虑，诚恐道路变故多端，难以臆揣。及读来书，果不出吾所料。千辛万苦，始得到家。幸哉幸哉！郑伴之不足恃，余早已知之矣。郁滋堂如此之好，余实不胜感激。在长沙时，曾未道及彭山屺，何也？又为祖母买皮袄，极好极好，可以补吾之过矣。

观四弟来信甚详，其发奋自励之志，溢于行间。然必欲找馆出外，此何意也？不过谓家塾离家太近，容易耽搁，不如出外较清净耳。然出外从师，则无甚耽搁；若出外教书，其耽搁更甚于家塾矣。且苟能发奋自立，则家塾可读书，即旷野之地、热闹之场亦可读书，负薪牧豕，皆可读书；苟不能发奋自立，则家塾不宜读书，即清净之乡、神仙之境皆不能读书。何必择地？何必择时？但自问立志之真不真耳！

六弟自怨数奇，余亦深以为然。然屈于小试辄发牢骚，吾窃笑其志之小，而所忧之不大也。君子之立志也，有民胞物与之量，有内圣外王之业，而后不忝于父母之生，不愧为天地之完人。故其为忧也，以不知舜不知周公为忧也，以德不修学不讲为忧也。是故顽民梗化则忧之，蛮夷猾夏则忧之，小人在位贤才否闭则忧之，匹夫匹妇不被己泽则忧之，所谓悲天命而悯人穷，此君子之所忧也。若夫一身之屈伸，一家之饥饱，世俗之荣辱得失、贵贱毁誉，君子固不暇忧及此也。六弟屈于小试，自称数奇，余窃笑其所忧之不大也。

盖人不读书则已，亦即自名曰读书人，则必从事于《大学》。《大学》之纲领有三：明德、新民、止至善，皆我分内事也。若读书不能体贴到身上去，谓此三项与我身毫不相涉，则读书何用？虽使能文能诗，博雅自诩，亦

只算得识字之牧猪奴耳！岂得谓之明理有用之人也乎？朝廷以制艺取士，亦谓其能代圣贤立言，必能明圣贤之理，行圣贤之行，可以居官莅民、整躬率物也。若以明德、新民为分外事，则虽能文能诗，而于修己治人之道实茫然不讲，朝廷用此等人作官，与用牧猪奴做官何以异哉？然则既自名为读书人，则《大学》之纲领，皆己身切要之事明矣。其条目有八，自我观之，其致功之处，则仅二者而已：曰格物，曰诚意。

格物，致知之事也；诚意，力行之事也。物者何？即所谓本末之物也。身、心、意、知、家、国、天下皆物也。天地万物皆物也，日用常行之事皆物也。格者，即物而穷其理也。如事亲定省，物也；究其所以当定省之理，即格物也。事兄随行，物也；究其所以当随行之理，即格物也。吾心，物也；究其存心之理，又博究其省察涵养以存心之理，即格物也。吾身，物也；究其敬身之理，又博究其立齐坐尸以敬身之理，即格物也。每日所看之书，句句皆物也；切己体察，穷究其理即格物也。此致知之事也。所谓诚意者，即其所知而力行之，是不欺也。知一句便行一句，此力行之事也。此二者并进，下学在此，上达亦在此。

吾友吴竹如格物工夫颇深，一事一物，皆求其理。倭艮峰先生则诚意工夫极严，每日有日课册，一日之中一念之差、一事之失、一言一默皆笔之于书。书皆楷字，三月则订一本。自乙未年起，今三十本矣。盖其慎独之严，虽妄念偶动，必即时克治，而著之于书。故所读之书，句句皆切身之要药。兹将艮峰先生日课抄三页付归，与诸弟看。余自十月初一日起亦照艮峰样，每日一念一事，皆写之于册，以便触目克治，亦写楷书。冯树堂与余同日记起，亦有日课册。树堂极为虚心，爱我如兄，敬我如师，将来必有所成。余向来有无恒之弊，自此次写日课本子起，可保终身有恒矣。盖明师益友，重重夹持，能进不能退也。本欲抄余日课册付诸弟阅，因今日镜海先生来，要将本子带回去，故不及抄。十一月有白折差，准抄几页付回也。

余之益友，如倭艮峰之瑟僴，令人对之肃然。吴竹如、窦兰泉之精义，一言一事，必求至是。吴子序、邵蕙西之谈经，深思明辨。何子贞之谈字，

其精妙处，无一不合，其谈诗尤最符契。子贞深喜吾诗，故吾自十月来已作诗十八首。兹抄二页，付回与诸弟阅。冯树堂、陈岱云之立志，汲汲不遑，亦良友也。镜海先生，吾虽未尝执贽请业，而心已师之矣。

吾每作书与诸弟，不觉其言之长，想诸弟或厌烦难看矣。然诸弟苟有长信与我，我实乐之，如获至宝。人固各有性情也。

余自十月初一起记日课，念念欲改过自新。思从前与小珊有隙，实是一朝之忿，不近人情，即欲登门谢罪。恰好初九日小珊来拜寿，是夜余即至小珊家久谈。十三日与岱云合伙，请小珊吃饭。从此欢笑如初，前隙尽释矣。

金竺虔报满用知县，现住小珊家，喉痛月余，现已全好。李笔峰在汤家如故。易莲舫要出门就馆，现亦甚用功，亦学倭艮峰者也。同乡李石梧已升陕西巡抚。两大将军皆锁拿解京治罪，拟斩监候。英夷之事，业已和抚。去银二千一百万两，又各处让他码头五处。现在英夷已全退矣。两江总督牛鉴，亦锁解刑部治罪。

近事大略如此。容再续书。

十月二十六日

致诸弟：读书要有志有识有恒

诸位贤弟足下：

十一月十七寄第三号信，想已收到。父亲到县纳漕，诸弟何不寄一信，交县城转寄省城也？以后凡遇有便，即须寄信，切要切要。九弟到家，遍走各亲戚家，必各有一番景况，何不详以告我？

四妹小产以后生育颇难，然此事最大，断不可以人力勉强。对渠家只须听其自然，不可过于矜持。又闻四妹起最晚，往往其姑反服事她。此反常之事，最足折福。天下未有不孝之妇而可得好处者，诸弟必须时劝导之，晓之以大义。诸弟在家读书，不审每日如何用功？余自十月初一立志自新以来，

虽懒惰如故，而每日楷书写日记，每日读史十页，每日记茶余偶谈一则，此三事未尝一日间断。十月二十一日立誓永戒吃水烟，今已两月不吃烟，已习惯成自然矣。予自立课程甚多，惟记茶余偶谈、读史十页、写日记楷本，此三事者誓终身不间断也。诸弟每人自立课程，必须有日日不断之功，虽行船走路，俱须带在身边，予除此三事外，其他课程不必能有成；而此三事者，将终身以之。

前立志作曾氏家训一部，曾与九弟详细道及。后因采择经史，若非经史烂熟胸中，则割裂零碎，毫无线索，至于采择诸子各家之言，尤为浩繁，虽抄数百卷犹不能尽收。然后知古人作《大学衍义》《衍义补》诸书，乃胸中自有条例自有议论，而随便引书以证明之，非翻书而遍抄之也。然后知著书之难，故暂且不作曾氏家训。若将来胸中道理愈多，议论愈贯串，仍当为之。

现在朋友愈多。讲躬行心得者，则有镜海先生、艮峰前辈、吴竹如、窦兰泉、冯树堂；穷经知道者，则有吴子序、邵蕙西；讲诗、文、字而艺通于道者，则有何子贞；才气奔放，则有汤海秋；英气逼人志大神静，则有黄子寿。又有毛少鹤（名锡振，广西主事，年二十七岁，张筱浦之妹夫）、朱廉甫（名琦，广西乙未翰林）、吴莘畬（名尚志，广东人，吴抚台之世兄）、庞作人（名文寿，浙江人）。此四君者，首闻予名而先来拜。虽所造有浅深，要皆有志之士，不甘居于庸碌者也。京师为人文渊薮，不求则无之，愈求则愈出。近来闻好友甚多。予不欲先去拜别人，恐徒标榜虚声。盖求友以匡己之不逮，此大益也；标榜以盗虚名，是大损也。天下有益之事，即有足损者寓乎其中，不可不辨。黄子寿近作《选将论》一篇，共六千余字，真奇才也。黄子寿戊戌年始作破题，而六年之中遂成大学问，此天分独绝，万不可学而至。诸弟不必震而惊之，予不愿诸弟学他，但愿诸弟学吴世兄、何世兄。吴竹如之世兄现亦学艮峰先生写日记，言有矩，动有法，其静气实实可爱。何子贞之世兄，每日自朝至夕总是温书。三百六十日，除作诗文时，无一刻不温书。真可谓有恒者矣。故予从前限功课教诸弟，近来写信寄弟，从不另开课程，但教诸弟有恒而已。盖士人读书，第一要有志，第二要有识，第三要有恒。有

志则断不甘为下流；有识则知学问无尽，不敢以一得自足，如河伯之观海，如井蛙之窥天，皆无识者也；有恒则断无不成之事。此三者缺一不可。诸弟此时，惟有识不可以骤几，至于有志有恒，则诸弟勉之而已。予身体甚弱，不能苦思，苦思则头晕，不耐久坐，久坐则倦乏，时时属望惟诸弟而已。

明年正月恭逢祖父大人七十大寿，京城以进十为正庆。予本拟在戏园设寿筵，窦兰泉及艮峰先生劝止之，故不复张筵。盖京城张筵唱戏，名为庆寿，实则打把戏。兰泉之劝止，正以此故。现在作寿屏两架。一架淳化笺四火幅，系何子贞撰文并书，字有茶碗口大。一架冷金笺八小幅，系吴子序撰义，予自书。淳化笺系内府用纸，纸厚如钱，光彩耀目，寻常琉璃厂无有也。昨日偶有之，因买四张。子贞字甚古雅，惜太大，万不能寄回。奈何奈何！

侄儿甲三体日胖而颇蠢，夜间小解知自报，不至于湿床褥。女儿体好，最易扶携，全不劳大人费心力。

今年冬间，贺耦庚先生寄三十金，李双圃先生寄二十金，其余尚有小进项。汤海秋又自言借百金与我用。计还清兰溪、寄云外，尚可宽裕过年。统计今年除借会馆房钱外，仅借百五十金。岱云则略多些。岱云言在京已该账九百余金，家中亦有此数，将来真不易还。寒士出身，不知何日是了也！我在京该账尚不过四百金，然苟不得差，则日见日紧矣。

书不能尽言，惟诸弟鉴察。

十二月二十日

致诸弟：告兄弟相处之道

诸位老弟足下：

正月十五日接到四弟、六弟、九弟十二月初五日所发家信。

四弟之信三页，语语平实。责我待人不恕，甚为切当。谓月月书信徒以空言责弟辈，却又不能实有好消息，令堂上阅兄之书，疑弟辈粗俗庸碌，使

弟辈无地可容云云。此数语，兄读之不觉汗下。

　　我去年曾与九弟闲谈，云为人子者，若使父母见得我好些，谓诸兄弟俱不及我，这便是不孝，若使族党称道我好些，谓诸兄弟俱不如我，这便是不弟。何也？盖使父母心中有贤愚之分，使族党口中有贤愚之分，则必其平日有讨好的意思，暗用机计，使自己得好名声，而使其兄弟得坏名声，必其后日之嫌隙由此而生也。刘大爷、刘三爷兄弟皆想做好人，卒至视如仇雠。因刘三爷得好名声于父母族党之间，而刘大爷得坏名声故也。今四弟之所责我者，正是此道理，我所以读之汗下。但愿兄弟五人，各各明白这道理，彼此互相原谅。兄以弟得坏名为忧，弟以兄得好名为快。兄不能使弟尽道得令名，是兄之罪；弟不能使兄尽道得令名，是弟之罪。若各各如此存心，则亿万年无纤芥之嫌矣。

　　至于家塾读书之说，我亦知其甚难，曾与九弟面谈及数十次矣。但四弟前次来书，言欲找馆出外教书。兄意教馆之荒功误事，较之家塾为尤甚。与其出而教馆，不如静坐家塾。若云一出家塾便有明师益友，则我境之所谓明师益友者，我皆知之，且已夙夜熟筹之矣。惟汪觉庵师欧阳沧溟先生，是兄意中所信为可师者。然衡阳风俗，只有冬学要紧，自五月以后，师弟皆奉行故事而已。同学之人，类皆庸鄙无志者，又最好讪笑人（其笑法不一，总之不离乎轻薄而已。四弟若到衡阳去，必以翰林之弟相笑，薄俗可恶）。乡间无朋友，实是第一恨事。不惟无益，且大有损。习俗染人，所谓与鲍鱼处，亦与之俱化也。兄尝与九弟道及：谓衡阳不可以读书，涟滨不可以读书，为损友太多故也。今四弟意必从觉庵师游，则千万听兄嘱咐，但取明师之益，无受损友之损也。

　　接到此信，立即率厚二到觉庵师处受业。其束脩，今年谨具钱十挂。兄于八月准付回，不至累及家中。非不欲从丰，实不能耳。兄所最虑者，同学之人无志嬉游，端节以后放散不事事，恐弟与厚二效尤耳。切戒切戒。凡从师必久而后可以获益。四弟与季弟今年从觉庵师，若地方相安，则明年仍可从游；若一年换一处，是即无恒者，见异思迁也，欲求长进难矣。

此以上答四弟信之大略也。

六弟之信,乃一篇绝妙古文。排奡似昌黎,拗很似半山。予论古文,总须有倔强不驯之气,愈拗愈深之意。故于太史公外,独取昌黎、半山两家。论诗亦取傲兀不群者,论字亦然。每蓄此意,而不轻谈。近得何子贞意见极相合,偶谈一二句,两人相视而笑,不知六弟乃生成有此一枝妙笔。往时见弟文,亦无大奇特者。今观此信,然后知吾弟真不羁才也。欢喜无极,欢喜无极!凡兄所有志而力不能为者,吾弟皆可为之矣。

信中言兄与诸君子讲学,恐其渐成朋党。所见甚是。然弟尽可放心。兄最怕标榜,常存暗然尚䌷之意,断不至有所谓门户自表者也。信中言四弟浮躁不虚心,亦切中四弟之病。四弟当视为良友药石之言。

信中又有"荒芜已久、甚无纪律"二语。此甚不是。臣子与君亲,但当称扬善美,不可道及过错;但当谕亲于道,不可疵议细节。兄从前常犯此大恶,但尚最腹诽,未曾形之笔墨。如今思之,不孝孰大乎是?常与阳牧云并九弟言及之,以后愿与诸弟痛惩此大罪。六弟接到此信,立即至父亲前磕头,并代我磕头请罪。

信中又言弟之牢骚,非小人之热中,乃志士之惜阴。读至此,不胜惘然,恨不得生两翅忽飞到家,将老弟劝慰一番,纵谈数日乃快。然向使诸弟已入学,则谣言必谓学院做情。众口铄金,何从辩起!所谓塞翁失马,安知非福。科名迟早,实有前定,虽惜阴念切,正不必以虚名萦怀耳。

来信言看《礼记》疏一本半,浩浩茫茫,苦无所得,今已尽弃,不敢复阅。现读《朱子》纲目,日十余页云云。说到此处,兄不胜悔恨。恨早岁不曾用功,如今虽欲教弟,譬盲者而欲导人之迷途也,求其不误难矣。然兄最好苦思,又得诸益友相质证,于读书之道,有必不可易者数端。

穷经必专一经,不可泛骛。读经以研寻义理为本,考据名物为末,读经有一耐字诀。一句不通,不看下句;今日不通,明日再读;今年不精,明年再读。此所谓耐也。读史之法,莫妙于设身处地。每看一处,如我便与当时之人酬酢笑语于其间。不必人人皆能记也,但记一人,则恍如接其人;不必事事皆能记也，但记一事，则恍如亲其事。经以穷理，史以考事。舍此二者，更别无学矣。

盖自西汉以至于今，识字之儒约有三途：曰义理之学，曰考据之学，曰词章之学。各执一途，互相诋毁。兄之私意，以为义理之学最大。义理明则躬行有要而经济有本。词章之学，亦所以发挥义理者也。考据之学，吾无取焉矣。此三途者，皆从事经史，各有门径。吾以为欲读经史，但当研究义理，则心一而不纷，是故经则专守一经，史则专熟一代，读经史则专主义理。此皆守约之道，确乎不可易者也。

若夫经史而外，诸子百家，汗牛充栋。或欲阅之，但当读一人之专集，不肯东翻西阅。如读昌黎集，则目之所见，耳之所闻，无非昌黎。以为天地间，除昌黎集而外，更别无书也。此一集未读完，断断不换他集，亦专字诀也。六弟谨记之。

读经、读史、读专集、讲义理之学，此有志者万不可易者也。圣人复起，必从吾言矣。然此亦仅为有大志者言之。若夫为科名之学，则要读四书文，读试帖、律赋，头绪甚多。四弟、九弟、厚二弟天质较低，必须为科名之学。六弟既有大志，虽不科名可也，但当守一耐字诀耳。观来信读《礼记》疏似不能耐者，勉之勉之。

兄少时天分不甚低，厥后日与庸鄙者处，全无所闻，窃被茅塞久矣。及乙未到京后，始有志学诗古文并作字之法，亦苦无良友。近年得一二良友，知有所谓经学者、经济者，有所谓躬行实践者，始知范、韩可学而至也，司马迁、韩愈亦可学而至也，程、朱亦可学而至也。慨然思尽涤前日之污，以为更生之人，以为父母之肖子，以为诸弟之先导。无如体气本弱，耳鸣不止，稍稍用心，便觉劳顿。每自思念，天既限我以不能苦思，是天不欲成我之学问也。故近日以来，意颇疏散。计今年若可得一差，能还一切旧债，则将归田养亲，不复恋恋于利禄矣。粗识几字，不敢为非以蹈大戾已耳，不复有志于先哲矣。吾人第一以保身为要。我所以无大志愿者，恐用心太过，足以疲神也。诸弟亦须时时以保身为念，无忽无忽。

来信又驳我前书，谓必须博雅有才，而后可明理有用。所见极是。兄前书之意，盖以躬行为重，即子夏"贤贤易色"章之意。以为博雅者不足贵，惟明理者乃有用，特其立论过激耳。六弟信中之意，以为不博雅多闻，安能明理有用？立论极精，但弟须力行之，不可徒与兄辨驳见长耳。

来信又言四弟与季弟从游觉庵师，六弟、九弟仍来京中，或肄业城南云云。兄之欲得老弟共住京中也，其情如孤雁之求曹也。自九弟辛丑秋思归，兄百计挽留，九弟当能言之。及至去秋决计南归，兄实无可如何，只得听其自便。若九弟今年复来，则一岁之内忽去忽来，不特堂上诸大人不肯，即旁观亦且笑我兄弟轻举妄动。且两弟同来，途费须得八十金，此时实难措办。弟云能自为计，则兄窃不信。曹西垣去冬已到京，郭云仙明年始起程，目下亦无好伴。惟城南肄业之说，则甚为得计。兄于二月间准付银二卜两至金竺虔家，以为六弟、九弟省城读书之用。竺虔于二月起身南旋，其银四月初可到。

弟接到此信，立即下省肄业。省城中兄相好的如郭云仙、凌笛舟、孙芝房，皆在别处坐书院。贺蔗农、俞岱青、陈尧农、陈庆覃诸先生皆官场中人，不能伏案用功矣。惟闻有丁君者（名叙忠，号秩臣，长沙廪生），学问切实，践履笃诚。兄虽未曾见面，而稔知其可师，凡与我相好者，皆极力称道丁君。两弟到省，先到城南住斋，立即去拜丁君（托陈季牧为介绍），执贽受业。凡人必有师；若无师，则严惮之心不生。此外择友则慎之又慎。昌黎曰："善不吾与，吾强与之附；不善不吾恶，吾强与之拒。"一生之成败，皆关乎朋友之贤否，不可不慎也。

来信以进京为上策，以肄业城南为下策。兄非不欲从上策，因九弟去来太速，不好写信禀堂上。不特九弟形迹矛盾，即我禀堂上亦必自相矛盾也。又目下实难办途费。六弟言能自为计，亦未历甘苦之言耳。若我今年能得一差，则两弟今冬与朱啸山同来甚好。目前且从次策。如六弟不以为然，则再写信来商议可也。此答六弟信之大略也。

九弟之信，写家事详细，惜说话太短。兄则每每太长，以后截长补短

为妙。尧阶若有大事，诸弟随去一人帮他几天。牧云接我长信，何以全无杳信？毋乃嫌我话本直乎？扶乩之事，全不足信。九弟总须立志读书，不必想及此等事。季弟一切皆须听诸兄话。此次折弁走甚急，不暇抄日记本。余容后告。

冯树堂闻弟将到省城，写一荐条，荐两朋友。弟留心访之可也。

正月十七日

致诸弟：读书宜专习字宜有恒

温甫六弟左右：

五月二十九、六月初一连接弟三月初一、四月二十五、五月初一三次所发之信，并四书文二首，笔仗实实可爱。

信中有云"于兄弟则直达其隐，父子祖孙间不得不曲致其情"，此数语有大道理。余之行事，每自以为至诚可质天地，何妨直情径行。昨接四弟信，始知家人天亲之地。亦有时须委曲以行之者，吾过矣，吾过矣。

香海为人最好，吾虽未与久居，而相知颇深，尔以兄事之可也。丁秩臣、王衡臣两君，吾皆未见，大约可为尔之师。或师之，或友之，在弟自为审择。若果威仪可测、淳实宏通，师之可也；若仅博雅能文，友之可也。或师或友，皆宜常存敬畏之心，不宜视为等夷，渐至慢亵，则不复能受其益矣。

尔三月之信所定功课太多，多则必不能专，万万不可。后信言已向陈季牧借《史记》，此不可不熟看之书。尔既读《史记》，则断不可看他书。功课无一定呆法，但须专耳。余从前教诸弟，常限以功课。近来觉限人以课程，往往强人以所难，苟其不愿，虽日日遵照限程，亦复无益，故近来教弟但有一专字耳。专字之外，又有数语教弟，兹特将冷金笺写出。弟可贴之座右，时时省览，并抄一副寄家中三弟。

香海言时文须学《东莱博议》，甚是。尔先须用笔圈点一遍，然后自选几

篇读熟，即不读亦可。无论何书，总须从首至尾通看一遍。不然，乱翻几页，摘抄几篇，而此书之久局精处茫然不知也。

学诗从《中州集》人亦好。然吾意读总集，不如读专集。此事人人意见各殊，嗜好不同。吾之嗜好，于五古则喜读《史选》，于七古则喜读昌黎集，于五律则喜读杜集，七律亦最喜杜诗，而苦不能步趋，故兼读元遗山集。吾作诗最短于七律，他体皆有心得，惜京都无人可与畅语。尔要学诗，先须看一家集，不要东翻西阅。先须学一体，不可各体同学。盖明一体，则皆明也。凌笛舟最善为律诗，若在省，尔可就之求教。

习字临《千字文》亦可，但须有恒。每日临帖一百字，万万无间断，则数年必成书家矣。陈季牧最喜谈字，且深思善悟。吾见其寄岱云信，实能知写字之法，可爱可畏。尔可从之切磋。此等好学之友，愈多愈好。

来信要我寄诗回南。余今年身体不甚壮健，不能用心，故作诗绝少，仅作感春诗七古五章。慷慨悲歌，自谓不让陈卧子，而语太激烈，不敢示人。余则仅作应酬诗数首，了无可观。顷作寄贤弟诗二首，弟观之以为何如？京笔现在无便可寄，总在秋间寄回。若无笔写，暂向陈季牧借一支，后日还他可也。

六月初六日

致诸弟：勉在孝悌上用功

澄侯、叔淳、季洪三弟左右：

五月底连接三月一日、四月十八两次所发家信。

四弟之信，具见真性情，有困心横虑、郁积思通之象。此事断不可求速效。求速效必助长，非徒无益，而又害之。只要日积月累，如愚公之移山，终久必有豁然贯通之候；愈欲速则愈锢蔽矣。

来书往往词不达意，我能深谅其苦。今人都将学字看错了。若细读"贤

贤易色"一章，则绝大学问即在家庭日用之间。于孝悌两字上尽一分便是一分学，尽十分便是十分学。今人读书皆为科名起见，于孝悌伦纪之大，反似与书不相关。殊不知书上所载的，作文时所代圣贤说的，无非要明白这个道理。若果事事做得，即笔下说不出何妨！若事事不能做，并有亏于伦纪之大，即文章说得好，亦只算个名教中之罪人。贤弟性情真挚，而短于诗文，何不日日在孝悌两字上用功？《曲礼》《内则》所说的，句句依他做出，务使祖父母、父母、叔父母无一时不安乐，无一时不顺适；下而兄弟妻子皆蔼然有恩，秩然有序，此真大学问也。若诗文不好，此小事，不足计；即好极，亦不值一地。不知贤弟肯听此语否？

科名之所以可贵者，谓其足以承堂上之欢也，谓禄仕可以养亲也。今吾已得之矣，即使诸弟不得，亦可以承欢，可以养亲，何必兄弟尽得哉？贤弟若细思此理，但于孝悌上用功，不于诗文上用功，则诗文不期进而自进矣。

凡作字总须得势，务使一笔可以走千里。三弟之字，笔笔无势，是以局促不能远纵。去年曾与九弟说及，想近来已忘之矣。

九弟欲看余白折。余所写折子甚少，故不付。大铜尺已经寻得。付笔回南，目前实无妙便，俟秋间定当付还。

去年所寄牧云信未寄去，但其信前半劝牧云用功，后半劝凌云莫看地，实有道理。九弟可将其信抄一遍仍交与他，但将纺棉花一段删去可也。地仙为人主葬，害人一家，丧良心不少，来有不家败人亡者，不可不力阻凌云也。至于纺棉花之说，如直隶之三河县、灵寿县，无论贫富男妇，人人纺布为生，如我境之耕田为生也。江南之妇人耕田，犹三河之男人纺布也。湖南如浏阳之夏布、祁阳之葛布、宜昌之棉布，皆无论贫富男妇，人人依以为业。此并不足为骇异也。第风俗雌以遽变，必至骇人听闻，不如删去一段为妙。书不尽言。

六月初六日

致诸弟：讲事贵乎专之理

四位老弟左右：

正月二十三日接到诸弟信，系腊月十六在省城发，不胜欣慰。四弟女许朱良四姻伯之孙，兰姊女许贺孝七之子，人家甚好，可贺。惟蕙妹家颇可虑，亦家运也。

六弟、九弟今年仍读书省城，罗山兄处附课甚好。既在此附课，则不必送诗文与他处看，以明有所专主也。凡事皆贵专。求师不专，则受益也不入；求友不专，则博爱而不亲。心有所专宗，而博观他途以扩其识，亦无不可。无所专宗，而见异思迁，此眩彼夺，则大不可。罗山兄甚为刘霞仙、欧晓岑所推服，有杨生（任光）者，亦能道其梗概，则其可为师表明矣，惜吾不得常与居游也，在省用钱，可在家中支用（银三十两则够二弟一年之用亦，亦在吾寄一千两之内）。予不能别寄与弟也。

我去年十一月二十日留京，彼时无折差回南，至十二月中旬始发信，乃两弟之信骂我糊涂。何不检点至此！赵子舟与我同行，曾无一信，其糊涂更何如耶？余自去年五月底至腊月初未尝接一家信。我在蜀可写信由京寄家，岂家中信不可由京寄蜀耶？又将骂何人糊涂耶？凡动笔不可不检点。

陈尧农先生信至今未接到。黄仙垣未到京。家中付物，难于费心，以后一切布线等物，均不必付。九弟与郑、陈、冯、曹四信，写作俱佳，可喜之至。六弟与我信字太草率，此关乎一生福分，故不能不告汝也。四弟写信语太不圆，由于天分，吾不复责。余容续布，诸惟心照。

正月二十六日

致诸弟：进德修业全由自主

四位老弟左右：

昨二十七日接信，畅快之至，以信多而处处详明也。

四弟七夕诗甚佳，已详批诗后。从此多作诗亦甚好，但须有志有恒，乃有成就耳。余于诗亦有工夫，恨当世无韩昌黎及苏、黄一辈人可与发吾狂言者。但人事太多，故不常作诗，用心思索，则无时敢忘之耳。

吾人只有进德、修业两事靠得住。进德，则孝悌仁义是也；修业，则诗文作字是也。此二者由我作主，得尺则我之尺也，得寸则我之寸也。今日进一分德，便算积了一升谷；明天修一分业，又算余了一文钱，德业并增，则家私日起。至于功名富贵，悉由命定，丝毫不能自主。昔某官有一门生为本省学政，托以两孙当面拜为门生。后其两孙岁考临场大病，科考丁艰，竟不入学。数年后两孙乃皆人，其长者仍得两榜。此可见早迟之际，时刻皆有前定。尽其在我，听其在天，万不可稍生妄想。六弟天分较诸弟更高，今年受黜，未免愤怨。然及此正可困心横虑，大加卧薪尝胆之功，切不可困愤废学。

九弟劝我治家之法，甚有道理。喜甚慰甚。自荆七遣去之后，家中亦甚整齐，待率五归家便知。《书》曰："非知之艰，行之维艰。"九弟所言之理，亦我所深知者。但不能庄严威厉，使人望若神明耳。自此后，当以九弟言书诸绅而刻刻警省。

季弟天性笃厚，诚如四弟所云"乐何如之"。求我示读书之法及进德之道，另纸开示。余不具。

八月二十九日

致诸弟：事事应勤思善问

四诸老弟足下：

去年十二月二十二日寄去书函谅已收到。顷接四弟信，谓前信小注中误写二字。其诗比即付还，今亦忘其所误谓何矣。

诸弟写信总云仓忙，六弟去年曾言城南寄信之难，每次至抚院赍奏厅打听云云。是何其蠢也！静坐书院三百六十日，日日皆可写信，何必打听折差行期而后动笔哉？或送至提塘，或送至岱云家，皆万无一失，何必问了无关涉之赍奏厅哉？若弟等仓忙，则兄之仓忙殆过十倍，将终岁无一字寄家矣！

送王五诗第二首，弟不能解，数千里致书来问。此极虚心，余得信甚喜。若事事勤思善问，何患不一日千里？兹另纸写明寄回。家塾读书，余明知非诸弟所甚愿，然近处实无名师可从，省城如陈尧农、罗山皆可谓明师，而六弟、九弟又不善求益；且住省二年。诗文与字皆无大挺进。如今我虽欲再言，堂上丈人亦必不肯听。不如安分耐烦，寂处里间，无师无友，挺然特立，作第一等人物。此则我之所期于诸弟者也。昔婺源汪双池先生一贫如洗，三十以前在窑上为人佣工画碗，三十以后读书，训蒙到老，终身不应科举。卒著书百余卷，为本朝有数名儒。彼何尝有师友哉？又何尝出里间哉？余所望于诸弟者，如是而已，然总不出乎立志有恒四字之外也。

买笔付回，刻下实无妙便，须公车归乃可带回。大约府试院试可得用，县试则赶不到也。诸弟在家作文，若能按月付至京，则余请树堂看。随到随改，不过两月，家中又可收到。书不详尽，余俟续具。

二月初一日

致诸弟：切勿恃才傲物

四位老弟足下：

前次回信内有四弟诗，想已收到。九月家信有送率五诗五首，想已阅过。吾人为学最要虚心。尝见朋友中有美材者，往往恃才傲物，动谓人不如己，见乡墨则骂乡墨不通，见会墨则骂会墨不通，既骂房官，骂主考；未入学者则骂学院。平心而论，己之所为诗文，实亦无胜人之处；不特无胜人之处，而且有不堪对人之处。只为不肯反求诸己，便都见得人家不是，既骂考官，又骂同考而先得者。傲气既长，终不进功，所以潦倒一生而无寸进也。

余平生科名极为顺遂，惟小考七次始售。然每次不进，未尝敢出一怨言，但深愧自己试场之诗文太丑而已。至今思之，如芒在背。当时之不敢怨言，诸弟问父亲、叔父搜朱尧阶便知。盖场屋之中，只有文丑而侥幸者，断无文佳而埋没者，此一定之理也。

三房十四叔非不勤读，只为傲气太胜，自满自足，遂不能有所成。京城之中，亦多有自满之人。识者见之，发一冷笑而已。又有当名士者，视科名为粪土，或好作诗古，或好讲考据，或好谈理学，嚣嚣然自以为压倒一切矣。自识者观之，彼其所造，曾无几何，亦足发一冷笑而已。故吾人用功，力除傲气，力戒自满，毋为人所冷笑，乃有进步也。

诸弟平日皆恂恂退让，第累年小试不售，恐因愤激之人，致生骄惰之气，故特作书戒之，务望细思吾言而深省焉。幸甚幸甚。

十月二十一日

致诸弟：勉行事以有恒为要

四位老弟足下：

前月寄信，想已接到。余蒙祖宗遗泽、祖父教训，幸得科名，内顾无所忧，外遇无不如意，一无所缺矣。所望者再得诸弟强立，同心一力，何患令名之不显？何患家运之不兴？欲别立课程，多讲规条，使诸弟遵而行之，又恐诸弟习见而生厌心；欲默默而不言，又非长兄督责之道。是以往年常示诸弟以课程，近来则只教以有恒二字。所望于诸弟者，但将诸弟每月功课写明告我，则我心大慰矣。乃诸弟每次写信，从不将自己之业写明，乃好言家事及京中诸事。此时家中重庆，外事又有我料理，诸弟一概不管可也。以后写信，但将每月作诗几首，作文几首，看书几卷，详细告我，则我欢喜无量。诸弟或能为科名中人，或能为学问中人，我之欢喜一也。慎弗以科名稍迟，而遂谓无可自力也。如霞仙今日之身份，则比等闲之秀才高矣。若学问愈进，身份愈高，则等闲之举人、进士又不足论矣。

学问之道无穷，而总以有恒为主。兄往年极无恒，近年略好，而犹未纯熟，自七月初一起，至今则无一日间断。每日临帖百字，抄书百字，看书少亦须满二十页，多则不论。自七月起，至今已看过《王荆公文集》百卷，《归震川文集》四十卷，《诗经大全》二十卷，《后汉书》百卷，皆朱笔加圈批。虽极忙，亦须了本日功课，不以昨日耽搁而今日补做，不以明日有事而今日不做。诸弟若能有恒如此。则虽四弟中等之资，亦当有所成就，况六弟、九弟上等之资乎？

明年肄业之所，不知已有定否？或在家，或在外，无不可者。谓在家不可用功，此巧于卸责者也，吾今在京，日日事务纷冗，而犹可以不间断，况家中万万不及此闻之纷冗乎？树堂、筠仙自十月起，每十日作文一首，每日

看书十五页，亦极有恒。诸弟试将《朱子<纲目>》过笔圈点，定以有恒，不过数月即圈完矣。若看注疏，每经亦不过数月即完。切勿以家中有事而间断看书之课，又弗以考试将近而间断看书之课。虽走路之日，到店亦可看；考试之日，出场亦可看也。

兄日夜悬望，独此有恒二字告诸弟，伏愿诸弟刻刻留心，幸甚幸甚。

十一月二十一日

致诸弟：居家以勤劳为要

澄侯、温甫、子植、季洪老弟足下：

十四日良五、彭四回家，寄去一信，谅已收到。

嗣罗山于十六日回剿武汉，霞仙亦即同去。近接武昌信息，知李鹤人于八月初二日败挫，金口陆营被贼踏毁。胡润芝中丞于初八日被贼破，南北两岸陆军皆溃，势已万不可支。幸水师尚足自立，杨、彭屯扎沌口。计罗山一军可于九月初旬抵鄂，或者尚有转机。即鄂事难遽旋转，而罗与杨、彭水陆依护，防御于岳鄂之间，亦必可固湘省北路之藩篱也。内湖水师，自初八日以后迄未开仗，日日操演。次青尚扎湖口，周凤山尚扎九江，俱属安谧。

荀十一于初八日在湖口阵亡，现在寻购尸首，尚未觅得，已奏请千总例赐恤。将来若购得尸骸，当为之送柩回里。如不可觅，亦必醵金寄恤其家。此君今年大病数月，方经痊愈即行出队开仗。人劝之勿出，坚不肯听，卒以力战捐躯，良可伤悯。可先告知其家也。去年腊月二十五夜之役，监印官潘兆奎与文生葛荣册（即元五）同坐一船，均报阵亡，已能入奏请恤矣。顷潘兆奎竟回至江西，云是夜遇渔船捞救得生，则葛元五或尚未死，亦不可知，不知其家中人有音耗否？

余癣疾稍愈，今年七八两月最甚，为数年之第一次。近日诸事废弛，故得略痊。余俟续布，顺问近好。

甲三、甲五等兄弟，总以习劳苦为第一要义。生当乱世，居家之道，不可有余财，多财则终为患害。又不可过于安逸偷惰。如由新宅至老宅，必宜常常走路，不可坐轿骑马。又常常登山，亦可以练习筋骸。仕宦之家，不蓄积银钱，使子弟自觉一无可恃，一日不勤，则将有饥寒之患，则子弟渐渐勤劳，知谋所以自立矣。

再，父亲大人于初九日大寿，此信到日，恐已在十二以后。余二十年来，仅在家拜寿一次。游子远离，日月如梭，喜惧之怀，寸心惴惴。又十一月初三日为母亲大人七旬一冥寿，欲设为道场，殊非儒者事亲之道；欲开筵觞客，又乏哀痛未忘之意。兹幸沅弟得进一阶，母亲必含笑于九泉。优贡匾额，可于初三日悬挂。祭礼须报丰腆，即以祭余宴客可也。

我家挂匾，俱不讲究。如举人即用横匾"文魁"二字，进士即用横匾"进士"二字，翰林即用直匾"翰林第"（或用"院"字）三字，诰封用直匾"诰封光禄大夫"等字，优贡即用横匾"优贡"二字。如礼部侍郎不可用匾，盖官阶所历定也。前此用"进士及第"直匾亦属未妥。

昨接上谕，补兵部右侍郎缺。此缺二十九年八月曾署理一次，日内当具折谢恩。

澄侯弟在县何日归家？办理外事，实不容易，徒讨烦恼。诸弟在家，吾意以不干预县府公事为妥，望细心察之。即问近好。

父亲大人前跪禀万福金安、叔父大人前敬请福安。

八月二十七日

致诸弟：读经书须速点速读

澄侯四弟左右：

二十八日，由瑞州营递到父大人手谕并弟与泽儿等信，俱悉一切。

六弟在瑞州，办理一应事宜尚属妥善，识见本好，气质近亦和平。九弟

治军严明,名望极振。吾得两弟为帮手,大局或有转机。次青在贵溪尚平安,惟久缺口粮,又败挫之后,至今尚未克整顿完好。雪琴在吴城名声尚好,惟水浅不宜舟战,时时可虑。

余身体平安;癣疾虽发,较之往在京师则已大减。幕府乏好帮手,凡奏折、书信、批禀均须亲手为之,以是未免有延搁耳。余性喜读书,每日仍看数十页,亦不免抛荒军务,然非此更无以自怡也。

纪泽看《汉书》,须以勤敏行之。每日至少须看二十页,不必惑于在精不在多之说。今日半页,明日数页,又明几耽搁间断,或数年而不能毕一部,如煮饭然,歇火则冷,小火则不熟,须用大柴大火乃易成也。甲五经书已读毕否?须速点速读,不必一一求熟。恐因求熟之一字,而终身未能读完经书。吾乡子弟未读完经书者甚多,此后力戒之。诸外甥如未读毕经书,当速补之。至嘱至嘱。

再,余往年在京曾寄银回家,每年或几金或百金不等。以奉堂上之甘旨,一以济族戚之穷乏。自行军以来,仅甲寅冬寄百五十金。今年三月,澄弟在省城李家兑用二百金,此际实不能再寄。盖儿带勇之人,皆不免稍肥私囊。余不能禁人之不苟取,但求我身不苟取。以此风示僚属,即以此仰答圣主。今年江西艰困异常,省中官员有穷窘而不能自存者,即抚藩各衙门亦不能寄银赡家,余何敢妄取丝毫!兹寄银三十两,以二十两奉父亲大人甘旨之需,以十两奉叔父大人含饴之佐。此外,家用及亲族常例概不能寄。

澄弟与我湘潭一别之后,已若漠然不复相关,而前年买衡阳之宅,今年兑李家之银,余皆不以为然,以后余之儿女婚嫁等事,弟尽可不必代管。千万千万!再候近好。

十一月二十九日

致诸弟：言家事国事

澄侯、季洪两弟左右：

九月十二日寄第十号家信，交王人树营勇带归，内有高静轩信一件、杜光邦托信一件、日记数页，计将接到。

十三日发折，奏明改道建昌之故。张凯章于二十四日拔营，由新城之杉关入闽。萧浚川于二十七八拔营，由广昌境内入闽。营中勇夫病者极多，张军之不能从行留建昌养病者全八百人之多，萧军亦复不少。吴翔冈所带千三百人，病者至百人。建昌知府、知县皆病，余身体尚幸平安。许仙屏之父患病，十七日归去省视。现在幕中惟郭意城及其叔笙阶二人，幸事不甚烦，余尚能了之。癣疾近日略愈。

九弟于二十六日到建，兄弟相聚极欢。克复古安案内，湖南保九弟即选府加道衔。九弟若服阕入仕，将来必能作一好官也。

湖南乡试榜发，吾邑得中者三人。傅泽鸿不知即邓帅之徒否？黄南坡之世兄、麓溪之世兄皆中。麓溪年甫三十，而子已登利，可谓早矣。新学政单徐寿蘅放福建、郑小珊放山东。云仙不与，恐其不乐久居京师。

金陵大营去冬即有克复之望，今年六七月间，贼势尤极穷蹙。八月间，逆匪忽破浦口，德钦差营盘失陷。又破汀浦、天长、仪微三县。扬州被嗣，并有失守之说。南京之贼接济已通，气势复旺。天下事诚有非意料所及者，澄弟当自诩先见之明也。

押韵之书、蔬、鱼、猪，不押韵之竹，千万留心，一一培养。下首台上之线瓜、娈瓜今年有收否？冬塘肥鱼望烘几个寄营，一笑。即问近好。

九月二十八日

致诸弟：后辈子侄宜教之以礼

澄侯、季洪两弟左右：

八月十九曾象五来营，二十一日蒋得胜来，接两弟初一、二、三等日之信，俱悉家中四宅平安，不胜忻慰。

余于八月初八日至河口，本拟即日入闽，由铅山进捣崇安，十二日已拜折矣，其折稿寄吉安转寄至家。因闽贼出窜江西，连破泸溪、金溪、安仁三县，不得已派张凯章回剿。十八日抵安仁。十九日大战获胜，克复县城，杀贼约四千余，追至万年、乐平等县，尚未收队。待张军归来，余即率以入闽也。

刘星槎尚未到营。以后家信不可交投效之人带来，渠或中途率计忽归，或投别处军营；即果到，亦迟而又迟。莫如交省城左季高处最为便捷。

家中养鱼、养猪、种竹、种蔬四事，皆不可忽。一则上接祖父以来相承之家风，二则望其外有一种生气，登其庭有一种旺气，虽多花几个钱，多请几个工，但用在此四事上总是无妨。澄弟在家教科一、厚七、旺十习字极好，不特学生有益，亦可教学相长。弟近年书法远逊于昔，在家无事，每日仍可临帖一百字，将浮躁处大加收敛。心以收敛而细，气以收敛而静。于字也有益，于身于家皆有益。明年请师，仍请邓寅皆先生，人品学问，皆为吾邑第一流人。若在我家教得十年，则子侄皆有成矣。葛幸山先生前言愿来余营，不知其计已决否？若不果来，可仍请之教科四、科六。若渠决来军，则科四、六亦可请邓先生教之。

左头横屋配房二间甚好，但嫌其不甚光亮，又嫌由阶基至帐房（即韩升等住房）须由地坪绕入耳。思云馆之外，染坊架子之下尚须添种王瓜竹，夏月思云馆中可生凉风。牛路之内须筑墙一道。田塘上田一丘，秋冬可作菜园。

此皆余在家时与澄弟熟商者，望即行之。

季弟远隔紫甸，余总不放心。汤家屋场之业及各处田业，余皆不愿受。若季弟能在近处居住，或在老屋之上新屋之下中间择买一屋，与季弟安居，我则愿寄钱文至家办成此事。否则，余守旧规不敢少改也。

后辈子侄，总宜教之以礼。出门宜常走路，不可动用车马，长其骄惰之气。一次姑息，二次、三次姑息，以后骄惯则难改，不可不慎。顺问近好。

兄国藩手草。

八月二十二日

致诸弟：家事切不可趋于奢华

澄侯四弟左右：

前寄一缄，想已入览。近日江浙军事大变，自闰月十六日金陵大营溃败退守镇江，旋退保丹阳。二十九日丹阳失守，张国梁阵亡。四月初五日和雨亭将军、何根云制军退至苏州。初十日无锡失守。十三日苏州失守。目下浙江危急之至。孤城新复，无兵无饷，又无军火器械，贼若再至，亦难固守。东南大局一旦瓦裂，皖北各军必有分援江浙之命，非胡润帅移督两江，即余往视师苏州。二者苟有其一，则目下此间三路进兵之局不能不变。抽兵以援江浙，又恐顾此而失彼；贼若得志于江浙，则江西之患亦近在眉睫。吾意劝湖南将能办之兵力出至江西，助防江西之北界，免致江西糜烂后湖南专防东界，则劳费多而无及矣。不知湖南以吾言为然否？左季高在余营住二十余日，昨已归去。渠尚肯顾大局，但与江西积怨颇深，恐不愿帮助耳。沅弟、季弟新围余庆，正得机得势之际，不肯舍此而它适。余则听天由命，或皖北，或江南，无所不可，死生早已置之度外，但求临死之际，寸心无可悔恨，斯为大幸。

家中之事，望贤弟力为主持，切不可日趋于奢华。子弟不可学大家口吻，动辄笑人之鄙陋，笑人之寒伧，日习于骄纵而不自知。至戒至嘱。余本思将

书、蔬、鱼、猪、早、扫、考、宝八字作一寿屏为贤弟夫妇贺生，日内匆匆，尚未作就。兹先寄燕菜一匣、秋罗一匹，为弟中外称庆。其寿屏亦准于五月续寄也。又寄去银五十两、袍褂料一套，为甲五侄新婚贺仪。嗣后诸侄皆照此样，余去年寄内人信已详之矣。弟身体全好否？两足流星落地否？余目疾近日略好。有言早洗面水泡洗二刻即效，比试行之。诸请放心。即问近好，并祝中外大寿。

四月二十四日

致子女：言语举止要稳重

字谕纪泽、纪鸿儿：

十月二十九日接尔母及澄叔信，又棉鞋瓜子二包，得知家中各宅平安。泽儿在汉口阻风六日，此时当已抵家，举止要重，发言要慎。尔终身要牢记此二语，无一刻可忽也。

余日内平安，鲍、张二军亦平安。左军二十二日在贵溪获胜一次，二十九日在德兴小胜一次，然贼数甚众，尚属可虑。普军在建德，贼以大股往扑，只要左、普二军站得住，则处处皆稳矣。

泽儿字，天分甚高，但少刚劲之气，须用一番苦工夫，切莫把天分自弃了。家中大小，总以起早为第一义。澄叔处，此次未写信，尔等禀之。

十一月初四日

致子女：饭后数千步乃养生要诀

字谕纪泽儿：

曾名琮来，接尔十一月二十五日禀，知十五、十七尚有两禀未到。尔体甚弱，咳吐咸痰，吾尤以为虑，然总不宜服药。药能活人，亦能害人。良医则活人者十之七，害人者十之三；庸医则害人者十之七，活人者十之三。余在乡在外，凡目所见者，皆庸医也。余深恐其害人，故近三年米，决计不服医生所开之方药，亦不令尔服乡医所开之方药。见理极明，故言之极切，尔其敬听而遵行之。每日饭后走数千步，是养生家第一秘决。尔每餐食毕，可至唐家铺一行，或至澄叔家一行，归来大约可三千余步。三个月后，必有大效矣。

尔看完《后汉书》，须将《通鉴》看一遍。即将京中带回之《通鉴》，仿照余法，用笔点过可也。尔走路近略重否？说话略钝否？千万留心，此谕。

十二月二十四日

致子女：释文中雄奇之道

字谕纪泽儿：

腊月二十九日接尔一禀，系十一月四日送家信之人带回，又由沅叔处送到尔初归时二信，慰悉。尔以十四日到家，而鸿儿十八日禀中言尔总在日内可到，何也？岂鸿信十三四写就而朱金权于十八日始署封面耶？霞仙先生之令弟仙逝，余于近日当写唁信，并寄奠仪。尔当先去吊唁。

尔问文中雄奇之道，雄奇以行气为上，造句次之，选字又次之。然未有字不古雅而句能古雅，句不古雅而气能古雅者；亦未有字不雄奇而句能雄奇，句不雄奇而气能雄奇者。是文章之雄奇，其精处在行气，其粗处全在造句选字也。余好古人雄奇之文，以昌黎为第一，扬子云次之。二公之行气，本之天授。至于人事之精能，昌黎则造句之工夫居多，子云则选字之工夫居多。

尔问叙事志传文难于行气，是殊不然。如昌黎《曹成王碑》《韩许公碑》，固属千奇万变，不可方物，即卢夫人之铭、女挐之志，寥寥短篇，亦复雄奇崛强。尔试将此四篇熟看，则知二大二小，各极其妙矣。

尔所作《雪赋》，词意颇古雅，惟气势不畅，对仗不工。两汉不尚对仗，潘、陆则对矣，汀鲍、庾、徐则工对矣。尔宜从对仗上用工夫。此嘱。

正月初四日

致子女：学文宜分类手抄

字谕纪泽儿：

余送叔父母生日礼目，鱼翅二斤太大，不好带，改送洋带一根。此带颇奇，可松可紧，可大可小，大而星冈公之腹可用也，小而鼎二、三之腰亦可用也。此二根皆送轩叔，春罗送叔母。

"尔作时文，宜先讲词藻，欲求词藻富丽，不可不分"类抄最体面话头。近世文人，如袁简斋、赵瓯北、吴谷人，皆有手抄词藻小本，此众人所共知者。阮文达公为学政时，搜出生童夹带，必自加细阅。如系亲手所抄，略有条理者，即予进学；如系请人所抄，概录陈文者，照例罪斥。阮公一代宏儒，则知文人不可无手抄夹带小本矣。昌黎之记事提要、纂言钩玄，亦系分类手抄小册也。尔去年乡试之文，太无词藻，几不能敷衍成篇。此时下手工夫，以分类手抄词藻为第一义。

尔此次复信，即将所分之类开列目录，附禀寄来。分大纲子目，如伦纪类为大纲，则君臣、父子、兄弟为子目；王道类为大纲，则井田、学校为子目。此外各门可以类推。尔曾看过《说文》、《经义述闻》，二书中可抄者多。此外如江慎修之《类腋》及《子史精华》、《渊鉴类函》，则可抄者尤多矣，尔试为之。此科名之要道，亦即学问之捷径也。此谕。

五月初四日

致子女：看书不可不择

字谕纪泽：

前次于诸叔父信中，复示尔所问各书帖之目。乡间苦于无书，然尔生今日，吾家之书，业已百倍于道光中年矣。买书不可不多，而看书不可不知所择。以韩退之为千古大儒，而自述其所服膺之书，不过数种：曰《易》、曰《书》、曰《诗》、曰《春秋左传》、曰《庄子》、曰《离骚》、曰《史记》，同相如、子云。柳子厚自述其所得，正者：曰《易》、曰《书》、曰《诗》、曰《礼》、曰《春秋》；旁者：曰《谷梁》、曰《孟》、《荀》、曰《庄》、《老》、曰《国语》、曰《离骚》、曰《史记》。二公所读之书，皆不甚多。本朝善读古书者，余最好高邮王氏父子，曾为尔屡言之矣。今观怀祖先生《读书杂志》中所考订之书：曰《逸周书》、曰《战国策》、曰《史记》、曰《汉书》、曰《管子》、曰《晏子》、曰《墨子》、曰《荀子》、曰《淮南子》、曰《后汉书》、曰《老》《庄》、曰《吕氏春秋》、曰《韩非子》、曰《扬子》、曰《楚辞》、曰《文选》，凡十六种。又别著《广雅疏证》一种、伯申先生《经义述闻》中所考订之书：曰《易》、曰《书》、曰《诗》、曰《周官》、曰《仪礼》、曰《大戴礼》、曰《礼记》、曰《左传》、曰《国语》、曰《公羊》、曰《谷梁》、曰《尔雅》，凡十二种。王氏父子之博，古今所罕，然亦不满三十种也。余于《四书》、《五经》之外，最好《史记》、《汉书》、《庄子》、《韩》文四种，好之十余年，惜不能熟读精考。又好《通鉴》、《文选》及姚姬传所选《古文辞类纂》、余所选《十八家诗抄》四种，共不过十余种。早岁笃志为学，恒思将此十余书贯串精通，略作札记。仿顾亭林、王怀祖之法。今年齿衰老，时事日艰，所志不克成就，中夜思之，每用愧悔。泽儿若能成吾之志，将《四书》、《五经》及余所好之八种——熟读而深思之，略作札记，以志所得，以著所疑，则余

欢欣快慰,夜得甘寝,此外别无所求矣。至王氏父子所考订之书二十八种,凡家中所无者,尔可开一单来,余当一一购得寄回。

学问之途,自汉至唐,风气略同,自宋至明,风气略同;国朝又自成一种风气,其尤著者,不过顾、阎(百诗)、戴(东原)、江(慎修)、钱(辛楣)、秦(味经)、王(怀祖)数人,而风会所扇,群彦云兴。尔有志读书,不必别标汉学之名目,而不可不窥数君子之门径。凡有所见闻,随时禀知,余随时谕答,较之当面回答,更易长进也。

四月二十一日

致子女:看注疏及写字方法

字谕纪泽儿:

接尔七月十三、二十七日两禀,并赋一篇,尚自气势,兹批出发还(尚未批,下次再发)。凡作文,末数句要吉祥;凡作字,墨色要光润。此先大夫竹亭公常以教余与诸叔父者。父谨记之,无忘祖训。尔问各条,分列不知。尔问《五箴》末句"敢告马走"。凡箴以《虞箴》为最古(《左传·襄公》),其末曰"鲁臣司原,敢告仆人"。意以鲁臣自司郊原之责,吾不敢直告之,但告其仆耳。扬子云仿之作《州箴》。冀州曰:牧臣司冀,敢告在阶。扬州曰:牧臣司扬,敢告执筹。荆州曰:牧匪司荆,敢告执御。青州曰:牧臣司青,敢告执矩。徐州曰:牧臣司徐,敢告仆夫。余之"敢告马走",即此类也走犹仆也(见司马迁《任安书》注、班固《宾戏》注)。朱子作《敬箴》,曰"敢告灵台",则非仆御之类,于古人微有歧误矣。凡箴以官箴为本,如韩公《血箴》、程子《四箴》、朱子各箴、范浚《心箴》之属,皆失本义。余亦相沿失之。

尔问看注疏之法,"'书经'文义奥衍,注疏勉强牵合",二语甚有所见。《左》疏浅近,亦颇不免。国朝如王西庄(鸣盛)、孙渊如(星衍)、江

艮庭（声）皆注《尚书》，顾亭林（炎武）、惠定字（栋）、王伯申（引之）皆注《左传》，皆刻《皇清经解》中。《书经》则孙注较胜，王、江不甚足取。《左传》则顾、惠、王三家俱精。王亦有《书经述闻》，尔曾看一次矣。大抵《十三经注疏》以一《礼》为最善，《诗》疏次之。此外皆有醇有驳。尔既已看动数经，即须立志全看一过，以期作事有恒，不可半途而废。

尔问作字换笔之法，凡转折之处，如"刁"之类，必须换笔，不待言矣。至并无转折形迹，亦须换笔者。如以一横言之，须有三换笔（末向上挑，所谓磔也，中折而下行，所谓波也，右向上行，所谓勒也；初入手，所谓直来横受也），以一直言之，须有两换笔（直横入），所谓横来直受也，上向左行，至中腹换而右行，所谓努也）。捺与横相似，特末笔磔处更显耳（直波磔入）。撇与直相似，特末笔更撇向外耳（停掠横入）。凡换笔，皆以小圈识之。可以类推凡用笔，须略带欹斜之势，如本斜向左，一换笔则向右矣；本余斜向右，一换则向左矣。举一反三，尔自悟取可也。

李春醴处，余拟送之八十金。若家中未先送，可寄信来。凡家中亲友有废韦事，皆可寄信由营致情也。

涤生手示　八月十二日于黄州

曾国藩智慧箴言录

师友夹持，虽懦夫亦有立志。子思、朱子言为学譬如熬肉，先须猛火煮，然后用漫火温。

——道光二十二年九月十八日与诸弟书

且苟能发奋自立，则家塾可读书，即旷野之地、热闹之场，亦可读书。负薪牧豕，皆可读书；苟不能发奋自立，则家塾不宜读书，即清净之乡、神仙之境，皆不能读书，何必择地？何必择时？但自问立志之真不真耳！

——道光二十二年十月廿六日与诸弟书

君子之立志也，有民胞物与之量，有内圣外王之业，而后不忝于父母之所生，不愧为天地之完人。

——道光二十二年十月廿六日与诸弟书

盖士人读书，第一要有志，第二要有识，第三要有恒。有志，则断不甘为下流。有识，则知学问无尽，不敢以一得自足，如河伯之观海，如井蛙之窥天，皆无识者也。有恒，则断无不成之事。此三者缺一不可。

——道光二十二年十二月二十日与诸弟书

为人王者，若使父母见得我好些，谓诸兄弟俱不及我，这便是不孝；若

使族党称道我好些，谓诸兄弟俱不如我，这便是不弟。

——道光二十三年正月十七日与诸弟书

读经有一"耐"字诀：一句不通，不看下句；今日不通，明日再读；今年不精，明年再读，此所谓耐也。读史之法，莫妙于设身处地。

——道光二十三年正月十七日与诸弟书

凡人必有师，若无师，则严惮之心不生。一生之成败，皆关乎朋友之贤否，不可不慎也。

——道光二十三年正月十七日与诸弟书

兄弟和，虽穷氓小户必兴；兄弟不和，虽世家宦族必败。

——道光二十三年二月十九日与父母书

或师或友，皆宜常存敬畏之心。不宜视为等夷，渐至慢亵，则不复能受其益矣。

——道光二十三年六月初六日与温弟书

事皆贵专，求师不专，则受益也不入；求友不专，则博爱而不亲。心有所专宗，而博观他途以扩其识，亦无不可；无所专宗，而见异思迁，此眩彼夺，则大不可。

——道光二十四年正月廿六日与诸弟书

凡盛衰在气象。气象盛，则虽饥亦乐，气象衰，则虽饱亦忧。君子之处顺境，兢兢焉常觉天之过厚于我，我当以所余补人之不足；君子之处啬境，亦兢兢焉常觉天之厚于我，非果厚也，以为较之尤啬者，而我固已厚矣。

——道光二十四年三月初十日与国华国荃书

学问之道无穷,而总以"有恒"为主。

不以昨日耽搁而今日补做,不以明日有事而今日预做。

——道光二十四年十一月廿一日与诸弟书

我家既为乡绅,万不可入署说公事,致为官长所鄙薄。即本家有事,情愿吃亏,万不可与人构讼,令官长疑为倚势凌人。

——道光二十五年五月廿九日与父母书

盖天下之理,满则招损,亢则有悔;日中则昃,月盈则亏,至当不易之理也。

——道光二十六年九月十九日与父母书

凡大员之家,无半字涉公庭乃为得体。

——道光二十八年五月初十日与诸弟书

总之不贪财,不失信,不自是,有此三者,自然鬼服神钦,到处人皆敬重。

——道光二十八年六月十七日与诸弟书

大凡做官的人,往往厚于妻子而薄于兄弟,私肥于一家而刻薄于亲戚族党。予自三十岁以来,即以做官发财为可耻,以宦囊积金遗子孙为可羞可恨,故私心立誓,总不靠做官发财以遗后人。

——道光二十九年三月廿一日与诸弟书

吾细思凡天下官宦之家,多只一代享用便尽,其子孙始而骄佚,继而流荡,终而沟壑,能庆延一二代者鲜矣。商贾之家,勤俭者能延三四代;耕读

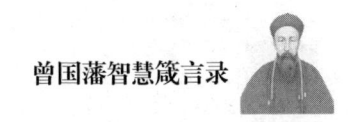

之家，勤朴者能延五六代；孝友之家，则可以绵延十代八代。我今赖祖宗之积累，少年早达，深恐其以一身享用殆尽。

——道光二十九年四月十六日与诸弟书

凡人一身，只有"迁善改过"四字可靠；凡人家，只有"修德读书"四字可靠。此八字者，能尽一分，必有一分之庆；不尽一分，必有一分之殃。

——道光二十八年五月初十日与诸弟书

功名之际，难得终身始完全也。

——咸丰元年八月十三日与诸弟书

无故而怨天，则天必不许；无故而尤人，则人必不服。

凡遇牢骚欲发之时，则反躬自思，吾果有何不是而蓄此不平之气？猛然内省，决然去之。不唯平心谦抑，可以早得科名，亦且养此和气，可以消减病患。

——咸丰元年九月初五日与诸弟书

看书不必求多，亦不必求记，但每日有常，自有进境，万不可厌常喜新，此书未完，忽换彼书耳。

——咸丰元年十月十二日与诸弟书

毁誉之至，如飘风然，蓬蓬然起于北海，蓬蓬然入于南海，而不知其所自，人力固莫能挽回也。即令世运艰难，而一家之中勤则兴，懒则败，一定之理。

——咸丰四年六月初二日与诸弟书

一家能勤能敬，虽乱世亦有兴旺气象；一身能勤能敬，虽愚人亦有贤智风味。

——咸丰四年七月廿一日与诸弟书

凡读书有难解者，不必遽求甚解。有一字不能记者，不必苦求强记，只须从容涵泳。今日看几篇，明日看几篇，久久自然有益。

——咸丰五年五月廿六日与诸弟书

凡求强记者，尚有好名之心横亘于方寸，故愈不能记；若全无名心，记亦可，不记亦可，此心宽然无累，反觉安舒，或反能记一二处亦未可知。

——咸丰五年七月初八日与诸弟书

勤俭自持，习劳习苦，可以处乐，可以处约，此君子也。凡仕宦之家，由俭入奢易，由奢返俭难。尔年尚幼，切不可贪爱奢华，不可惯习懒惰。无论大家小家、士农工商，勤苦俭约，未有不兴，骄奢倦怠，未有不败。

凡富贵功名，皆有命定，半由人力，半由天事。惟学作圣贤，全由自己作主，不与天命相干涉。

——咸丰六年九月廿九日与纪鸿书

用绅士不比用官，彼本无任事之责，又有避嫌之念，谁肯挺身出力以急公者？贵在奖之以好言，优之以禀给，见一善者则痛誉之，见一不善者则浑藏而不露一字。久久善者劝，而不善者亦潜移而默转矣。

——咸丰七年正月廿六日与九弟国荃书

古之成大事者，规模远大与综理密微，二者缺一不可。

——咸丰七年十月初四日与九弟国荃书

进兵须由自己作主，不可因他人之言而受其牵制。非特进兵为然，即寻常出队开仗，亦不可受人牵制。

——咸丰七年十月初十日与九弟国荃书

凡与贼相持日久，最戒浪战。兵勇以浪战而玩，玩则疲；贼匪以浪战而滑，滑则巧。以我之疲敌贼之巧，终不免有受害之一日。故余昔在营中诫诸将曰：宁可数月不开一仗，不可开仗而毫无安排算计。

——咸丰七年十月十五日与九弟国荃书

凡军气宜聚不宜散，宜忧危不宜悦豫。人多则悦豫，而气渐散矣。

——咸丰七年十月廿七日与九弟国荃书

凡将才有四大端：一曰知人善任，二曰善觇敌情，一曰临阵胆识（峙有胆，迪、厚有胆识），四曰营务整齐。

——咸丰七年十月廿七日与九弟国荃书

打仗之道，在围城之外，节太短，势太促，无埋伏，无变化，只有队伍整齐，站得紧稳而已。欲灵机应变，出奇制胜，必须离城甚远，乃可随时制宜。凡平原旷野开仗，与深沟穷谷开仗，其道迥别。

——咸丰七年十一月廿五日与九弟国荃书

凡人作一样事，便须全副精神注在此一事。首尾不懈，不可见异思迁，做这样想那样，坐这山望那山。人而无恒，终身一无所成。

——咸丰七年十二月十四日与九弟国荃书

精神愈用则愈出，阳气愈提则愈盛。每日作事愈多，则夜间临睡愈快活。

若存一爱惜精神的意思，将前将却，奄奄无气，绝难成事。

——咸丰七年十二月十四日与九弟国荃书

余前在江西，所以郁郁不得意者：第一不能干预民事，有剥民之权，无泽民之位，满腹诚心，无处施展；第二不能接见官员，凡省中文武官僚，晋接有稽，语言有察；第三不能联络绅士，凡绅士与我营款愜，则或因吃醋而获咎（万簏轩是也）。坐是数者，方寸郁郁，无以自伸。

——咸丰七年十二月廿一日与九弟国荃书

近日忧居猛省，一味向平实处用心。将自家笃实的本质，还有我真面、复我固有。贤弟此刻在外，亦急须将笃实复还，万不可走入机巧一路，日趋日下也。纵人以巧诈来，我仍以浑含应之，以诚愚应之，久之，则人之意也消。

至于强毅之气，决不可无，然强毅与刚愎有别。古语云：自胜之谓强。不惯有恒，而强之贞恒，即毅也。

——咸丰八年正月初四日与九弟国荃书

打仗不慌不忙，先求稳当，次求变化；办事无声无息，既要精到，又要简捷。

——咸丰八年正月初四日与九弟国荃书

凡人为一事，以专而精，以纷而散。荀子称耳不两听而聪，目不两视而明，庄子称用志不纷，乃凝于神，皆至言也。

——咸丰八年正月十一日与九弟国荃书

凡与人晋接周旋，若无真意，则不足以感人；然徒有真意而无文饰以将之，则真意亦无所之以出，《礼》所称无文不行也。

——咸丰八年正月十四日与九弟国荃书

惟做事贵于有恒，精力难于持久，必须日新又新，慎而加慎，庶几常葆令名，益崇德业。

——咸丰八年正月十九日与九弟国荃书

凡傲之凌物，不必定以言语加人，有以神气凌之者矣，有以面色凌之者矣。

——咸丰八年三月初六日与九弟国荃书

大抵胸多抑郁，怨天尤人，不特不可以涉世，亦非所以养德；不特无以养德，亦非所以保身。

——咸丰八年三月三十日与九弟国荃书

精神愈用而愈出，不可因身体素弱，过于保惜；智慧愈苦而愈明，不可因境遇偶拂，遽尔摧沮。

——咸丰八年四月初九日与九弟国荃书

千万不可焦急。日慎一日，以求其事之济，一怀焦愤之念，则恐无成耳。千万忍耐！"久而敬之"四字，不特处朋友为然，即凡事亦莫不然。

——咸丰八年七月十四日与九弟国荃书

至于作人之道，圣贤千言万语，大抵不外敬恕二字。

——咸丰八年七月廿一日与纪泽书

231

心以收敛而细，气以收敛而静。

——咸丰八年八月廿二日与国潢国葆书

然祸福由天主之，善恶由人主之。由天主者无可如何，只得听之；由人主者，尽得一分算一分，撑得一日算一日。书、蔬、鱼、猪，一家之生气；少睡多做，一人之生气。勤者生动之气，俭者收敛之气。有此二字，家运断无不兴之理。

——咸丰八年十一月廿三日与诸弟书

心常用则活，不用则窒；常用则细，不用则粗。

——咸丰十年二月廿四日与纪泽书

然不轻进人，即异日不轻退人之本；不妄亲人，即异日不妄疏人之本。

——咸丰十年七月十五日与九弟国荃书

爱禾者必去稗，爱贤者必去邪，爱民必去害民之吏，治军必去蠹军之将，一定之理也。

——咸丰十年七月廿三日与国荃国葆书

天下古今之庸人，皆以一情字致败；天下古今之才人，皆以一傲字致败。

——咸丰十年九月廿三日与九弟国荃书

雄奇以行气为上，造句次之，选字又次之。然未有字不古雅而句能古雅，句不古雅而气能古雅者；亦未有字不雄奇而句能雄奇，句不雄奇而气能雄奇者。是文章之雄奇，其精处在行气，其粗处全在造句选字也。

——咸丰十一年正月初四与纪泽书

凡畏人不敢妄议论者，谦谨者也；凡好讥评人短者，骄傲者也。

——咸丰十一年二月初四日与四弟国潢书

读书以训诂为本，作诗文以声调为本，事亲以得欢心为本，养生以戒恼怒为本，立身以不妄语为本（即不扯谎也），居家以不晏起为本，作官以不要钱为本，行军以不扰民为本。

——咸丰十一年二月廿四日与四弟国潢书

凡好名当好有实之名，无实则被人讥议，求荣反辱。

——咸丰十一年四月初八日九弟国荃书

天下事当局则迷，旁观则醒；事前易暗，事后易明。

——咸丰十一年五月初二日与国荃书

凡与人交际，当求其诚信之素孚；求其协助，当量其力量所能为。

——同治元年三月初八日与九弟国荃书

曾国藩撰写的对联

大笔高名海内外
君来我去天东南
　　——赠孙琴西观察

文涵万古江山气
道续千年丝竹声
　　——赠李竹吾

长短不吹江月落
高楼遥吸海云来
　　——题石钟山，在江西湖口县，鄱阳湖入江之口，长江之南岸

组练三千朝踏浪
貔貅十万夜观书
　　——赠江西刘养素

养活一团春意思
撑起两根穷骨头
　　——自箴

曾国藩撰写的对联

不为圣贤，便为禽兽
莫问收获，但问耕耘
　　——自箴

舍己从人，大贤之量
推心置腹，群彦所归
　　——赠胡林翼

取人为善，与人为善
乐以终身，忧以终身
　　——自箴

天下断无易处之境遇
人间哪有空闲的光阴
天下无易境，天下无难境
终身有乐处，终身有忧处
百战河山，剩此楼头烟树
九天珠玉，吹成水面文章
　　——题江西奉新九天阁

五夜楼船，曾上孤亭听鼓角
一樽浊酒，重来此处看湖山
　　——题江西吴城望湖亭

不怨不尤，但反身争个一壁静
勿忘勿助，看平地长得万丈高
　　——自箴

巨石咽江声，长鸣今古英雄恨
崇祠彰战绩，永奠湖湘子弟魂
　　　　——题江西湖口石钟山昭忠祠

莲香入座清，笔底当描成这般花样
湖水连天静，眼前可悟到斯道源头
　　　　——题湖南衡阳莲湖书院

涟水湘山俱有灵，其秀气必钟英哲
圣贤豪杰都无种，在儒生自识指归
　　　　——题湘乡东皋书院

地仍虎踞龙蟠，洗涤江山，重开宾馆
人似澧兰沅芷，招邀同贤，同证乡关
　　　　——题金陵湖南会馆

一心履薄临深，畏天之鉴，畏神之格
两眼沐日浴月，由静而明，由敬而强
　　　　——再题江苏金陵湖南会馆

圣代褒崇迈古今，生而旗常，殁而俎豆
忠臣精气塞天地，下为河岳，上为日星
　　　　——题湖南湘乡昭忠祠

一饭尚铭恩，况曾保抱提携，只少怀胎十月
千金难报德，即论人情物理，也当泣血三年
　　　　——挽乳母

曾国藩撰写的对联

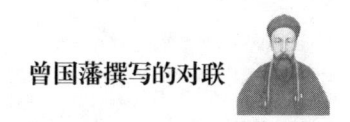

长吏多从耕田凿井而来，视民事须如家事
吾曹同讲补过尽忠之道，凛心箴即是官箴
　　——再题州县官厅

未免有情，忆酒绿灯红，一别竟伤春去也
谁能遣此，怅梁空泥落，何时重盼燕归来
　　——赠妓女"春燕"

更无遗憾，看儿孙中外服官，频叨九重芝诰
频触悲怀，忆畴昔晨昏聚处，相对一局楸枰
　　——挽程颖芝

莫苦悔已往愆尤，但求此日行为无惭神鬼
休预怕后来灾祸，只要暮年心气感召祥和
　　——自箴

虽贤哲难免过差，愿诸君谠论忠言，常攻吾短
凡堂属略同师弟，使寮友行修名立，方尽我心
　　——题两江总督衙署

大地干戈十二年，举室效愚忠，自称家国报恩子
诸兄离散三千里，音书寄涕泪，同哭天涯急难人
　　——挽五弟曾国葆

英名百战，总是空，泪眼看山河，怜予季，保此人民，拓此疆土
慧业多生，磨不尽，痴心说因果，望来世，再为哲弟，并为勋臣
　　——挽五弟曾国葆

237

曾国藩大事年表

嘉庆十六年农历十月十一日（1811年11月26日） 生于湖南省双峰县荷叶乡天平村，乳名宽一。

嘉庆二十年（1815） 5岁。在家识字读书。一年后入家塾"利见斋"。

道光六年（1826） 16岁。春，应长沙府试（童子试），名列第七。

道光十年（1830） 20岁。就读于衡阳唐氏宗祠，师从汪觉庵。一年后转入湘乡涟滨书院；改号涤生。

道光十三年（1833） 23岁。秋，参加湘乡县试，考取秀才。

道光十四年（1834） 24岁。春，入岳麓书院。秋，参加乡试中第三十六名举人。冬，入京准备会试，途经长沙，始与刘蓉相交。

道光十五年（1835） 25岁。4月，会试落第，留京寓长沙会馆读书。

道光十六年（1836） 26岁。春，恩科会试再次不第，出京返家。至长沙，与刘蓉、郭嵩焘在湘乡会馆相聚两个月。

道光十八年（1838） 28岁。会试中第三十八名贡士。试后改名国藩。殿试取在三甲第四十二名，赐同进士出身。朝考列第一等第三名，道光帝拔置第二名。授翰林院庶吉士。年底乞假返家。

道光十九年（1839） 29岁。夏，出衡阳，谒杜工部祠、石鼓书院。秋，出邵阳，察访武岗、新化、兰田、永丰。12月，子纪泽生，离家起程赴京。本年起始作日记，持之以恒，至终不辍。

道光二十年（1840） 30岁。5月，庶吉士散馆，列二等十九名，授翰林院检讨。7月，得病，经欧阳兆熊、吴廷栋治疗、护理，两月始愈，三人遂成好友。

道光二十一年（1841） 31岁。8月，偕倭仁往谒理学大师唐鉴，请教治学之方，检身之要。"考德问业"，"为义理所熏蒸"。11月，任国史馆协修，遍鉴前史，辨具得失。是年，喜读胡林翼赠送的《陶文毅公文集》。写作《里胥》，直道民间疾苦，鞭笞腐败吏治。

道光二十二年（1842） 32岁。致力程朱之学，每日必做日课：早起、主敬、静坐、读书不二、读史、谨言、养气、保身、日知所亡、月无忘所能、作字、夜不出门。

道光二十三年（1843） 33岁。4月，升任翰林院侍讲。7月，钦命为乡试（四川）正考官。8月，补授翰林院侍讲。12月，充文渊阁校理。

道光二十四年（1844） 34岁。8月，郭嵩焘引江忠源来见，结为师生。派充翰林院教习庶吉士。

道光二十五年（1845） 35岁。10月，升翰林院侍讲学士。李鸿章入京会试，以年家子投其门下受业。

道光二十六年（1846） 36岁。1月，充文渊阁直阁事。自书其书舍曰："求阙斋"。夏秋间，养病于城南报国寺，与同寓刘传莹就汉学、宋学深入研讨，知学须返本务要，"执两用中"。

道光二十七年（1847） 37岁。7月，升授内阁学士、兼礼部侍郎衔。11月，钦派武会试正总裁，殿试读卷大臣。

道光二十八年（1848） 38岁。3月，子纪鸿生。10月，辑录古今名臣大儒言论，按修身、齐家、治国三门分三十二目辑成《曾氏家训》。

道光二十九年（1849） 39岁。2月，升授礼部右侍郎。9月，署兵部右侍郎。

道光三十年（1850） 40岁。4月，上《应诏陈言疏》，直揭官场"委靡因循"、官吏"畏葸""柔靡"。"今日所当讲者，惟在用人一端耳"。7月，兼署部左侍郎。

咸丰元年（1851） 41岁。1月，洪秀全在广西桂平金田村组织起义。5月，

上《敬陈圣德三端预防流弊疏》，咸丰帝"怒掷其折于地"欲罪之。

咸丰二年（1852）42岁。1月，上《备陈民间疾苦疏》。7月，任江西乡试正考官。行抵安徽太湖县小池驿，得母讣闻，回籍奔丧。10月初抵家。太平军出广西、入湖南，9月攻长沙，10月取决岳州。

咸丰三年（1853）43岁。1月21日，接帮办湖南团练旨。经郭嵩焘力劝出保桑梓。30日，抵长沙与湖南巡抚张亮基商办团练。3月19日，太平军攻占江宁，定都为天京。9月，奏准移驻衡州练兵。11月，建衡州船厂赶造战船。派人赴广东购买洋炮，筹建水师。

咸丰四年（1854）44岁。2月25日，奉命率师出征太平军。发布《讨粤匪檄》。命褚汝航为水师总统、塔齐布为陆军先锋，统率17000人，挥师北上。5月，兵败靖港，投水自裁获救。7月25日，重整水陆各军后，出师攻陷岳州。10月14日取武昌。咸丰帝令其部署理湖北巡抚。7天后收回成命。改赏兵部侍郎衔。12月2日攻陷田家镇。

咸丰五年（1855）45岁。2月12日夜，石达开总攻湘军水营，烧毁湘军战船100余艘。曾国藩座船被俘，"文卷册牍俱失"，"公愤极，欲策马赴敌以死"，罗泽南、刘蓉力劝乃止。

咸丰六年（1856）46岁。7月，坐困南昌。9月2日，杨、洪内讧（天京事变）后，太平军元气大伤。10月，曾国藩募勇组建吉字营入援江西。

咸丰七年（1857）47岁。2月27日，其父去世，偕弟国华回籍奔丧。7月，两次上疏，请求在家终制，获咸丰帝准许。

咸丰八年（1858）48岁。5月19日，李续宾、杨岳斌率水陆两军攻陷九江。弟国华入李幕。7月13日，接上谕命其出办浙江军务，17日起程。8月5日，抵武昌。与胡林翼会商进兵、筹饷之策。11月15日，李续宾、曾国华死于三河之役。12月，作《爱民歌》以训湘军。

咸丰九年（1859）49岁。1月，李鸿章来建昌进谒、留营襄办军务。是月，曾国葆改名贞干入湘军，为其兄国华报仇。11月，拟四路进兵之策，攻取安庆。

曾国藩大事年表

咸丰十年（1860） 50岁。5月，辑录《经史百家杂钞》26卷，"取精用宏"，"尽抡四部精要"。6月，左宗棠来营，留住两旬，商讨东南大局；奉命以兵部尚书衔署理两江总督。7月，委授两江总督，并以钦差大臣之职督办江南军务。10月18日与胡林翼、李续宾商筹北援之策。上疏请求带兵北上扫夷勤王，以"雪敷天之愤"。12月，祁门大营两度被困，太平军距大营仅20里，"危险万状"。

咸丰十一年（1861） 51岁。8月23日，是《复陈购买外洋船炮折》："购买外洋船炮，则为今日救时之第一要务。"9月5日，湘军攻陷安庆。25日，移住安庆。11月20日，奉旨督办四省（苏、皖、浙、赣）军务，办内军械所。年底，定三路军进军之策：以围攻天京属之国荃，而以浙事属左宗棠，苏事属李鸿章，于是东南肃清之局定矣。

同治元年（1862） 52岁。1月31日，奉旨任两江总督协办大学士，曾国荃补授浙江按察使。2月14日，左宗棠率军由江西入浙江。4月，李鸿章率军抵上海。5月，曾国荃率军进驻雨花台，会同彭玉麟的水师围攻天京。9月，为死于战乱而未及安葬的桐城儒生方东树、戴钧衡6人立石修墓，妥为安葬。12月，其弟曾国葆病死于雨花台湘军大营。年底，华衡芳与徐寿父子试制成中国第一台蒸气机，曾国藩见后，于当天日记中写道："窃喜洋人之智巧中国亦能为之，彼不能傲我以其所不知矣！"

同治二年（1863） 53岁。1月28日，安庆内军械所造出的中国第一条木壳小火轮，曾国藩登船试航后，喜而命名"黄鹄号"。5月7日，致函总理各国事务衙门，谓"洋人本有欺凌之心，而更授以可凌之势；华人本有畏怯之素，而逼处可怯之地"，反对购买要由海军上校指挥控制的船舰。9月，与容闳见面，商筹建立一个可以灾圃旎器的工厂。12月3日，交容闳68000两银赴美购买机器。

同治三年（1864） 54岁。1月，派李凤苞测量江浙外海各岛屿沙线。5月，江浙藏书遭兵动多有毁损，定刊书章程，即于安庆设书局，刊刻各种经史。6月3日，洪秀全病逝天京，其长子继位。7月19日，湘军攻陷天京，

太平军宣告失败。7月,曾国藩赏加太子太保、一等侯爵。曾国荃赏太子少保、一等伯爵。8月15日,奏准裁撤湘军25000人。10月,行辕移驻安陵。11月,奏准停征厘舍、亩捐。12月,主持修复江南贡院,补行江南乡试,会考江南优贡。

同治四年(1865) 55岁。1月,选汉唐以来各臣奏疏17首,编《鸣原堂论文》。3月,主持修葺钟山、尊经两书院。收养八百孤寒子弟,并从自己养廉银中捐款课奖。5月26日,接上谕,率军赴山东剿捻。6月18日,北上剿捻之策:重镇设防,划河圈围,清野查圩,马队追踪。9月,经扬州、清江浦抵徐州。一路调兵布防堵围,沿途又张榜招员。10月,将金陵制造局与李鸿章原设的炮局及购自美国人的铁厂合并,再加容闳购回的百多部机器建成江南制造总局。12月,核定长江水师永远章程及营制营规。

同治五年(1866) 56岁。3月,由徐州赴济宁,沿途谒孟、孔、曾诸圣墓。9月24日,捻军突破防线,进入山东。连续两次请假,在营调养。10月,奏陈:剿捻无效,病难速痊,请开协办大学士、两江总督之缺。12月,回任两江总督。

同治六年(1867) 57岁。3月,在江南制造总局下设造船所试制船舰。同时拟设译书馆。5月,会同李鸿章将江南制造总局由虹口迁高昌庙,征地扩迁,规制大增。6月,补授体仁阁大学士。

同治七年(1868) 58岁。4月,奉上谕改授为武英殿大学士。5月31日,至上海视察江南制造总局。8月,奉命调任直隶总督。9月,江南造船厂试制的第一艘轮船驶至江宁,曾登船试航,取名"恬吉"。12月,抵京师,陛见那拉氏与同治皇帝。

同治八年(1869) 59岁。2月27日,奏陈直隶应办事宜,以练兵、饬吏、治河为至要。6月,奏请按湘军制改造直隶练军。12月,奏陈:"直隶清理积狱……计审结并注销之案四万一千余起,多作尘牍,为之一清。"

同治九年(1870) 60岁。4月,肝病日重,右目完全失明。奏准病假一月。5月续假一月。6月,天津教案发生,奉命前往处理。7月11日,抵津。

出令放告，要求津民据实检举揭发。23日，法国公使罗叔亚来见，要求杀天津道员、知府、知县为法领事抵命，并以战争相威胁，曾国藩严词拒绝。24日，奏陈：挖眼剖心，全无实据；津民生愤，事出有因。8月，奏陈：本案凶犯已拿获九名，惟罗叔亚意欲"三员议抵"，断难允求。府、县本无大过送交刑部已属情轻法重。9月，两江总督马新贻遇刺身亡，曾国藩调任两江总督，李鸿章调补直隶总督。10月17日，起程南下。11月3日，六十大寿，御赐"勋高柱石"匾额。24日，作家训日课四条：一曰慎读则心安，二曰主敬则身强，三曰求仁则人说，四曰习劳则神钦。

同治十年（1871）61岁。8月19日，挈李鸿章联衔会奏《拟选子第出洋学艺折》。9月，视察水陆各营防务、训练情况。11月抵上海，23日在沪设宴庆祝61岁生日。

同治十一年（1872）62岁。2月27日，领衔上奏：促请对"派遣留学生一事"尽快落实。并提出在美国设立"中国留学生事务所"，推荐陈兰彬、容闳为正副委员常驻美国管理。3月1日，时发脚麻之症，舌蹇不能语。3月12日，午后散步署西花圃，突发脚麻，曾纪泽扶掖回书房，端坐三刻逝世。是月，清廷闻讣，辍朝三日。追赠太傅，谥文正。6月25日，灵柩运抵长沙。7月19日，葬于长沙南门外之金盆岭。次年12月13日，改葬于善化县（今望城县）湘西平塘伏龙山。与夫人欧阳氏合葬。